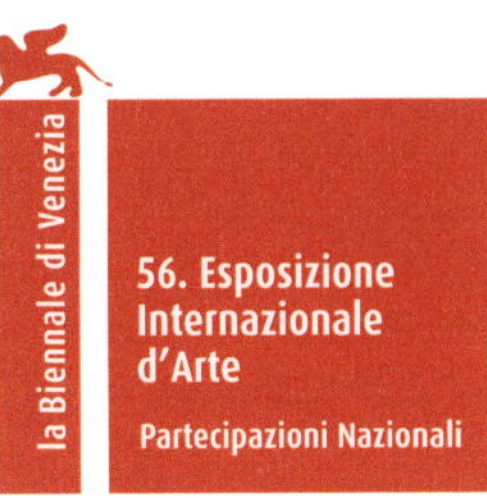

Pabellón Español
56ª Exposición Internacional de Arte
la Biennale di Venezia

Spanish Pavilion
56th International Art Exhibition
la Biennale di Venezia

LOS SUJETOS/THE SUBJECTS
Cabello/Carceller, Francesc Ruiz,
Pepo Salazar + Salvador Dalí
Comisario/Curator: **Martí Manen**

LOS SUJETOS

Cabello/ Carceller

Francesc Ruiz

+ Salvador Dalí

Pepo Salazar

THE SUBJECTS

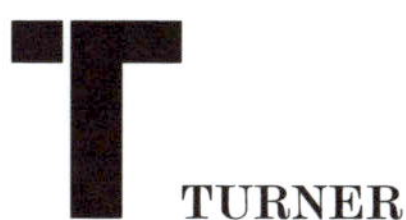

TURNER

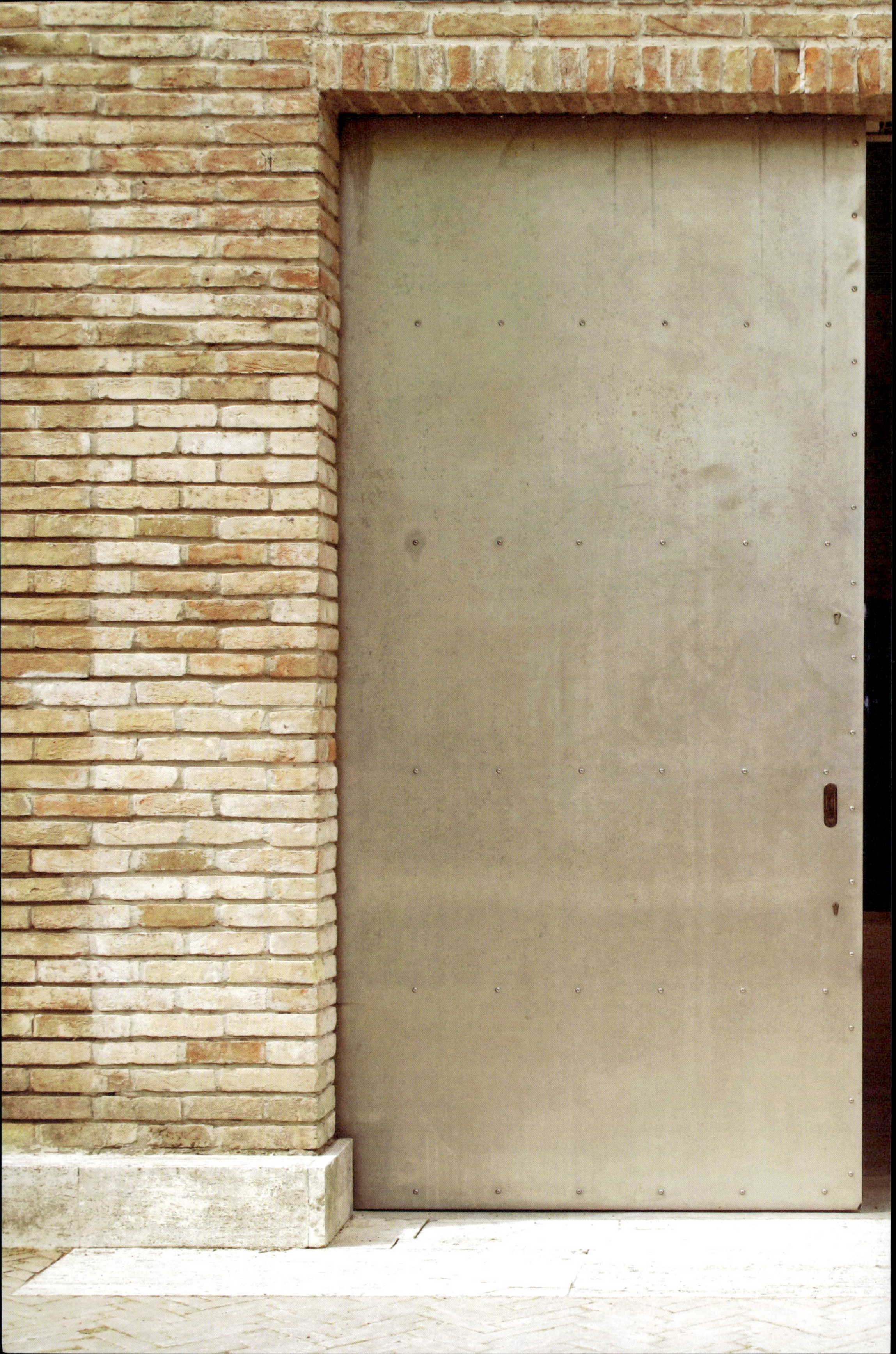

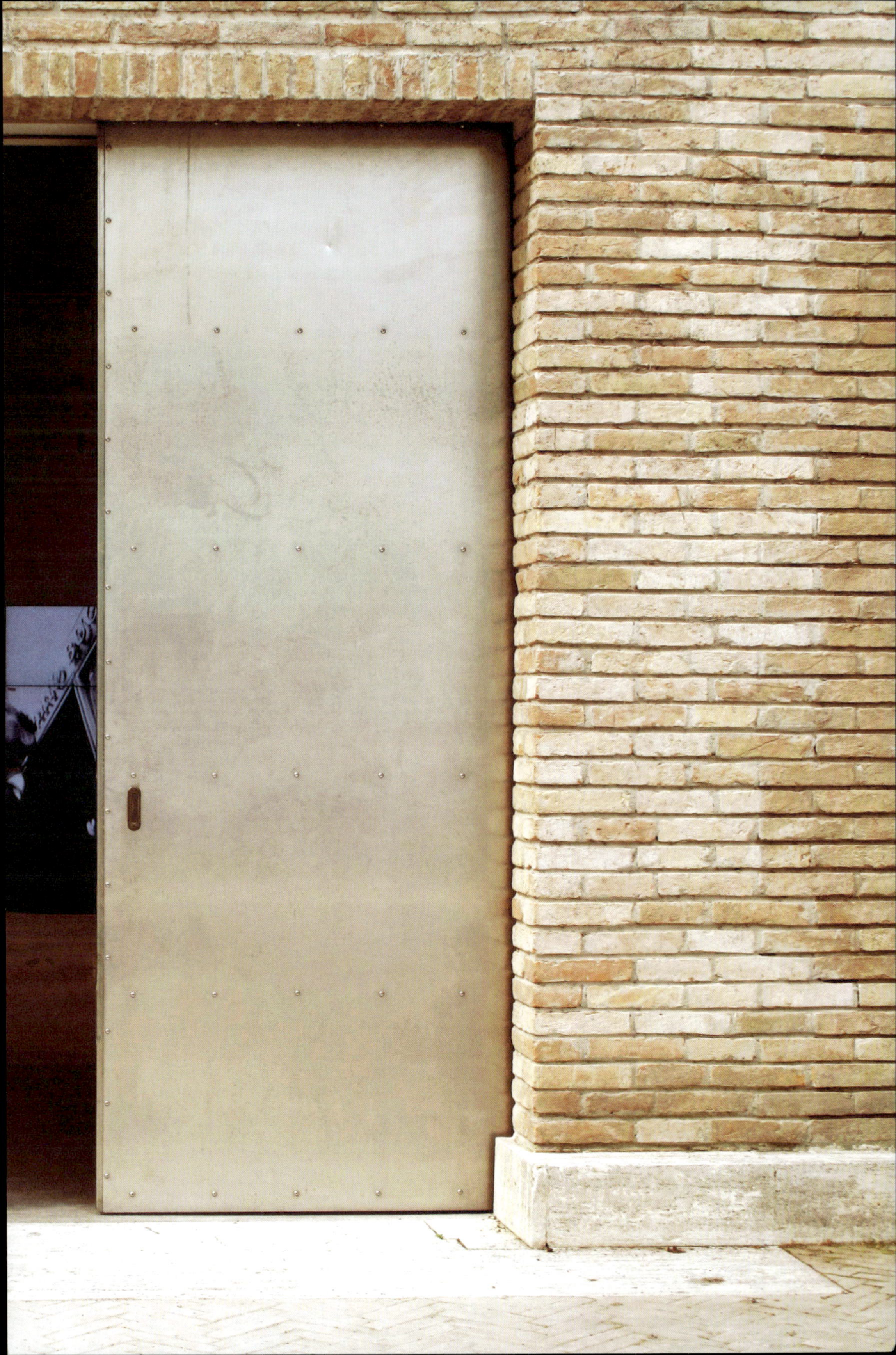

La Bienal Internacional de Arte de Venecia de 2015 cumple, en esta 56ª edición, 120 años de vida, constituyendo así el evento vivo de estas características con la más importante trayectoria en el ámbito del arte contemporáneo. A lo largo de su dilatada existencia la Bienal se ha ido posicionando en el panorama internacional del arte, primero como espacio dedicado a las artes decorativas y, posteriormente, como privilegiada vitrina para la reflexión, el intercambio y el debate, enriqueciendo su bagaje en cada edición. La Bienal ha sido el escenario ideal para la consolidación de numerosos artistas, involucrándose de manera decidida en las inquietudes y paradojas sociales coetáneas del panorama internacional.

La presente 56ª edición de la Exposición Internacional de Arte se celebrará bajo el título *All the World's Futures / Todos los futuros del mundo*, dirigida por Okwui Enwezor y organizada por la Biennale di Venezia, que preside Paolo Baratta.

Desde la primera edición de este importante evento en 1895, España ha querido privilegiar su presencia en esta ineludible cita con el arte, con el objetivo fundamental de mostrar a escala internacional sus más destacadas manifestaciones culturales y la excelencia de los artistas españoles más actuales. Los proyectos que aquí se presentan han mantenido y mantienen la premisa de generar reflexión y reflejar una diversidad de lenguajes, interpretaciones y realidades, ya sea a través de la obra de artistas consolidados o de aquellos que empiezan a despuntar, en proyectos individuales o colectivos. Una pluralidad de expresiones, en definitiva, que históricamente ha tenido cabida en el magnífico Pabellón Nacional con el que España tiene el privilegio de contar desde 1922 en los *Giardini di Castello*.

Después de varias citas dedicadas a un único artista, la Dirección de Relaciones Culturales y Científicas del Ministerio de Asuntos Exteriores y de Cooperación presenta un proyecto artístico colectivo, *Los Sujetos*, ideado y dirigido por el comisario barcelonés Martí Manen. A través de la obra de los artistas Cabello/Carceller, Francesc Ruiz y Pepo Salazar, Manen propone una singular mirada a la figura de uno de los más célebres artistas españoles de todos los tiempos: Salvador Dalí. *Los Sujetos* plantea esa revisión de Salvador Dalí desde la óptica del siglo XXI, despegada de una vocación historicista de su figura. El poliédrico personaje de Dalí se podrá percibir en el Pabellón de España casi como una intuición, porque estará presente en la atmósfera, pero no se verá obra suya alguna. En el proyecto de Martí Manen se sentirá al Dalí más performativo, un Dalí con una vida privada libre, un Dalí que maneja y se aprovecha del funcionamiento de los medios de comunicación y del mercado del arte. En paralelo, el espectador podrá penetrar en la interpretación e inspiración emanada de todos esos perfiles en las obras de Cabello/Carceller, Francesc Ruiz y Pepo Salazar.

La participación española en la Bienal Internacional de Arte de Venecia de 2015 ha sido posible nuevamente gracias al Ministerio de Asuntos Exteriores y Cooperación, a la inestimable colaboración que, un año más, ha brindado la sociedad estatal Acción Cultural Española (AC/E) y a aquellas instituciones y empresas que tienen entre sus intereses promocionar internacionalmente la cultura y el arte de España y que generosamente han apoyado este proyecto. En el capítulo de agradecimientos ha de destacarse igualmente el trabajo y compromiso de la Embajada de España en Roma, así como la dedicación de todas las personas que desde esta Dirección de Relaciones Culturales y Científicas hacen posible, con su empeño y profesionalidad, que la participación española en la Bienal de Arte de Venecia suponga un gran éxito.

Dirección de Relaciones Culturales y Científicas
Ministerio de Asuntos Exteriores y de Cooperación

In 2015 Venice's International Art Exhibition celebrates its 120th year of existence, making it one of the most longstanding and important events based around contemporary art anywhere in the world. Over the course of its long life, the Biennale has earned recognition first as a space dedicated to the decorative arts and later as a highly regarded showcase for reflection, exchange and debate, its content growing richer with each edition. The Biennale has provided the perfect stage for the development of a large number of artists' careers and has been decisively involved in the concerns and social paradoxes of the international art scene in our time.

The current 56th edition of the International Art Exhibition bears the title *All the World's Futures*. It is directed by Okwui Enwezor and organized by Biennale di Venezia, presided over by Paolo Baratta.

Since the first edition of the Biennale in 1895, Spain has sought to promote its presence at this essential art summit, taking advantage of its international reach to present our nation's most outstanding cultural manifestations and to spotlight the excellence of our most relevant artists on a global stage. The projects presented here have maintained and continue to maintain a commitment to generating reflection and reflecting a diversity of languages, interpretations and viewpoints through individual or collective projects that feature the work of both established and emerging artists. Historically, this plurality of expression has been presented at the magnificent National Pavilion in the *Giardini di Castello*, which Spain has had the privilege of occupying since 1922.

After a series of exhibitions dedicated to a single artist, this year the Directorate for Cultural and Scientific Relations of the Ministry of Foreign Affairs and Cooperation presents a collective art project, *The Subjects*, conceived and directed by Martí Manen, curator from Barcelona. Through works by the artists Cabello/Carceller, Francesc Ruiz and Pepo Salazar, Manen offers an original view of the figure of one of the most famous Spanish artists of all time: Salvador Dalí. *The Subjects* reconsiders Dalí's work from a 21st-century viewpoint, rejecting an historicist interpretation. Dalí's multifaceted presence will be felt at the Spanish Pavilion almost as an intuition, charging the atmosphere even though none of his works are actually shown. Martí Manen's project captures the most performative Dalí, the Dalí with a liberated private life, who seizes and exploits the techniques of both the communications media and the art market for his own ends. In parallel, visitors will be able to explore the inspiration and the various interpretations emanating from the artist's differing personas in the works of Cabello/Carceller, Francesc Ruiz and Pepo Salazar.

As always the Spanish participation in the 2015 Biennale di Venezia has been made possible thanks to the Ministry of Foreign Affairs and Cooperation, along with the invaluable collaboration provided again this year by the State Society for Spanish Cultural Action (AC/E), as well as the generous support of those institutions and businesses whose interests include the international promotion of Spain's culture and art. We also wish to thank the Spanish Embassy in Rome for its efforts and involvement, as well as those in the Directorate for Cultural and Scientific Relations whose commitment, dedication and professional skill has made Spain's participation in Biennale di Venezia of Contemporary Art a great success.

Directorate for Cultural and Scientific Relations
Ministry of Foreign Affairs and Cooperation

014 **Los Sujetos. Puntos de partida**
Martí Manen

022 **The Subjects. Starting points**
Martí Manen

032 **¿Dalí? ¿Por qué Dalí?**
Martí Manen

040 **Dalí? Why Dalí?**
Martí Manen

048 **Salvador Dalí**

059 **Cabello/Carceller**
060 **Deseo, fragilidad y fuerza.
No hay contradicción en los términos**
073 **El Estado de la Cuestión / The State of the Art**
082 **Desire, fragility and power:
there is no contradiction in terms**

090 **Francesc Ruiz**
092 **Gary, Rolando y otros estados entre la realidad,
la historia y lo político**
106 **Gary, Rolando and other states between reality,
history and politics**
113 **Edicola Mundo**

123 **Pepo Salazar**
124 **Metales, vacíos, ruidos y tiempos**
144 **Metals, empty spaces, noises and times**
153 **1. What rests from a total (The metal party Venice version)
2. The very elements of the right of succession
(high performance alliance). Work it out, work it out.
Keep it moving higher, keep it building higher**

163 **Apéndice:**
Los Sujetos y los contextos

Appendix:
The Subjects and their contexts

164 **La historia no se repite, pero rima**
Manuel Segade

176 **Momentos de autodefinición**
Paloma Checa-Gismero

182 **La Meseta, las Vascongadas y el mar Mediterráneo**
David Armengol

188 **El juicio de los sujetos o los sujetos del juicio**
Blanca de la Torre

208 **History never repeats itself, but it rhymes**
Manuel Segade

220 **Moments of self definition**
Paloma Checa-Gismero

226 **The Plateau, the Basque Country and the Mediterranean**
David Armengol

232 **The judgment of subjects or the subjects of judgment**
Blanca de la Torre

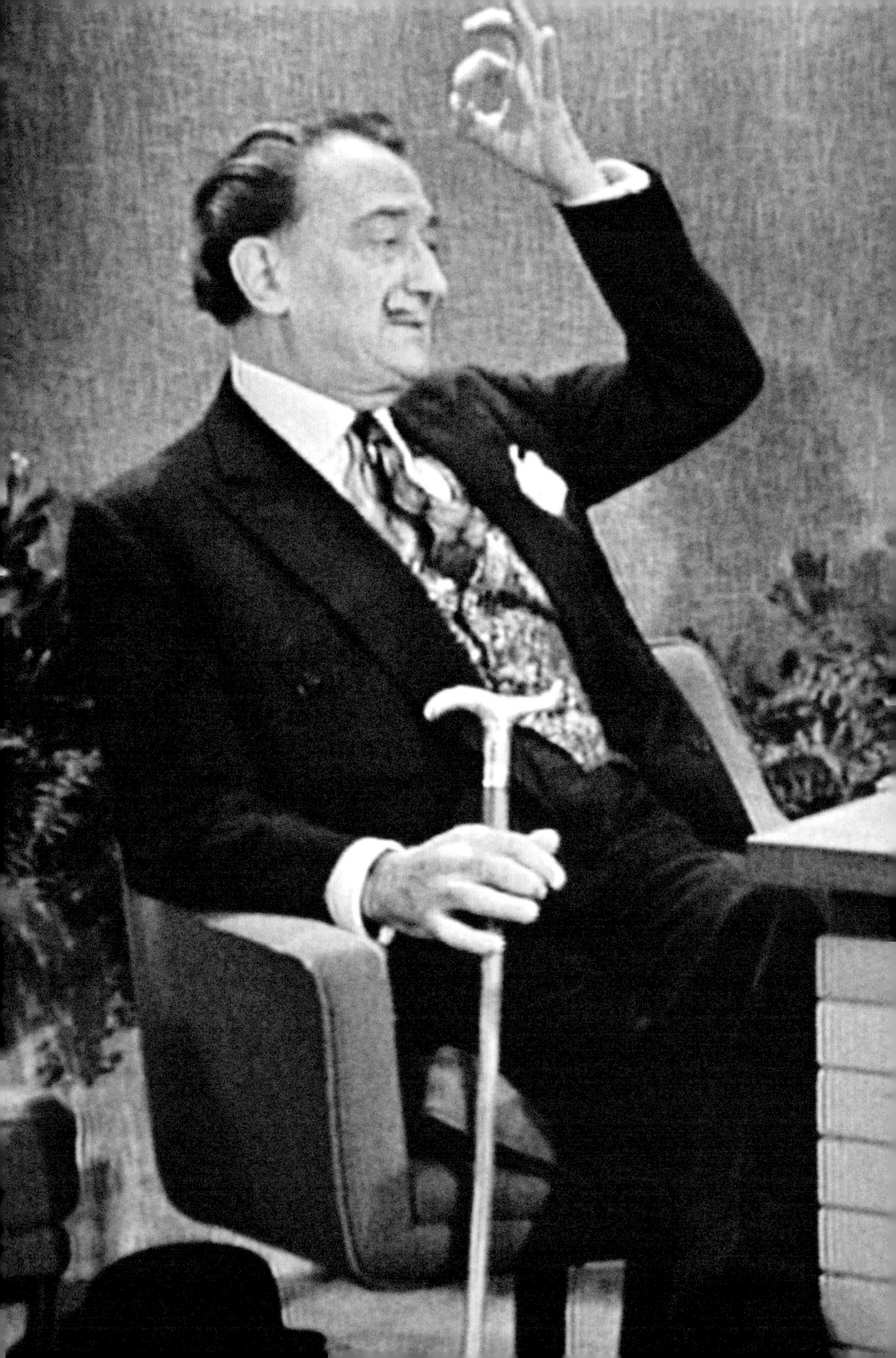

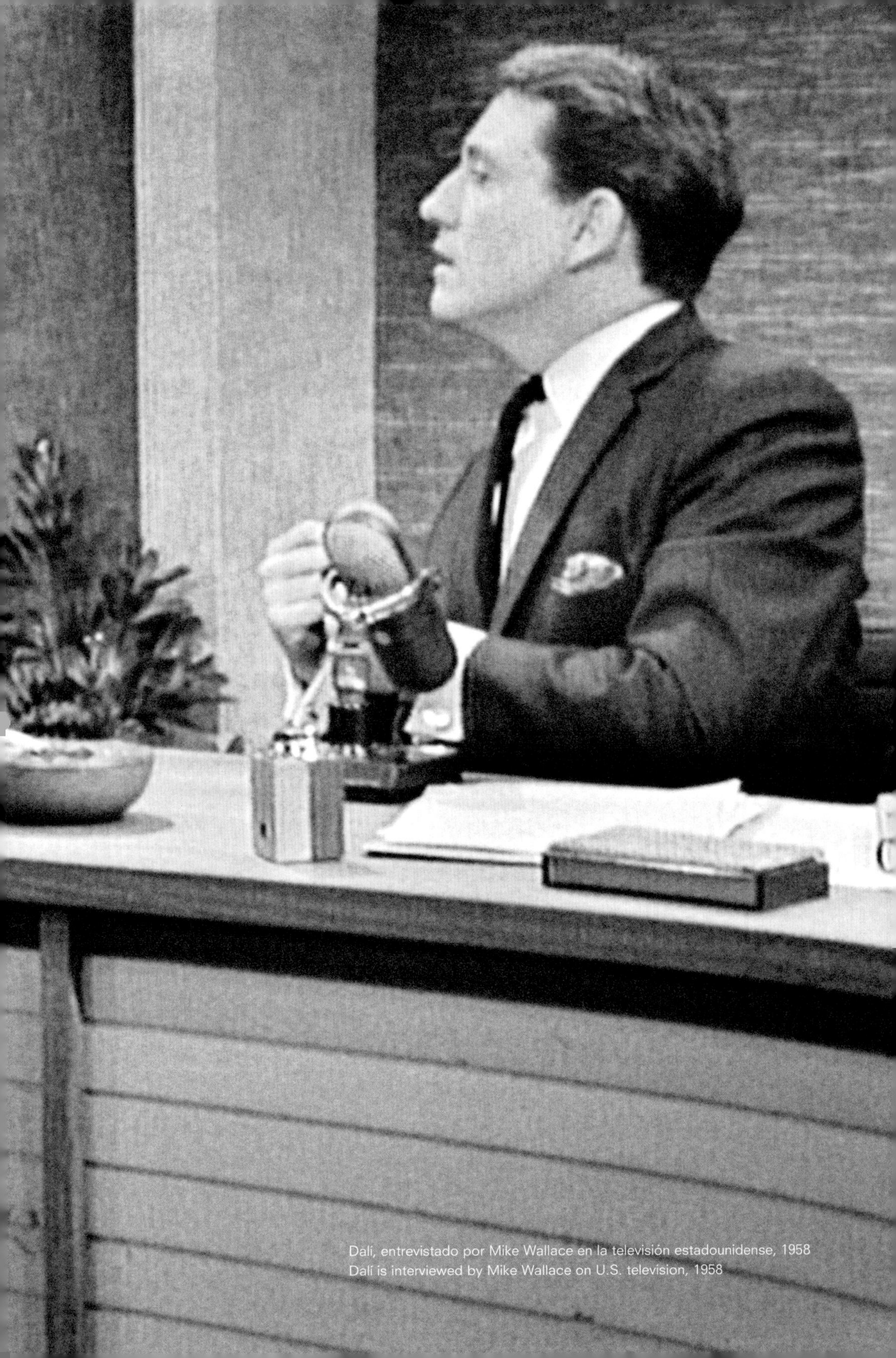

Dalí, entrevistado por Mike Wallace en la televisión estadounidense, 1958
Dalí is interviewed by Mike Wallace on U.S. television, 1958

Martí Manen

014

Los Sujetos.
Puntos de partida

Pabellón de España en la 56ª edición de la Biennale di Venezia, 2015. Para definir un proyecto de este tipo es seguramente importante entender muy bien el contexto. ¿Y cuál es el contexto? Para empezar está Venecia, concretamente el espacio en los Giardini con los pabellones nacionales históricos, pero el contexto también es la situación política y económica del Estado español así como su comunidad (o comunidades) alrededor del arte contemporáneo. El contexto es la historia previa del pabellón, las ediciones anteriores y la metodología de trabajo que supone. El contexto es una posible escritura de la historia y una definición de conexiones internacionales. El contexto es un momento con una carga emocional fuerte.

En una situación de crisis parece evidente la necesidad de un giro, de un replanteamiento, de un análisis de funcionamiento. Una pausa en activo, un mirar de nuevo, un asumir la responsabilidad. Frente a la opción del desánimo, existe el propósito de una voluntad de aproximación sensual para no quedarse en el llanto, incorporando objetivos más allá del momento en sí. Hacer y decir, en el orden que sea. Es el ahora, que es importante, pero también es el ayer y el mañana. Pensemos qué podemos hacer. Hagámoslo. Digámoslo.

Entrada ya la democracia, el pabellón español en la Biennale di Venezia ha vivido distintas formulaciones. En los últimos veinte años el pabellón ha visto la presentación de obra de artistas en presente pero con una trayectoria a premiar. Si en los años noventa el pabellón se organizó mediante parejas de artistas (Antoni Tàpies y Cristina Iglesias, Andreu Alfaro y Eduardo Arroyo, Joan Brossa y Carmen Calvo, Esther Ferrer y Manolo Valdés, Ana Laura Aláez y Javier Pérez), ya entrados los 2000 destaca la exposición individual como base (Santiago Sierra, Antoni Muntadas, Miquel Barceló, Dora García y Lara Almarcegui), si bien en 2007 se presentó una propuesta colectiva (Manuel Vilariño, Rubén Ramos Balsa, Los Torreznos y José Luis Guerín).

Pensemos en el tiempo del pabellón, pensemos en la posibilidad de aplicar distintas capas de tiempo y que la exposición resultante sea algo así como un diálogo a varias voces y en varios momentos. Asincrónico. La situación contextual pide un tipo de propuesta en la que prevalezca una actitud de diálogo crítico. Replantear la propia situación sin olvidar, en ningún momento, la importancia y la potencia de los artistas presentes. El diálogo, por lógica, se establece mediante propuestas artísticas, mediante posiciones fuertes y análisis implicados. Para empezar, *Los Sujetos* no es una exposición individual. De algún modo, son varias individuales con un marcador de tono previo: Cabello/Carceller, Francesc Ruiz y Pepo Salazar. Con Salvador Dalí en la retina. Propuestas individuales pero con algunos nexos de aproximación.

Venecia es momento. Venecia es espectáculo, es simulacro, es fascinación, es contacto emocional. Venecia es escaparate, es posibilidad, es un estado latente de visión hacia adelante en la ruina. Venecia es la combinación entre celebración y vértigo. Y visto así, Salvador Dalí encuentra en Venecia su lugar natural, es casi lógico pensar en Dalí en una situación como la Biennale di Venezia. Un Dalí en específico, uno de los múltiples Dalí que pasean por el mundo del arte: en el caso de *Los Sujetos* es el Dalí más performativo, un Dalí que convive con los media, que genera una imagen pública y social que le permite otra vida privada. Un Dalí con una vida privada libre, lejos de lo que define su contexto político, que es una dictadura. Un Dalí capaz de utilizar perfectamente la extravagancia para incorporar otros tipos de funcionamiento según identidad, género y sujeto. Un Dalí que conoce el funcionamiento del sistema arte y que, mediante tal conocimiento, se permite salidas de lugar. Salidas perfectamente estudiadas, pero salidas al fin y al cabo.

El punto de partida de *Los Sujetos* está en Salvador Dalí. Salvador Dalí como alguien a ser revisado desde la óptica del siglo XXI. Salvador Dalí como alguien a recuperar «equivocadamente». Dalí desde la performatividad, Dalí desde el pensamiento *queer*, Dalí también desde el feminismo. ¿Es posible? ¿Es aceptable? Mirar a Dalí desde hoy, situar las coordenadas contextuales que nos permiten entender un funcionamiento que es ahora cuando adquiere toda su lógica. Con *Los Sujetos* no realizamos una aproximación histórica a la figura de Salvador Dalí. Dalí está presente, pero sin obra; Dalí está presente como un componente etéreo. Un hálito, un perfume. Un fantasma, una visión.

No realizar una aproximación histórica para acercarse a Dalí desde el presente. La idea del sujeto medial la tenemos perfectamente asumida hoy, la necesidad de una construcción pública también. La asunción de que detrás de esa construcción pública hay otra y que no tiene que coincidir necesariamente con la primera es actualidad. La superación de dinámicas binomiales, la observación de los modus operandi en el mercado para, desde dentro, jugar fuerte. El no aceptar lo no permitido como imposición. Es Dalí y está en Dalí. Pero abrimos el campo, la presencia del sujeto Dalí inicia el proyecto. Después, la negociación con todos los posibles contenidos aparecerá en los trabajos de Cabello/Carceller, Francesc Ruiz y Pepo Salazar. De nuevo, y para el mañana, la construcción atómica y atomizada de los sujetos y la creación artística, el desmontaje de los medios de comunicación, la superposición de capas de contenidos de supuesta alta y baja cultura, la asimilación de que quién actúe como personaje incorporará elementos indefinidos en su identidad tanto en clave de género, política, económica o subjetiva. Todo es significativo, todo es posibilidad de acción y narración, todo es latente.

Los Sujetos también tiene como contexto una serie de referencias innegables. La mirada a la figura de artista desde la literatura, el pensamiento de género, una asunción de metodologías de cuestionamiento alrededor del hecho expositivo y la apertura de posibilidades a desplegar más allá de un momento. Siempre hay unos previos y unas situaciones posteriores. El pabellón es un eje, es un encuentro, es un marco desde el que estirar, tanto antes como después, para salir también de él.

William Gaddis nos hablaba de un sistema turbio alrededor del arte en *The Recognitions*. Los saltos temporales implican en esta novela asumir el presente como algo en constante negociación. La fragilidad de lo artístico, la conexión con un mercado perverso, la existencia de un sistema informal de poder que al final olvida los contenidos para revolcarse en las estrategias. Sus sujetos son oscuros, las capas de definición pre-lingüística conllevan que el deseo y el miedo convivan por igual.

Kevin Wilson, en *The Family Fang*, plantea otro tipo de relación con el arte. En su caso se trata de una pareja de *performers* de carácter político y sus hijos, los cuales quedan bastante afectados por el trabajo de sus progenitores. Los hijos forman parte, casi sin querer, de la obra artística de los padres. Se ven incorporados en acciones y *happenings* que quieren cambiar el mundo. Los Fang son una unidad, pero la propia unidad es destrozada por los sujetos inestables que la componen. Unidad y sujetos, sistema y desmantelamiento. Y aquí hay un elemento que se desarrolla en la tipología de proyecto planteado para el pabellón de España en Venecia. Sin olvidar la complejidad, que aparece como elemento propio y definitorio. *Los Sujetos* entiende la complejidad como el estado natural. No es ya ese estado de Hobbes sino una interacción constante entre capas distintas, un caos múltiple de razonamientos. Lo político y lo privado, lo lingüístico y lo objetual, lo medial y los ritmos. La complejidad sin asustarse de ella. Pero es Venecia, con lo que es necesario apaciguar el acceso a tal complejidad y aquí, la sensualidad. La entrada, el acceso, tiene que ser sensual, tiene que buscar un acomodo que conlleve un deseo de más. De nuevo Dalí, un maestro en soltar las palabras necesarias para que de la primera atención pasemos al discurso. Y sensualidad es montaje, es plantear que para marcar el tono también son importantes los detalles, sean los colores, sean los planos vertical/horizontal, sea la definición de un tiempo en imagen y movimiento.

Derrida, Deleuze, Foucault, Butler, Adorno, Austin, Baudrillard, Brea. Y Lucy Lippard, Chris Kraus, Dorothea von Hantelmann, Sara Ahmed, Boris Groys. Algunos nombres –y más– revoloteando, entrando y saliendo. Un marco asumido sin olvidar la practicidad que implica el hecho expositivo. Y una serie de nombres de artistas con los que saltar a distintos contextos temporales, ver la posibilidad de aproximación, ver los problemas, ver los miedos, ver todos los elementos que implica realizar una aproximación interseccional a la situación artística. Reconocer el marco para entender los gestos, para propiciarlos, para que puedan existir.

Y el marco es también un tiempo. Previo a la apertura del pabellón en Venecia, *Los Sujetos* ha participado y ha ido generando algunos momentos y situaciones. Francesc Ruiz presentó la previa de parte de su producción para Venecia en El Palomar, un espacio artístico independiente situado en Barcelona. El Palomar, con R. Marcos Mota y Mariokissme, se replantea como lugar para el arte. No únicamente su programación tiene un marcado contenido relacionado con el pensamiento de género, sino que toda la estructura se aleja de los compartimientos estancos. Las posiciones son flexibles, los roles son mutantes. En un ático en el barrio del Poble Sec, lo que se presenta en El Palomar puede ser una exposición o no serlo, puede estar comisariado o no, puede ser un momento de encuentro o algo a lo que no fuiste necesariamente invitado. La mirada a Dalí vuelve a ser pertinente.

En Madrid, la primera toma de contacto directo de *Los Sujetos* consistió en una charla con Cabello/Carceller en Salón, un espacio independiente en el piso de una artista, Ángela Cuadra. Salón no es contexto institucional. Salón, como El Palomar, busca generar situaciones con una carga de empatía fuerte. Distancias cortas, sinceridad, sin tapujos. Salón era el mejor lugar para hablar sobre *Los Sujetos* en pleno proceso de producción. Explicar lo que estábamos haciendo, hablar también de cifras, pero teniendo muy en cuenta los diálogos que permiten que una obra de arte incorpore un proceso de interés. Metodología de acercamiento, ideas cercanas a la transparencia, ser partícipes de una comunidad temporal, soltar lastre, asumir posiciones siendo también crítico con las mismas. Distancias cortas, opción al diálogo, compartir.

Momentos previos a Venecia, pero que forman parte indiscutible de *Los Sujetos*. Momentos de contacto con situaciones artísticas específicas que son partícipes del proceso de trabajo. Todo escaparate necesita de una trastienda y tanto uno como otra tienen importancia. Dos espacios independientes y fuera del circuito institucional como parte del proceso hacia la máxima representación internacional en la más antigua de las bienales. Los cambios de velocidad son evidentes, la negociación para una nueva situación también. Seguramente, una actitud. Al mismo tiempo, *Los Sujetos* se presenta en la Academia de España en Roma, otro modelo institucional clásico como la Bienal que, respondiendo a un pasado, se replantea críticamente. El proyecto se presentó en una sesión de trabajo bajo el epígrafe de «Re-pensar la Academia» en el que se intentaba reformular funcionamientos para mejorar métodos de producción. Conjuntamente con Javier Duero, Eva González-Sancho y Lorenzo Benedetti se observaron opciones más allá de lo tradicional para replantear modos de actuación en arte. Roma y Venecia, dos ciudades, dos lugares, dos sistemas institucionales anclados en la representación y la imagen, en la historia y el deseo.

Y en un contexto global, también los contactos y el diálogo en el proceso son significativos. Se establecen, antes de la apertura del pabellón en Venecia, una serie de contactos en espacios cercanos a la producción y al pensamiento. Iaspis, en Estocolmo, es uno de los lugares por donde pasa *Los Sujetos*. Una residencia de artistas y centro de una red estatal que propicia el trabajo profesional, un lugar de encuentro –y pausa– para comentar el proceso y las ideas. Gestos que significan una voluntad de afectación distinta, que entienden la importancia del momento veneciano, pero que buscan intentar establecer una estructura lógica más allá o antes de los fuegos artificiales.

Esta publicación también es otro momento. También incorpora otros agentes, otras miradas. Cuatro voces han sido invitadas a escribir a partir de puntos de partida paralelos al proyecto. La afectividad y la definición contextual con Manuel Segade, la performatividad institucional con Paloma Checa-Gismero, la vinculación contextual con David Armengol y un juicio a lo internacional con Blanca de la Torre.

Los tiempos dentro del propio pabellón también son variables. La exposición, una vez abierta, está en presente continuo, pero el diálogo que se establece tiene sus voces en distintos momentos. Dalí se lee en presente, pero se recupera desde sus viajes a Estados Unidos y su contacto con la herramienta de propaganda del franquismo. También mediante una serie de entrevistas que ofrecen una visión poliédrica que supera esa mirada anclada, mediante el mercado, al tradicional genio creador. Entrevistas con Montserrat Aguer (directora del Centro de Estudios Dalinianos de la Fundació Gala-Salvador Dalí), Manuel Borja-Villel (director del Museo Nacional Centro de Arte Reina Sofía) y Vicente Todolí (director en la Tate Modern cuando se presentó la exposición *Dalí & Film*). Dalí en acción y Dalí revisado. Dalí visto en Nueva York por Jack Bond y seguido por Jane Arden bajo un punto de vista feminista. Dalí en un plató de televisión americana y actuando libremente –bajo la atenta mirada de la cámara– en sus lugares de libertad marcada por el localismo. Dalí desde su interés por lo institucional, su faceta fílmica, su posición molesta en la historia del arte y contextualizado en género y performatividad.

Dalí observado desde distintos momentos y desde distancias y proximidades para dar el salto a los trabajos en presente de Cabello/Carceller, Francesc Ruiz y Pepo Salazar. Y es aquí cuando la complejidad explota, cuando no se escribe la historia de otro modo, sino que se trata de otra historia con algo más que nuevas incorporaciones a un vocabulario preexistente.

Cabello/Carceller, utilizando todo el espacio del pabellón –durante esos meses que los Giardini se convierten en la nada, ese tiempo entre bienal y bienal– para propiciar y filmar una situación performativa en la que varios personajes desmontan sus capas y desean la indefinición como actitud. La marca política, la imposición social, la voluntad de modificación, la lucha personal como cambio, la recuperación de mitos, la necesidad de una revolución desde la indefinición.

Pepo Salazar, generando algo así como una dificultad de acceso evidente, cuestionando lo que es obra y lo que es fuera de obra, llenando de contenido un espacio, sea el contenido que sea. Buscando el peso, buscando la transparencia, buscando la mirada directa en paralelo a ese trabajo metódico que implica tener muy clara la importancia de cada elemento en un sistema atomizado. Lo paradójico como realidad. Con cierta brutalidad, con cierta actitud entre lo poético y lo aplastante.

Francesc Ruiz, activando momentos en los Giardini, recuperando personajes perdidos de la cultura popular con posiciones divergentes, mediante la mirada

supuestamente global que permite un lugar –los jardines de la Biennale di Venezia–
en los que pasamos de pabellón nacional a pabellón nacional, de situación histórica a
situación histórica, de imagen construida a imagen construida. Y en el pabellón, dos
quioscos, dos mundos en los que el papel posibilita tramas lingüísticas, conexiones
fortuitas, el deseo y la carga sexual del desafío.

Pensemos en un pabellón que sí, que quiera ser un punto y aparte, que quiera
ser –mediante una sorpresa inicial– un camino por una sensualidad que nos
permita redefinirlo todo desde los márgenes, si hay márgenes. Pensemos que
pueda hasta resultar lógico leer la actualidad artística –y la Bienal en sí– pasando
por este Dalí. Que se pueda asistir sin distancias a la complejidad de los gestos
dalinianos y su continuidad en la creación artística española y global. Pensemos
en una aproximación a Dalí desde un lugar como la Biennale di Venezia. Es arte
contemporáneo, sí. Es internacional, sí. Es el lugar y es el momento para definir
nuevas líneas temporales y conexiones. *Los Sujetos* plantea la necesidad de marcar
un momento fuerte ahora, siendo muy conscientes de un pasado escondido e incómodo. Revisitar la creación desde la criticalidad, lejos de un triunfalismo posible
y de una distancia suavizadora: como opción de contemporaneidad. Atrevernos
a hacerlo, atrevernos a revisitar algo para que todo cambie.

La voluntad es que el pabellón marque un momento actual mediante una recuperación crítica. Dalí leído desde Judith Butler, como un momento clave –y oscuro–
en la historia del arte contemporáneo, que significa algo así como una vanguardia
teórica en la redefinición abierta sobre sujetos y géneros. Y las obras de artistas del
presente como futuro, como gramática flexible que define modos de hacer en una
línea temporal específica.

Los Sujetos está en Venecia y a lo mejor Venecia está en muchos más lugares.

The Subjects.
Starting points

Martí Manen

022

The Spanish Pavilion at the 56th edition of Biennale di Venezia, 2015. To be able to define a project of this sort it is vital to have a thorough understanding of its context. What is that context? Primarily it is the city of Venice, specifically the space within I Giardini where the historic national pavilions stand. But it also includes the political and economic situation of the Spanish state, as well as its contemporary art community (or communities). The context encompasses the pavilion's previous history, earlier editions of the biennale and the working methodology involved. It is a possible narration of this story and a definition of international connections arising from it. The context is an historical moment with a strong emotional charge.

In a crisis situation it becomes clear that change is needed—a rethinking, an analysis of how things function. Pausing actively, taking another look, taking responsibility. Rather than embracing discouragement, what is needed is the will to take a sensual approach that saves us from our lament, and the adoption of new goals that extend beyond the moment itself. Doing and saying, in whatever order. What matters is right now, but yesterday and tomorrow matter also. Let us think about what we can do. Let us do it. Let us say it.

Since the arrival of democracy in Spain, the nation's pavilion at Biennale di Venezia has been approached in various ways. Over the last twenty years, it has presented living, active artists with prize-worthy careers. In the 1990s, the pavilion was arranged to facilitate the exhibition of paired artists: Antoni Tàpies and Cristina Iglesias, Andreu Alfaro and Eduardo Arroyo, Joan Brossa and Carmen Calvo, Esther Ferrer and Manolo Valdés, Ana Laura Aláez and Javier Pérez. During the following decade, solo exhibitions became the norm: Santiago Sierra, Antoni Muntadas, Miquel Barceló, Dora García and Lara Almarcegui, although a group show was presented in 2007 featuring Manuel Vilariño, Rubén Ramos Balsa, Los Torreznos and José Luis Guerín.

Let us consider the lifespan of the pavilion and the possibility of applying different layers of time to it so that the exhibition turns into something like a dialog between various voices and moments—an asynchronous dialog. The contextual situation calls for a proposal that includes a strong critical dialog—rethinking the situation itself without ever losing track of the importance and strength of the artists being presented. Logically, that dialog will be established through artistic proposals, clear positions and implied analyses. To start with, *The Subjects* is not a solo exhibition. Somehow it is a group of solo exhibitions whose collective tone has been determined beforehand: individual proposals that nonetheless share certain approaches. Cabello/Carceller, Francesc Ruiz and Pepo Salazar, seen through the retinal lens provided by Salvador Dalí.

Venice is the moment, the spectacle, the simulacrum and the fascination. It provides emotional contact, a showcase. It is possibility, a latent state of looking forwards amidst ruins. Venice is a combination of celebration and vertigo. From that viewpoint, Salvador Dalí is right at home here. It is almost logical to think of Dalí in a situation like Biennale di Venezia. A specific Dalí, one of the multiple Dalís that penetrate the art world. In the case of *The Subjects*, it is the most performative Dalí, the one who coexists with the media, generating a public and social image that permits him a separate, private life. A free private life distanced from what his political context—a dictatorship—demanded. Perfectly capable of using extravagance to encompass other ways of functioning based on identity, gender and subject, Dalí knows how the art system works and draws on that knowledge to step out of place—deliberately and perfectly out of place, but still, out of place.

The starting point for *The Subjects* is Salvador Dalí—Salvador Dalí as a subject to be reconsidered from a 21st-century viewpoint. Salvador Dalí as someone to be "erroneously" recovered. Is it possible to view Dalí in terms of performativity, queer theory or feminism? Is it acceptable? Looking at Dalí from the perspective of the present, fixing contextual coordinates that allow us to understand a way of functioning that acquires its true logic in our time. In *The Subjects*, we are not taking an historical approach to Salvador Dalí. Instead Dalí is present, but without his works. He is present as an ethereal component, a breath, a fragrance. As a ghost, a vision.

We are not taking an historical approach in order to confront Dalí from the present. The idea of a medial subject is perfectly accepted today, as is the need for a publicly constructed image. And it is contemporary to accept or assume that behind that public construct there is another that does not necessarily have to coincide with it. Mastering dual dynamics, observing the modus operandi of the market in order to place strong bets on it from within, not accepting that what is forbidden need be a burden. That is Dalí, and that is in Dalí. But we must broaden the field, initiating the project with the presence of the artist as the subject; then negotiation with all possible content will appear in and through the works of Cabello/Carceller, Francesc Ruiz and Pepo Salazar. Once again, for the present and for the future, the atomic and atomized construction of the subjects and of artistic creation, the dismantling of supposedly high and low culture, the acceptance of the fact that whoever acts out a persona will include undefined elements of gender, politics, economics and subjectivity in their identity. Everything is meaningful, everything constitutes the possibility of action and narration. Everything is latent.

The Subjects also has a series of undeniable references as its context: literature's view of artists, thinking around gender, the assumption of a methodology that questions the act of exhibiting and opens up the possibility of unfolding beyond the moment of doing so. There are always moments before, and situations after. The pavilion is an axis, an encounter, a frame from which to reach out, both before and after, and from which to exit.

William Gaddis spoke of a murky system around art in *The Recognitions*. In that novel, temporal discontinuities involved accepting the present as something to be permanently negotiated. The fragility of the artistic, the connection with a perverse market, the existence of an informal power system that ends up ignoring content in order to wallow in strategy. Its subjects are obscure, the layers of pre-linguistic definition entail the equal coexistence of desire and fear.

In *The Family Fang*, Kevin Wilson proposes a different type of relation with art, presenting a couple of politicized performers and their children who are quite affected by their parents' work. Almost unwillingly, the children form a part of their parents' artworks. They find themselves included in actions and happenings that seek to change the world. The Fangs are a unit, but that unity is destroyed by the unstable subjects that comprise it. Unity and subjects, system and the dismantling of systems. These elements are developed through the nature of the project proposed for the Spanish pavilion in Venice, notwithstanding complexity, which appears as a constituent and defining element. *The Subjects* understands complexity as a natural state. It is no longer the state described by Hobbes, but instead a constant interaction among different layers, a chaos of multiple arguments—political and private, linguistic and objectual, medial and rhythmic. Complexity without the need for fear. But this is Venice. We must facilitate access to this complexity, bringing us to sensuality. The entrance, or access, must be sensual. It must seek an arrangement that leads to a desire for more. This brings us back to Dalí, a master of speaking the necessary words to lead us from our first moment of attention to the discourse itself. And sensuality is montage, recognizing that, to set the tone, importance should also be given to details, be they colors, vertical/horizontal planes, or the definition of a time through images and movement.

Derrida, Deleuze, Foucault, Butler, Adorno, Austin, Baudrillard, Brea, as well as Lucy Lippard, Chris Kraus, Dorothea von Hantelmann, Sara Ahmed, Boris Groys. These names and others, flitting around, entering and exiting the frame. A frame that is accepted without forgetting the practicalities of staging an exhibition. A list of artists with which to jump to different times, to contemplate possible approaches, problems and fears, and to look at all the elements involved in taking an intersectional approach to the artistic situation. Recognizing the framework in order to understand the gestures, to facilitate them so that they can exist.

And the framework is also a time. Before the Venice pavilion's opening, *The Subjects* has already experienced and generated some moments and situations. Francesc Ruiz presented the preview of part of his production for Venice at El Palomar, an independent art space in Barcelona. With R. Marcos Mota and Mariokissme, El Palomar is a reconsideration of the space dedicated to art. Not only does its programming have a strong element of content related to gender thinking; its entire structure eschews compartmentalization. Positions are flexible, roles protean. Located in a penthouse in the Poble Sec neighborhood, what is presented at El Palomar may be an exhibition, or not, it may be curated, or not, it may be a moment of encounter or something to which you were not necessarily invited. Once again, Dalí's gaze becomes pertinent.

In Madrid, the first direct contact with *The Subjects* was a conversation with Cabello/Carceller at Salón, an independent space in artist Ángela Cuadra's apartment. Salón is not an institutional context. Like El Palomar, it seeks to generate situations highly charged with empathy. Up close, sincerity without ambiguity. Salón was the best place to speak about *The Subjects* during the process of its production. Explaining what we were doing, and also talking numbers, but very much aware of the dialogs that allow an artwork to take on a process of gathering interest. An approach, ideas close to transparency, participating in and witnessing a temporary community, shucking things off, taking stands but also criticizing them. Close up, open to dialog, sharing.

Those moments prior to Venice are unarguably part of *The Subjects.* Moments of contact with specific artistic situations that are a part of the working process. Every showcase needs a "backstage" and both El Palomar and Salón played an important function. Two independent spaces lying outside the institutional circuit forming part of the process that leads to a large-scale, international exhibition at the most longstanding of all biennales. Changes of speed are evident, as is the negotiation of a new situation, and, undoubtedly, of a new attitude. Meanwhile, *The Subjects* is presented at the Spanish Academy in Rome, another classical institutional model that, like the Biennale, responds to the past and reconsiders it from a critical perspective. The project was proposed in a working session called "Rethinking the Academy," as part of an effort to reformulate practices to improve methods of production. Along with Javier Duero, Eva González-Sancho and Lorenzo Benedetti, we observed options beyond the traditional in order to reconsider ways of acting in art. Rome and Venice, two cities, two places—two institutional systems anchored in representation and the image, history and desire.

And in a global context, contacts and dialog are also significant to the process. Before the pavilion opens in Venice a series of meetings and dialogues are proposed to spaces close to production and reflection. Iaspis, in Stockholm, is one of the places where *The Subjects* appears. An artists' residence and central point of a state network that provides a professional enviroment, a meeting point—and a break—to talk about the process and the ideas. Gestures that signify a different kind of will to be involved, that understand the importance of the Venetian moment but want to be involved in trying to establish a logical structure before and beyond the biennial fireworks.

The present publication is another moment. It, too, includes other agents and other gazes. Four voices have been invited to write from starting points parallel to the project. Affectivity and contextual definition is provided by Manuel Segade, institutional performativity by Paloma Checa-Gismero, contextual ties are explored by David Armengol and international reading given by Blanca de la Torre.

In the pavilion itself, time is also variable. Once open, the exhibition is in the continuous present, but the dialog established there has voices from different moments. Dalí is read in the present, but he is recovered through his trips to the United States and his contact with Franco's propaganda machine. As well as through a series of interviews offering a multifaceted view that overcomes the market-mediated image tied to the traditional notion of a creative genius. Interviews with Montserrat Aguer (director of the Center of Dalí Studies at the Gala-Salvador Dalí Foundation), Manuel Borja-Villel (director of the Museo Nacional Centro de Arte Reina Sofía) and Vicente Todolí (director of Tate Modern when the *Dalí & Film* exhibition was presented). Dalí in action and Dalí revisited. Dalí as seen in New York by Jack Bond and followed by Jane Arden from a feminist perspective. Dalí on an American television set and behaving freely—closely followed by the camera—in spaces where his freedom is defined by localism. Dalí in terms of his interest in the institution, his fascination with cinema, his uncomfortable position in the history of art and Dalí seen through the context of gender and performativity.

Dalí is observed at different moments, distances and proximities in order to connect with current work by Cabello/Carceller, Francesc Ruiz and Pepo Salazar. And this is where complexity explodes. Here it is not a matter of writing the story differently, but of writing a different story, achieving something more than just adding to a preexisting vocabulary.

Cabello/Carceller, using the pavilion's entire space during the months when I Giardini become nothing—that period between one Biennale and the next—to create and film a performative situation in which various figures dismantle their layers, exemplifying the undefined as an attitude. Political branding, social imposition and the will to modify—personal struggle as change, the recovery of myths, the need for a revolution that grows out of indefiniteness.

Pepo Salazar, generating something like evidence of the difficulty of access, questioning what constitutes the work and what is outside it, filling a space with content, no matter what that content may be. Seeking weight, transparency, a direct gaze running parallel to a working method that requires a very clear idea of the importance of each element in an atomized system. The paradoxical as reality, combined with a certain brutality, a particular attitude that lies between the poetic and the crushing.

Francesc Ruiz, activating moments in I Giardini, recovering lost figures from popular culture with divergent positions through the supposedly global view allowed by a place—the Biennale's gardens in Venice—where we pass from one national pavilion to another, from one historical situation to another, from one constructed image to another. And in the pavilion, two newsstands: two worlds enabling linguistic schemes, fortuitous connections, desire and the sexual charge of the challenge.

Imagine a pavilion that really does want to mark a turning point: to become, through providing an initial sack, the path to a sensuality that allows us to define everything from the margins, if, in fact, margins really exist. Imagine that it may even be logical to read art's current state—and the Biennale itself—via this Dalí. To directly witness the complexity of his gestures and their continued presence in Spanish and global artistic creation. Imagine an approach to Dalí from somewhere like Biennale di Venezia. It is contemporary art. Yes. It is international. Yes. And it is the place and the moment to define new timelines and new connections. *The Subjects* recognizes the need to combine a strong statement in the present with complete awareness of a hidden and uncomfortable past. Revisiting creation from a critical standpoint far from possible triumphalism or the softening of distance, as a contemporary choice. Let us dare to do so, to revisit one thing in order to change everything.

Our desire is for the pavilion to mark the present moment through a critical recovery. Dalí read after Judith Butler, like a key—and dark—moment in the history of contemporary art, signifies something like a theoretical avant-garde in the redefinition it opens up for subject and gender. The works of present artists as a future, a flexible grammar that defines ways of doing things in a specific timeline.

The Subjects is staged in Venice but it may just be that Venice exists in many locations beyond itself.

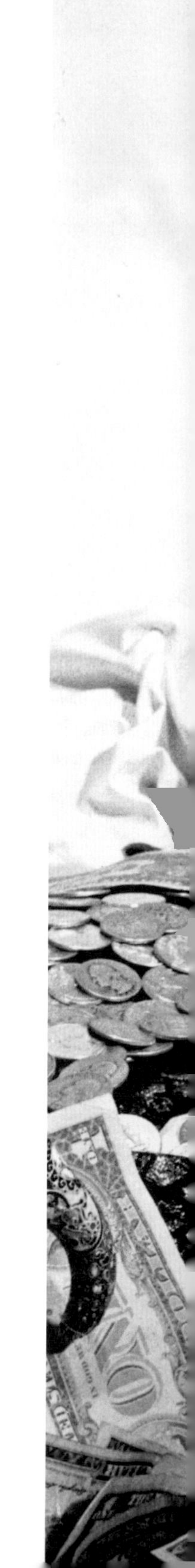

Philippe Halsman, *Dalí in New York,* c. 1965

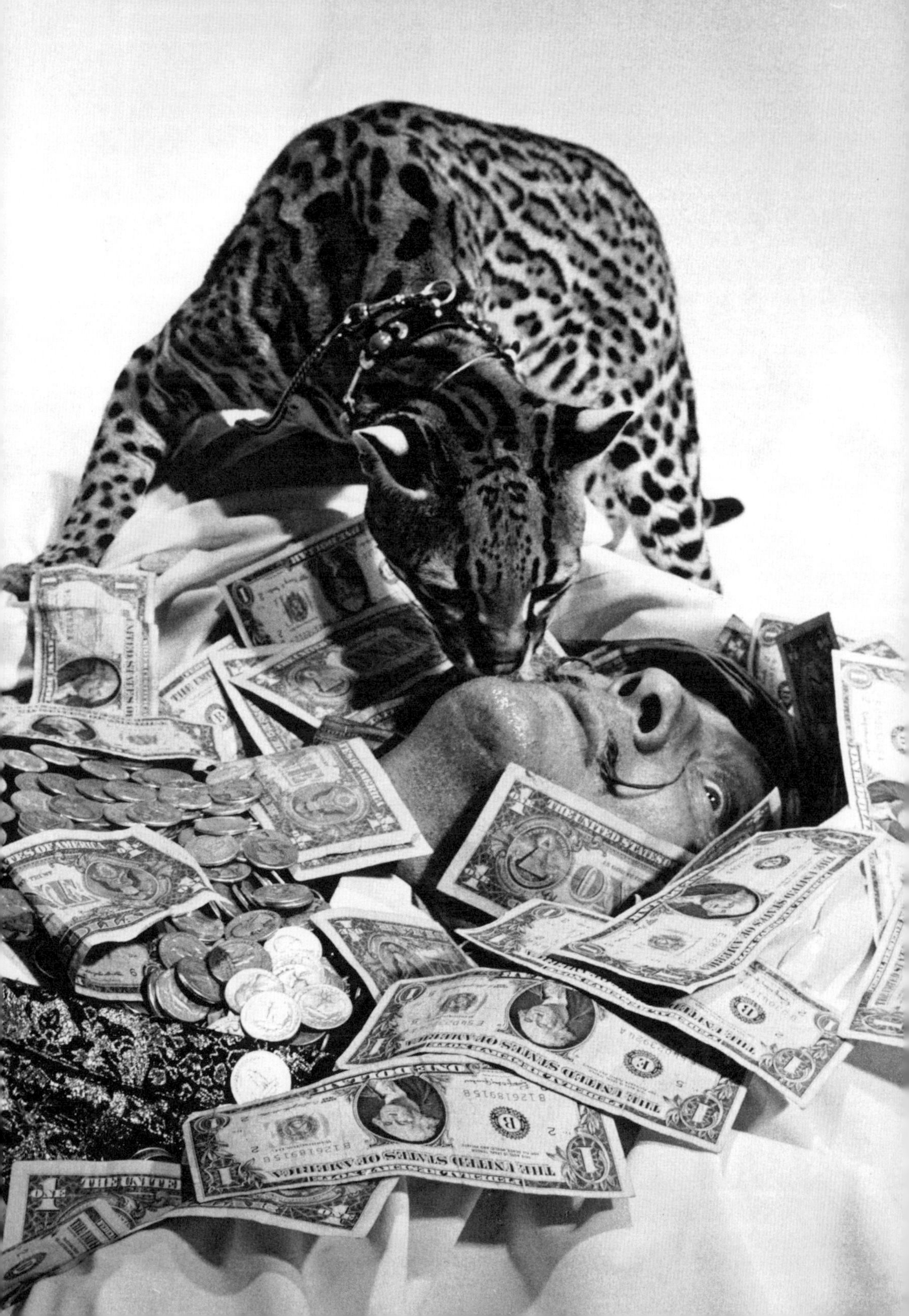

¿Dalí?

Martí Manen

032

¿Por qué Dalí?

Salvador Dalí es parte de la historia oscura del arte contemporáneo. Un artista que reconoce al momento la importancia de los medios de comunicación, que entiende la necesidad de tener una presencia pública. Un artista que necesita de una máquina a su alrededor para poder moverse con tranquilidad y seguridad, para marcar distancia. Un artista que utiliza una fachada pública para, precisamente, moverse en libertad en la vida privada. Un artista alejado de un posible reconocimiento amable por, seguramente, la fuerza de su mercado. Y «un artista» que es mucho más que «un pintor». Un artista incómodo, lleno de recovecos.

Dalí es alguien del siglo XX, pero que puede ser entendido fuera de tiempo y asimilado perfectamente en el siglo XXI. Su comportamiento y lógica indican algo de nuestro tiempo, indican también una asincronía con su momento. La performatividad de Dalí se comprende después de Judith Butler, después de John Langshaw Austin. La construcción según una performatividad –también lingüística– implica un posicionamiento en relación a la necesidad de implementar una imagen casi corporativa sobre la figura individual en Dalí. La fachada pública de Salvador Dalí es compleja y acepta la mentira como parte de una necesidad discursiva, algo que también rezuma contemporaneidad. La distancia entre lo contado y lo verdadero dejó de ser importante para propiciar lo emocionante. La asunción de las estructuras de poder y el salto a lo personal en Dalí se pueden leer también hoy desde un punto de vista interseccional en clave feminista. Dalí en clave feminista, cuando estamos frente a una construcción pública al menos retrógrada.

Warhol será un heredero directo de Salvador Dalí. También un jovencísimo Jeff Koons se encontrará con Dalí en el Hotel St. Regis de Nueva York. La lista de artistas que deben buena parte de su manera de funcionar a Dalí podría ser amplia, pero Salvador Dalí es una referencia incómoda, algo inadecuada. En la incomodidad y en la complejidad también volvemos a la actualidad. Dalí no esconde las paradojas, actúa y se deja actuar, entiende que el mensaje será modificado y, por lo tanto, debe facilitar la incorporación de otro tipo de contenido. Los canales serán múltiples y todos, de importancia: para situarse como artista es clave aparecer en *shows* de la televisión americana, pero también lo son los comentarios que pueda decir sobre su persona un taxista en Figueres, editar un ejemplar de la revista *Vogue*, así como generar *Dalí News*, su propio periódico.

En la construcción medial del sujeto Dalí es importante ofrecer una imagen absolutamente tradicional y tradicionalista de la figura del artista (un artista genio creador, con su musa, su capacidad técnica y sus excentricidades), para, al mismo tiempo, abrir la puerta a infinidad de otras posibilidades: el gran masturbador, el amante de las formas más allá de las estructuras binomiales, el uso de estrategias *drag*, el artista que en entrevistas puede decir que le hubiera gustado ser mujer, el artista con un *entourage* en el que existen una serie de códigos propios. Dalí propone una enorme complejidad en su imagen pública. Es evidente que la primera lectura busca una tranquilidad mediante la excentricidad pero, a medida que se entra en el personaje, se descubren las capas inconexas, las posibilidades del engaño a primera vista y la ficcionalización como punto de partida. El sujeto Dalí es construido, es consciente de ello.

Dalí mantiene una actitud de primeras vanguardias –con una voluntad rupturista y de choque–, pero asume un cambio en el entorno que obliga a un posicionamiento más planificado. Salvador Dalí es plenamente consciente del poder de la imagen y su significado. Si puede, controla los movimientos de la cámara cinematográfica, tiene relación con el fotógrafo e investiga los tonos para los distintos canales de difusión. Documental, entrevista, publicidad... todos los campos son válidos para difundir su papel, todos los campos son posibles lugares interesantes para desarrollar su trabajo. Lugares como Hollywood, que demostrará a Dalí que la máquina del cine no busca la libertad de sus creadores, sino el beneficio empresarial.[1] Parte de su trabajo artístico está aquí, en su relación con los media, en la creación de un sujeto apetecible, explosivo, odiable y admirado a partes iguales.

Al mismo tiempo, la creación del sujeto público y la asunción de un mundo privado abierto no reside únicamente en su acción con los medios de comunicación. La escritura y la literatura son también lugares en los que trabajar «en directo» con él mismo. La biografía falsificada, la modificación de la información para posicionarse donde desea, la glorificación de la narración y el uso de la ficción como canal en el que investigar. Dalí llegará a decir que es más buen escritor que pintor, aunque en su proceso de escritura es importante destacar la presencia inicial de editores como J. V. Foix[2] que saben trasladar sus manuscritos a la realidad impresa.

Texto, acción e imagen para lograr un objetivo en una definición abierta de la identidad, para generar una serie de códigos que permitan, luego, escapar de ellos.

1956. Dalí es entrevistado en televisión por Mike Wallace.[3] Salvador Dalí no tiene, por su inglés deficiente, el control de lenguaje que pueda tener en catalán, castellano o en su particular francés. En inglés, Dalí es evidentemente un personaje construido, un sujeto público resultado de una preparación. Y responde directamente para buscar la provocación, pero también explicando con transparencia su funcionamiento. El lenguaje se convierte en una masa para la sorpresa inicial, para captivar a la audiencia, para saltar después a destacar que lo más importante, por encima del Dalí pintor, es la personalidad de Dalí. Dalí como bufón, como payaso, Dalí como pintor y hasta como científico, Dalí como cosmogonía, como una conjunción de elementos que no necesariamente tienen que coincidir. En la entrevista Dalí habla sobre física nuclear y la concepción flexible del tiempo-espacio para situarse como la continuación lógica de Rafael. Si Rafael es el artista del renacimiento, Dalí es el artista del momento de la energía nuclear, de la psicología freudiana. Y de aquí, a hablar sobre el erotismo de la muerte. El erotismo aparece en televisión, el fetichismo va tomando espacio.

1965. Salvador Dalí cruza una calle de Nueva York canturreando versos de García Lorca. Una cámara le sigue y la escritora feminista Jane Arden, también. García Lorca y Dalí bajo la mirada de una cámara, un director y una persona que le cuestionará durante varios días. *Dalí in New York*[4] es un documental que ofrece una imagen directa de ese Dalí performativo frente a cámara, que mezcla acciones pensadas para la fotografía resultante y que, al mismo tiempo, trabaja las relaciones sociales con los compradores de su obra. Dalí discute sobre Dalí hasta el enfado. En un momento del documental, Salvador Dalí dará la espalda a la cámara y a Jane Arden, para terminar saliendo de plano e insistir, desde el grito, en las posiciones de poder: «Todo el mundo es mi esclavo», repetirá insistentemente. El Dalí dominador, el Dalí que organiza un contexto, el Dalí que recuperará al marqués de Sade, ese Dalí conectado con Foucault y las estructuras de poder llevadas al campo de lo individual.

Cadaqués, Portlligat, Púbol. El gesto daliniano, su performatividad, también depende del lugar, de la capacidad de relación con los públicos y de la mezcla con la vida privada. Los espacios se teatralizan, la instalación ocupa el lugar de la vida. Con el castillo de Púbol, Dalí construye una casa pensando

---

1.
Vicente Todolí comenta el fracaso de Dalí en Hollywood en la entrevista realizada y presentada en *Los Sujetos.*

2.
Salvador Dalí, *L'alliberament dels dits,* Quaderns Crema, 1995. Nota de Fèlix Fanés en la presentación de los textos publicados por Dalí en Cataluña entre 1919 y 1935.

3.
The Mike Wallace Interview. Salvador Dalí, 1958. (Esta entrevista forma parte del material audiovisual que se presenta en *Los Sujetos*).

4.
Jack Bond, *Dalí in New York,* 1965, 77′. (Este documental también forma parte del material audiovisual presentado en *Los Sujetos*.)

en Gala. Gala, esa otra parte de la construcción pública/privada del Dalí sujeto múltiple, domina la casa y la asume como propia hasta el nivel de que para que Dalí pueda entrar, necesita de una invitación por escrito de ella. De *Una habitación propia* de Virginia Woolf pasamos al castillo, al control, al dominio mediante una negociación y una reglamentación entre dos partes. Dalí está en la negociación y es partícipe de un modelo de relación en el que la independencia está formalmente marcada. Gala no es la musa sumisa y sin voz, sino alguien con enorme capacidad de acción. Una capacidad de acción que supera el modelo tradicional publicitado por Dalí sobre su matrimonio.

En el castillo de Púbol, Gala recibe la visita de sus amantes y Dalí es perfectamente consciente de ello. En la relación entre Gala y Dalí existe este acuerdo, del mismo modo que las prácticas sexuales de Dalí no tendrán que estar siempre en conexión con los deseos de Gala. En el *entourage* de Dalí, el sexo tiene un vocabulario inventado y compartido, algo así como un sistema para crear un mundo cerrado que no siga las normas de la realidad. La idea de una comunidad propia, de un lenguaje propio, de una identidad compartida en su performatividad. La excentricidad –y la posición artística– de Dalí servirá de tapadera para investigar en otras sexualidades en las que Dalí observará y coreografiará situaciones grupales.[5]

Catherine Millet nos acercaba a una idea de Dalí fraccionado,[6] una serie de varios Dalí que pueden estar en conflicto, tanto por la observación exterior, como por la asimilación subjetiva de lo que se quiere ver, tanto por lo que Dalí hace, como por lo que sugiere. La indefinición, conjuntamente con la contradicción, serán herramientas con las que seguir construyendo ese personaje que pide ser revisado constantemente, que abre caminos a posibilidades múltiples. El momento, el contexto, la capacidad de adaptación, el retorno emocional y el deseo permitirán que Dalí sea una diversidad de opciones. La lectura de Dalí mediante Judith Butler no será únicamente a través de la performatividad, sino también en la flexibilidad de la identidad, evitándose sistemas estancos. Dalí se acercará a estas ideas también desde la ciencia, aceptando el caos y el trabajo con lo atómico como un desmontar el mundo.

La fragmentación no hará dormir uno de los sueños de Dalí: la inmortalidad.[7] Lograr permanecer mediante todos los canales posibles. La televisión es inmediatez; la conexión con la historia del arte es un intento de formar parte de una genealogía; las investigaciones con material científico, una voluntad de visualizar un futuro; el comercio, una realidad de la expansión daliniana como explosión comercial. Seguramente en el cine de masas es donde Dalí no logró marcar su impronta,[8] en el cine Dalí encuentra varios fracasos. Si el resultado final de los decorados para *Spellbound* de Hitchcock no convencieron a Dalí, con Alejandro Jodorowsky vio la caída de una superproducción. Amanda Lear, persona clave en el entramado sentimental de Dalí, puso en contacto a Jodorowsky y Dalí para que el director invitara al artista a formar parte de su monumental proyecto cinematográfico a partir de *Dune*, la novela de ciencia ficción de Frank Herbert. Dalí tenía reservado el papel del emperador en una versión que pretendía ser un alucinógeno cinematográfico. La producción nunca llegó a realizarse. Los encuentros con Disney tampoco se materializaron en el resultado fílmico que Dalí había planteado, además varios de sus intentos para participar activamente en Hollywood no terminaron exitosamente.[9]

Frente al cine de masas, el comercio será un campo de experimentación constante para Dalí. Su relación con el mercado ha sido ampliamente criticada cuando, de nuevo, indica un comportamiento seguramente avanzado. Dalí firmando papeles en blanco para que después se comercie con falsificaciones. El gesto, la acción, la performance es de alto voltaje. Permitir que la firma de Dalí se escampe hasta llegar a mercados más allá que el propio mercado del arte, para pasas a firmar perfumes, muebles o todo lo que sea necesario. La autentificación de la copia, la autorización para ello, se recibe en Dalí como un problema, mientras que en la versión de Marcel Duchamp, el gesto resulta irónico e interesante. Duchamp autentifica una copia con su firma,[10] Dalí permite que mediante la firma se genere un falso auténtico. La incomodidad aparece de nuevo ya que nada es lo que parece. La percepción moral también es incomodada por este tipo de acción «sucia» con el mercado. Joan Minguet recordaba que la visión de que el auténtico Dalí es el del periodo que termina a finales

5.
Ian Gibson insiste sobre este tema en *The Shameful Life of Salvador Dalí*, Faber and Faber, 1997.

6.
Catherine Millet, *Dalí et moi*, Éditions Gallimard, 2005. En *Narcisse tu perds ton corps*.

7.
Montse Aguer habla sobre el deseo de inmortalidad de Dalí y su éxito mediante la fama y la incorporación en la historia en su entrevista realizada para *Los Sujetos*.

8.
Vicente Todolí a partir de *Dalí & Film* en Tate Modern, en su entrevista realizada para *Los Sujetos*.

9.
Elliott King, *Dalí, Surrealism and Cinema*, Kamera Books, 2007.

10.
Ulf Linde, *Från Kart till Fallfrukt*, Albert Bonniers Förlag, 2008.

de 1930 es por lo menos revisable.[11] El Dalí pintor es parte del Dalí artista, que es parte de una multiplicidad de opciones interconectadas que va complicándose a medida que van pasando las décadas. Y el Dalí de los cincuenta y los sesenta sabe muy bien cómo negociar con el contexto económico, sabe ver muy bien la conexión entre comercio e imagen. Dalí marcará sus propias normas, presentará contratos fuera de lugar, pedirá compensaciones estratosféricas y cláusulas de alto contenido literario. Dalí, por otro lado, no pagará nunca impuestos. Su posición vuelve a ser contemporánea en lo que supone la capacidad y el poder de definición contextual frente a la sumisión a ella.

La incomodidad en Dalí aparece también en el campo de la política. Manuel Borja-Villel comenta cómo la afinidad de Dalí con la dictadura franquista conlleva, conjuntamente con otros elementos del entramado que le rodea durante sus últimos años, la eliminación de su figura en una explicación «limpia» de la historia del arte.[12] Dalí no puede ser aceptado cuando se ha posicionado a favor de la dictadura y ha negado principios democráticos. También Marinetti hizo su acercamiento a Mussolini, aunque sin una Segunda Guerra Mundial y sus terribles imágenes interiorizadas. Dalí es oscuro, acapara oscuridad y odio, aunque su relación con la realidad política parte seguramente de un mero interésególatra. Dalí vive en la provocación, vive en un doble nivel que fluctúa desde los extremos de lo ultra-local al mundo de la creación internacional de la imagen social, sin saber muy bien cómo funciona la realidad. Ficción en imagen y realismo de proximidad. En las entrevistas americanas es cuestionado por su apoyo a la dictadura y su respuesta le acerca a la filosofía helénica pre-democrática, mezclada con el sadismo y la sumisión. La dictadura encontrará en Dalí el bufón ideal ya que, además de extravagancia, incorporará una posibilidad de modernidad. Pero en la extravagancia llegará también una posibilidad de libertad: los fragmentos del No-Do (la herramienta cinematográfica de propaganda del régimen) sobre Salvador Dalí tienen un tipo de edición absolutamente distante del lenguaje de control y allí entran elementos absolutamente contrarios a los preceptos de la dictadura.

1969. Salvador Dalí se deja fotografiar acompañado de Amanda Lear en una corrida de toros en la Monumental de Barcelona. Tradición, páginas de prensa amarilla y desconcierto. Dalí con Amanda Lear, Dalí sin Gala. En una dictadura la excentricidad de Dalí, su gesto performativo y su desmontaje de las formas de lenguaje al uso, permiten que aparezca un imaginario distinto al marcado por la dureza contextual y la tradición conservadora. Dalí, el sujeto Dalí, abre campo a otro momento, se adelanta como bisagra y será recuperado como espejo. Un espejo borroso, desaconsejable, oscuro y fantásticamente apetecible.

Dalí y la complejidad, Dalí y la asimilación de la paradoja, Dalí como sujeto capaz de entender la necesidad de una doble vertiente que vincule lo público y lo privado. Dalí como opción de libertad en la indefinición, Dalí como trampa, Dalí como deseo sensual, Dalí como simulacro. Dalí como esa mezcla flexible que conlleva ser noticia y editor al mismo tiempo, ser alta y baja cultura, ser representación para incorporar vías de escape. Dalí como un elemento –discordante– en esa otra historia bastarda que no tranquiliza, que no suaviza, que acepta lo desconcertante como punto de partida.

11.
Joan Minguet, «Dalí. La persistencia daliniana», en *El Cultural,* suplemento cultural del diario *El Mundo,* 6 de mayo de 2004.

12.
Entrevista con Manuel Borja-Villel para *Los Sujetos.*

Why Dalí?

Dalí?

Martí Manen

040

Salvador Dalí is part of contemporary art's dark history. An artist who instinctively grasped the importance of the communications media and the requirement of the artist to establish a public profile. An artist who recognized the necessity of erecting a barrier around himself that would allow him to proceed with tranquility and confidence while maintaining his distance; who employed a public façade in order to ensure freedom of movement in his private life. An artist deprived, perhaps, of the potentially agreeable recognition he was due because of the power of the market in his works. Moreover, very much "an artist," a title of much more significance than "a painter." An uncomfortable artist, full of nooks and crannies.

Dalí was a 20th-century eminence, but he can also be understood as a figure existing outside time or, on the other hand, as one perfectly assimilated into the 21st century. His behavior and logic tell us something about our own era and also demonstrate an asynchrony with his. Dalí's performativity is understandable after Judith Butler and John Langshaw Austin. The construction of Dalí's persona according to performativity—including linguistic performativity—implies the need to incorporate the individual Dalí into what is virtually a corporate image. His public façade is complex and accepts lies as part of its discursive needs, and that, too, resonates with our time. The distance between what is said and what is true has lost its importance in the need to provide sensation, thrills. Dalí's adoption of power structures and personal shifts can also be read, today, with reference to the viewpoints provided by feminism, allowing him to be understood from a intersectional feminist perspective, in contrast to a public image that is, at the very least, regressive.

Warhol became Salvador Dalí's direct heir, while a very young Jeff Koons would encounter Dalí at the Hotel St. Regis in New York. The list of artists who owe much in their approach to Dalí is vast, yet he remains an uncomfortable, somewhat inadequate reference. And it is this discomfort, this complexity, that bring us back to the present. Dalí does not hide his paradoxes; he acts and allows others to act, he understands that his message will be modified and that he must therefore facilitate the inclusion of other kinds of content. There will be multiple channels and they will all be important: in order to secure a place for himself as an artist it is vital that he appear on American television shows, but the comments about him by a taxi driver in Figueres are equally fundamental, as is his editing of an issue of *Vogue* magazine or the creation of *Dalí News*, his own newspaper.

For the media, in their portrayal of Dalí, it has always been vital to provide an absolutely traditional (and traditionalist) image of the figure of the artist as creative genius, with his muse, his technique and his eccentricities, in order to simultaneously open the door to an infinity of other possibilities: the great masturbator, the lover of forms beyond binomial structures, the user of drag as a strategy, the artist who can say, in interviews, that he would like to have been a woman, the artist with an entourage that has its own codes of behavior. Dalí's public image is one of enormous complexity. A first, simplistic reading focuses on his eccentricity, but the more one delves into his personality the more one discovers disjointed layers, initially misleading elements and fictionalized beginnings. Dalí, as a subject, is a construction, and he is aware of it.

Salvador Dalí's approach is shared with the first avant-garde movements, fuelled by the desire to break away and confront—but he recognizes the context has changed in a way that calls for a reconsidered position. Dalí is fully aware of the power and significance of the image. Whenever possible, he controls the movement of the movie camera, relates to the photographer and researches the correct tone for different broadcast channels. Documentaries, interviews, publicity stunts—all are valid ways of projecting his role, all offer interesting possible territories for his work. Territories like Hollywood, which proved to Dalí that the movie world was not interested in offering freedom to its creatives but rather in providing profits to its business backers.[1] Part of his artistic work is here, in his relationship with the media, in the creation of himself as a subject that is appetizing, explosive, hateful and admired in equal measure.

At the same time, the creation of a public personality and the allowing of access to his private world are not limited to his interactions with the communications media. Writing and literature are also places in which to create himself "in real time." The falsification of biography, the manipulation of information to position himself as he wishes, the glorification of narrative and the use of fiction as a channel to be investigated all play their part. Dalí went so far as to say he was more a writer than a painter, although in his writing process it is important to emphasize the initial presence of publishers such as J. V. Foix,[2] who knew how to convert his manuscripts into printed reality.

Text, action and image combine in order to attain the objective of creating an open definition of identity, generating a series of codes that also offer the possibility of escape.

1956. Dalí is interviewed on television by Mike Wallace.[3] His poor command of English prevents him from handling the encounter the way he would in Catalan, Spanish or his peculiar French. In English, Dalí is clearly revealed as a constructed subject, a public persona that is the result of careful preparation. He responds directly, with no attempt at being provocative, but he is also transparent about how he works. Language turns into the material for generating initial surprise, for captivating the audience and then for pointing out that what is more important than Dalí the painter is Dalí the personality. Dalí the buffoon, the clown, the painter or even the scientist. Dalí as cosmogony, as a conjunction of elements that do not necessarily have to coincide. In the interview he speaks of nuclear physics and of having a flexible understanding of time and space, segueing logically to the subject of Raphael. If Raphael is the quintessential Renaissance artist, Dalí is the artist for the era of nuclear energy and Freudian psychology. From Raphael he proceeds to the eroticism of death. Eroticism makes an appearance on television, fetishism carves out a space for itself.

1965. Salvador Dalí crosses a New York street crooning verses by García Lorca. A camera follows him, as does feminist writer Jane Arden. García Lorca and Dalí observed by a cameraman, a director and a person who will be asking him questions for several days. *Dalí in New York*[4] is a documentary that offers a direct image of the artist. Performing for the camera, he combines considered actions that are chosen in terms of how they will look when photographed, with others directed at his social relations with the purchasers of his art. Dalí argues about Dalí to the point of anger. At one point in the documentary, he turns his back on the camera and Jane Arden, and stalks out of shot, shouting, from his position of power: "Everyone is my slave." He repeats this statement insistently. Dalí as dominator, organizing a

1.
Vicente Todolí comments on Dalí's failure in Hollywood in the interview held and presented in *The Subjects*.

2.
Salvador Dalí, *L'alliberament dels dits*, Quaderns Crema, 1995. Note by Fèlix Fanés in the presentation of the texts published by Dalí in Catalunia between 1919 and 1935.

3.
The Mike Wallace Interview. Salvador Dalí, 1958 (This interview is part of the audiovisual material presented in *The Subjects*).

4.
Jack Bond, *Dalí in New York*, 1965. 77' (This documentary is also part of the audiovisual material presented in *The Subjects*).

context, recovering the Marquis de Sade, connected to Foucault and the structures of power applied on an individual scale.

Cadaqués, Portlligat, Púbol. The Dalian gesture and its performance also depend on place, on how much he can interact with to the public, and on the balance between his public and private life. The spaces he creates become theatrical, installation takes the place of reality. Púbol Castle is the house Dalí constructs with Gala in mind. Gala, that other part of the public/private construction of Dalí as a multiple subject, dominates the house, makes it her own to such an extent that Dalí can only enter by written invitation from her. Thus we pass from Virginia Woolf's *A Room of One's Own* to the castle, to control, to mastery through negotiation and rules between two parties. Dali negotiates and is part of a model of relations in which independence is formally delineated. Gala is no voiceless, submissive muse; she has an enormous capacity to act. A capacity that surpasses the traditional model of matrimony that Dalí has publicized regarding his marriage.

At Púbol castle Gala is visited by her lovers, an arrangement with which Dalí is perfectly *au courant*. There is agreement about this built into the relationship between Gala and Dalí, just as Dalí's sexual practices do not always have to be related to Gala's desires. In Dalí's entourage, sex has an invented and shared vocabulary, a system that creates something like a closed world that does not follow the norms of reality. An idea of one's own community, one's own language, a shared identity through performativity. Dalí's eccentricity, his artistic position, serve as a blind for exploring other sexualities through which he can observe and choreograph group situations.[5]

Catherine Millet has offered us the idea of a fragmented Dalí,[6] a series of different Dalís who may conflict through both the exterior glance and the subjective assessment of what one wants to see—conflicting in terms of both what Dalí does and what he suggests. Non-definition, along with contradiction, will be the tools used to continue the construction of a personality that calls for constant revision, opening the way to multiple possibilities. The moment, context, adaptive capacity, emotional return and desire will all allow Dalí a diversity of options. The Reading of Dalí—after Judith Butler exclusively based on performativity, but also on the flexibility of his identity, a flexibility that rejects closed systems. Dalí will also approach these ideas through science, accepting chaos and atomic research as a way to dismantle the world.

This fragmentation will not extinguish one of Dalí's principal dreams: immortality.[7] Managing to remain in the public gaze through as many channels as possible. Television provides immediacy. A connection with art history is an effort to become part of a genealogy; research into scientific material shows a desire to visualize a future; engagement with commerce models Dalian expansion as commercial explosion. Where Dalí has not managed to leave his mark is in popular movies[8]—there, he fails repeatedly. The final versions of his sets for Hitchcock's *Spellbound* fail to convince him, and his collaboration with Alejandro Jodorowsky sees the collapse of a super-production. Amanda Lear, a key figure in Dalí's social and emotional network, put him in contact with Jodorowsky, who invited him to become a part of his monumental film project based on science-fiction writer Frank Herbert's novel *Dune*. Dalí was supposed to be the emperor in a version that set out to be the cinematic equivalent of a hallucinogenic drug. The production never came to fruition. In similar fashion Dalí's meetings with Disney never produced the results he desired, and various other efforts to participate actively in Hollywood were equally unsuccessful.[9]

Unlike film, commerce would be an area of constant experimentation for Dalí. His relation to the market was broadly criticized when, for example, the artist signed blank sheets of paper so that fakes could be sold later, behavior that was certainly advanced for its time. That gesture, act or performance was particularly charged, allowing Dalí's signature to become so diluted that it reached markets beyond that of art itself, appearing on perfumes, furniture or wherever it was needed. In Dalí's case the authentication of copies and the authorization of such authentication are perceived as problematic while in the case of Duchamp, the gesture is seen as ironic and interesting. Duchamp authenticates a copy with his signature[10] while, through

5.
Ian Gibson emphasizes this subject in the *Shameful Life of Salvador Dalí*, Faber and Faber, 1997.

6.
Catherine Millet, *Dalí et moi*, Éditions Gallimard, 2005. In *Narcisse tu perds ton corps*.

7.
Montse Aguer speaks of Dalí's desire for immortality and his success through fame and becoming a part of history in her interview for *The Subjects*.

8.
Vicente Todolí, beginning with *Dalí & Film* at the Tate Modern, in his interview for *The Subjects*.

9.
Elliott King, *Dalí, Surrealism and Cinema*, Kamera Books, 2007.

10.
Ulf Linde, *Från Kart till Fallfrukt*, Albert Bonniers Förlag, 2008.

his signature, Dalí permits the generation of an authentic fake. Discomfort reappears, nothing is what it seems. Dalí's "unclean" action with regard to the market introduces a sense of moral unease. As Joan Miguet has pointed out, the idea that the authentic Dalí only dates from the period ending in the late 1930s is, at the very least, open to question.[11] Dalí the painter is part of Dalí the artist, who is part of a multiplicity of interconnected options that grow more complicated with each passing decade. And the Dalí of the 1950s and 60s knows very well how to negotiate with the economic context in which his works appears for his work and has a clear grasp of the connection between commerce and image. Dalí established his own norms; the contracts he drew up were uninvited, demanded astronomical fees and included highly literary clauses. At the same time he never paid tax. His position again appears contemporary in his powerful ability to define context rather than submit to it.

Discomfort with Dalí is also felt in the political field. Manuel Borja-Villel comments that the artist's affinity with the Franco dictatorship, along with other elements around him in his final years, led to the elimination of his figure from any "clean" explanation of art history.[12] Dalí cannot be acceptable when he has taken a position in favor of the dictatorship and therefore denied democratic principles. Marinetti made his approach to Mussolini, of course, but that was before World War II and its terrible interiorized images. Dalí is dark, he attracts darkness and hatred, although his relation to politics is almost certainly the result of his selfish egomania. Dalí thrives on provocation, working on a double level that fluctuates between ultra-local extremes and the international creation of a social image, without understanding how reality actually works. He employs fiction in his image and reality up close. In his American interviews he is asked about his support for the dictatorship and his answer draws on Hellenic, pre-democratic philosophy, mixed with sadism and submission. Dalí is the dictatorship's ideal buffoon. Not only is he extravagant, he also demonstrates the possibility of modernity. But that extravagance also comes with the possibility of freedom: fragments from *No-Do* (the Franco régime's movie-news propaganda tool) about Salvador Dalí are edited in a manner distinct from the language of control, incorporating elements contrary to the dictatorship's usual precepts.

1969. Salvador Dalí allows himself to be photographed with Amanda Lear, who has accompanied him to a bullfight at the Monumental Bullring in Barcelona. Pages of gossip in the tabloids and public bewilderment. Dalí with Amanda Lear.

Dalí without Gala. In Dalí's dictatorship of eccentricity, his performative gesture and his dismantling of the forms of customary language permit the emergence of an imagery that differs from the one dictated by the harshness of its context and by conservative tradition. Dalí, the subject, opens the way to another moment, bridging a gap in time, and now, looking back, he becomes a mirror: a blurry, inadvisable, bewitchingly alluring mirror.

Dalí and complexity. Dalí and the assimilation of paradox. Dalí as a subject capable of understanding the need for a two-pronged approach that links public and private. Dalí as the option of freedom and non-definition. Dalí as a trap, as sensuous desire, as simulacrum. Dalí as a flexible position that involves being both news and publisher at the same time, both high and low culture, existing as a representation of himself in order to keep his escape routes open. Dali as a discordant element in that alternative, bastard history that does not reassure, that does not soften, that accepts the disconcerting as a point of departure.

11.
Joan Minguet, "Dalí. La persistencia daliniana", in *El Cultural*, cultural supplement of the newspaper *El Mundo*, May 6, 2004.

12.
Interview with Manuel Borja-Villel for *The Subjects*.

Salvador Dalí

048

FIG. 1
Dalí's interview with Mike Wallace, 1958

FIG. 2
The Merv Griffin Show Licensed, 1965

FIG. 3
Jack Bond
Dalí in New York, 1965

FIG. 4
NO-DO, 1965. Newsreel NO-DO
Trajes de baño por Dalí. Las nuevas fantasías del pintor de Cadaqués, 1965
Bathing suits by Dalí. The latest fantasies by the painter from Cadaqués, 1965

FIG. 5
NO-DO, 1966. Newsreel NO-DO
La penúltima bufonada de Salvador Dalí. Director y montador de un ballet
Salvador Dalí's second-to-last gag as director and producer of a ballet

FIG. 6
NO-DO, 1970. Newsreel NO-DO
«El huevo y yo» por Salvador Dalí. La obra radioactiva del genial
y esotérico ampurdanés
"The Egg and I" by Salvador Dalí. The radioactive work of the esoteric
genius from the Empordà

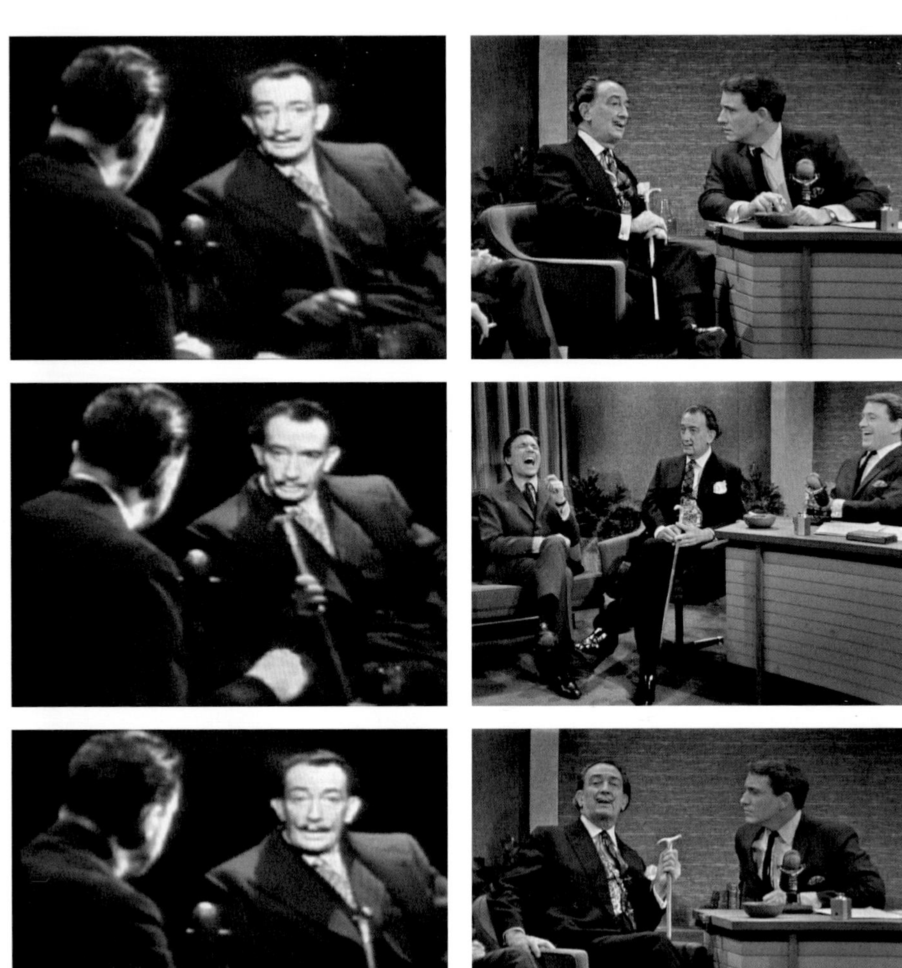

FIG. 1

FIG. 2

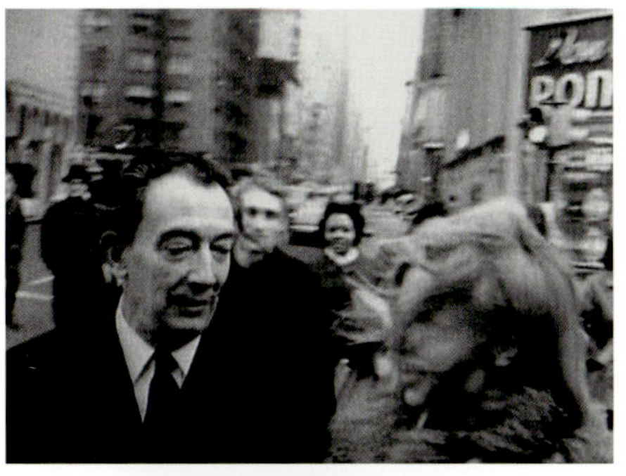
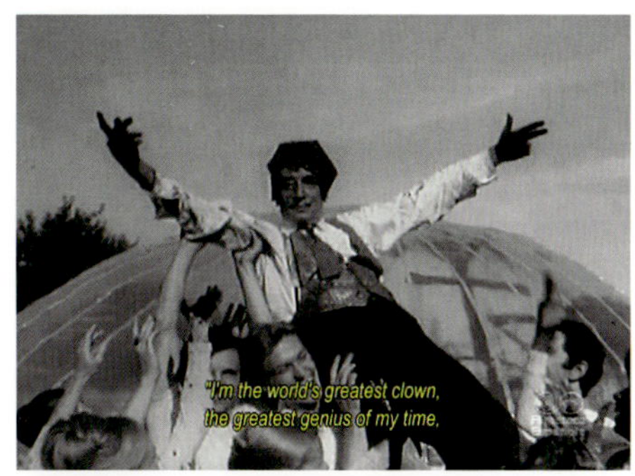

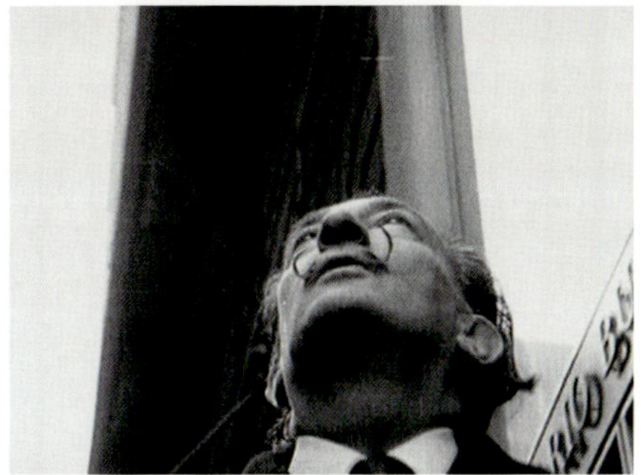
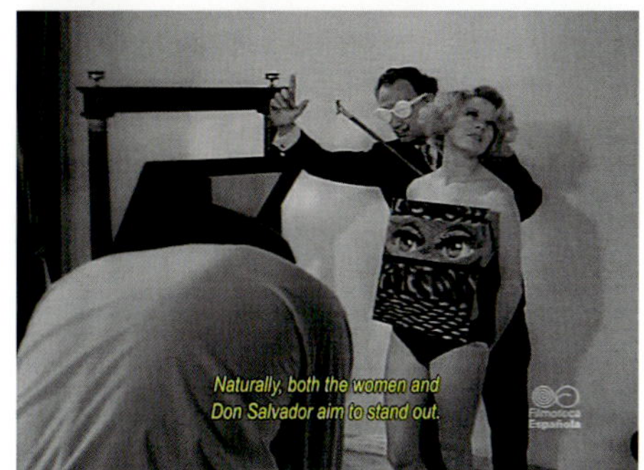

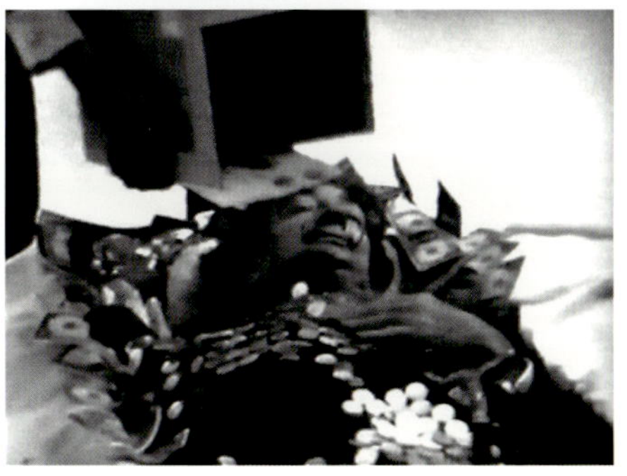
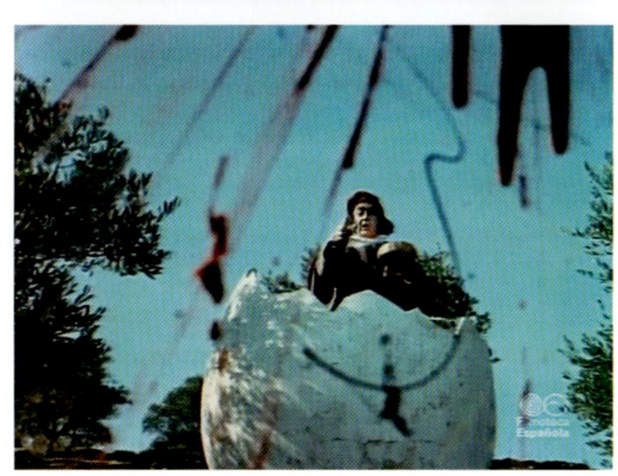

FIG. 3

FIG. 4
FIG. 5
FIG. 6

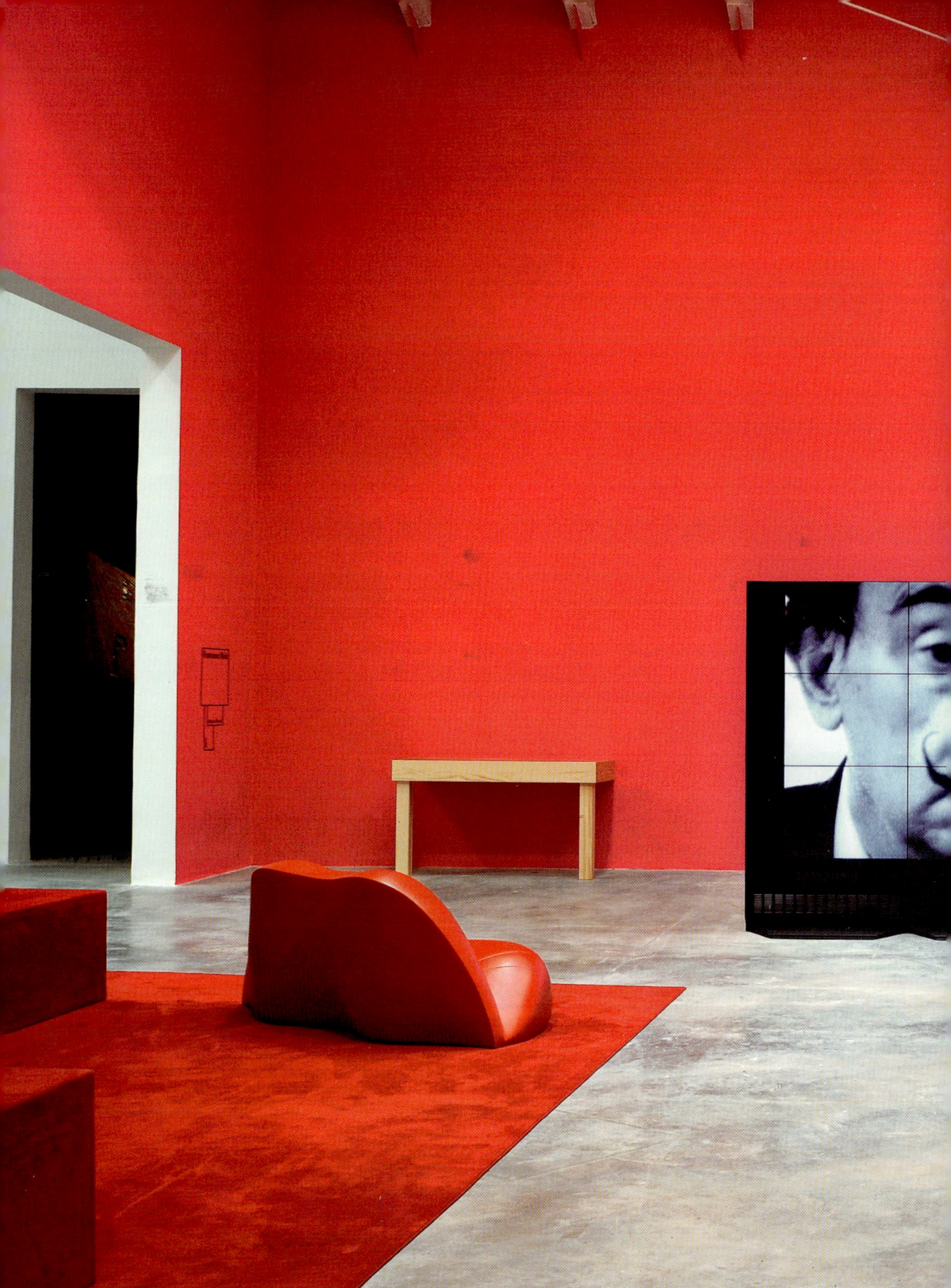

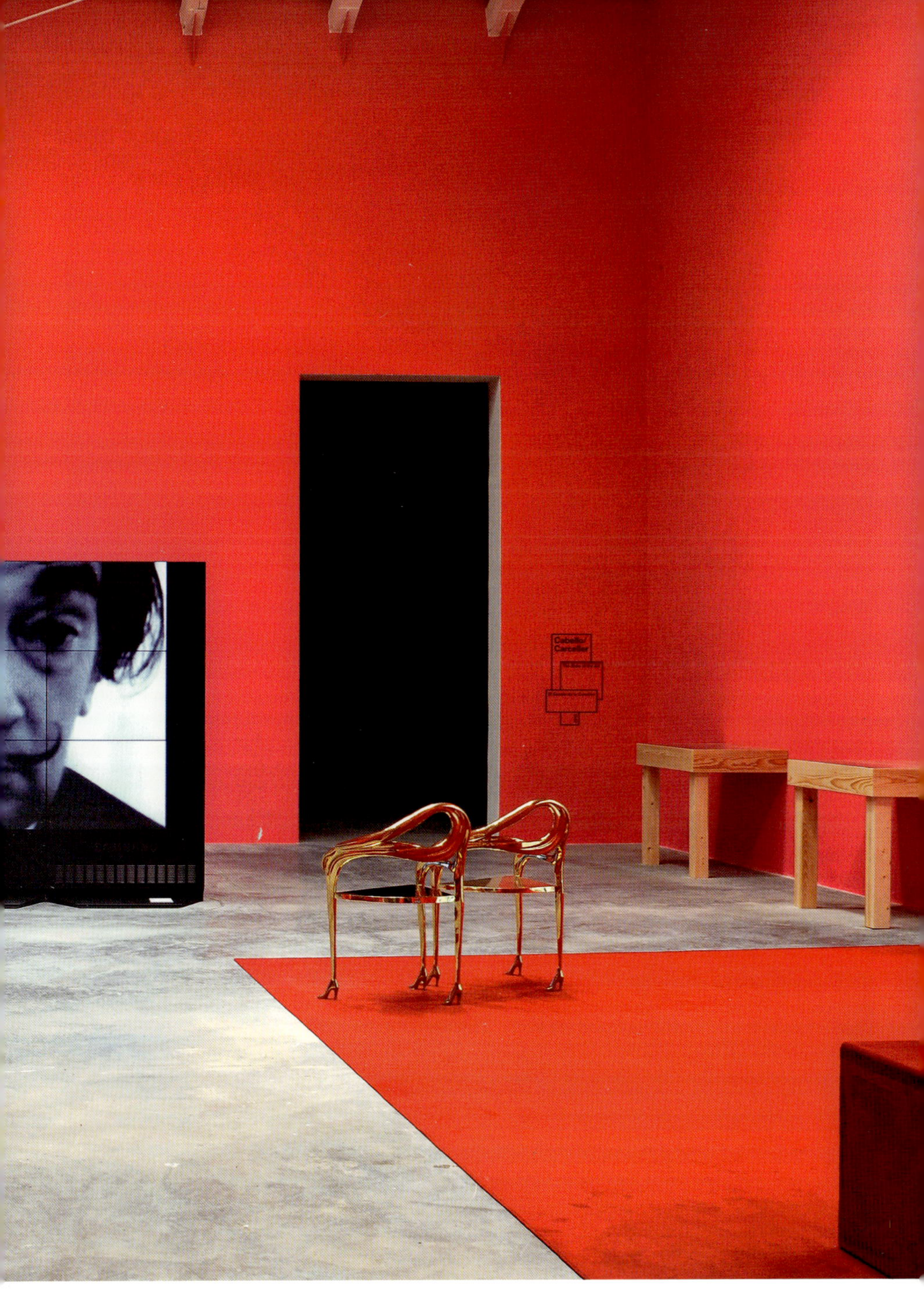

Cabello/
Carceller

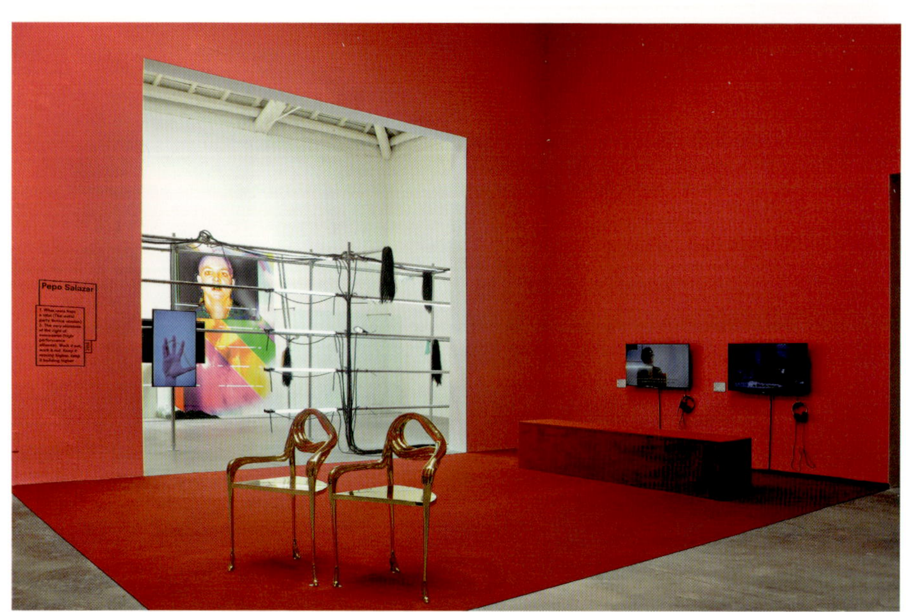

Pepo Salazar

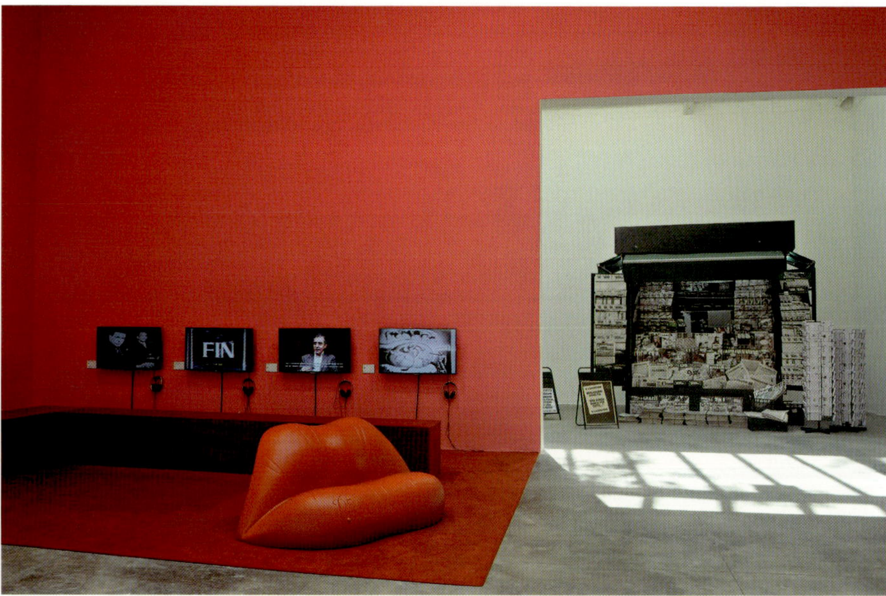

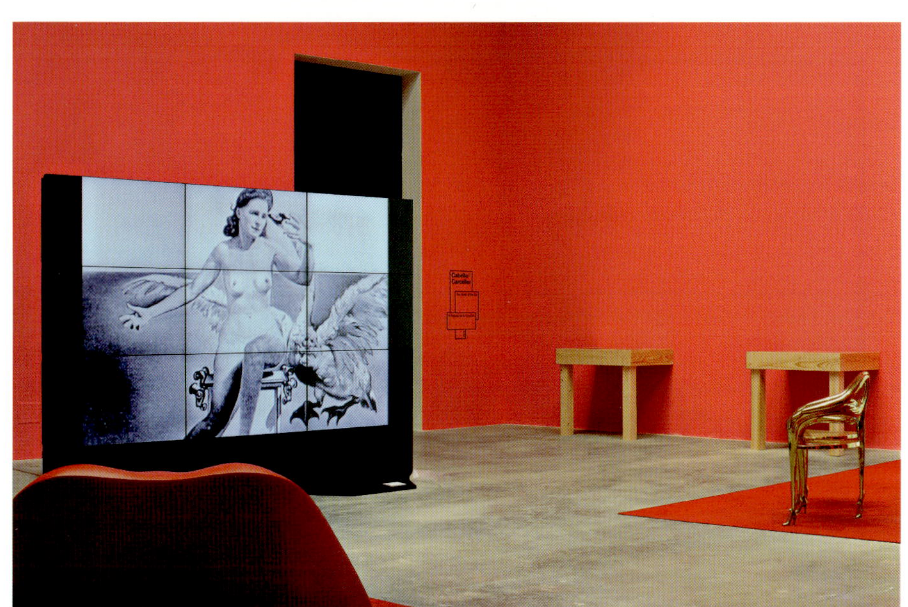

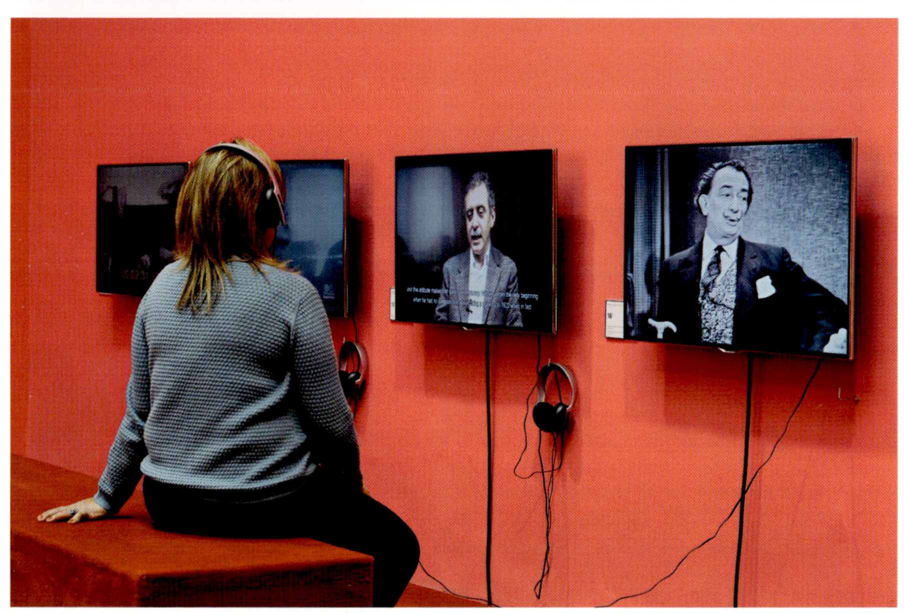

FIG. 1
Courtesy of Harry Ransom Center. The University of Texas at Austin. DVD, 77', B&W

FIG. 2
Courtesy of Reelin'In The Years Productions. LLC. DVD, 77', B&W

FIG. 3
Courtesy of Jack Bond. DVD, 77', B&W

FIG. 4, 5, 6
Cortesía del Archivo Histórico NO-DO, Filmoteca Española. DVD, 8', B/N

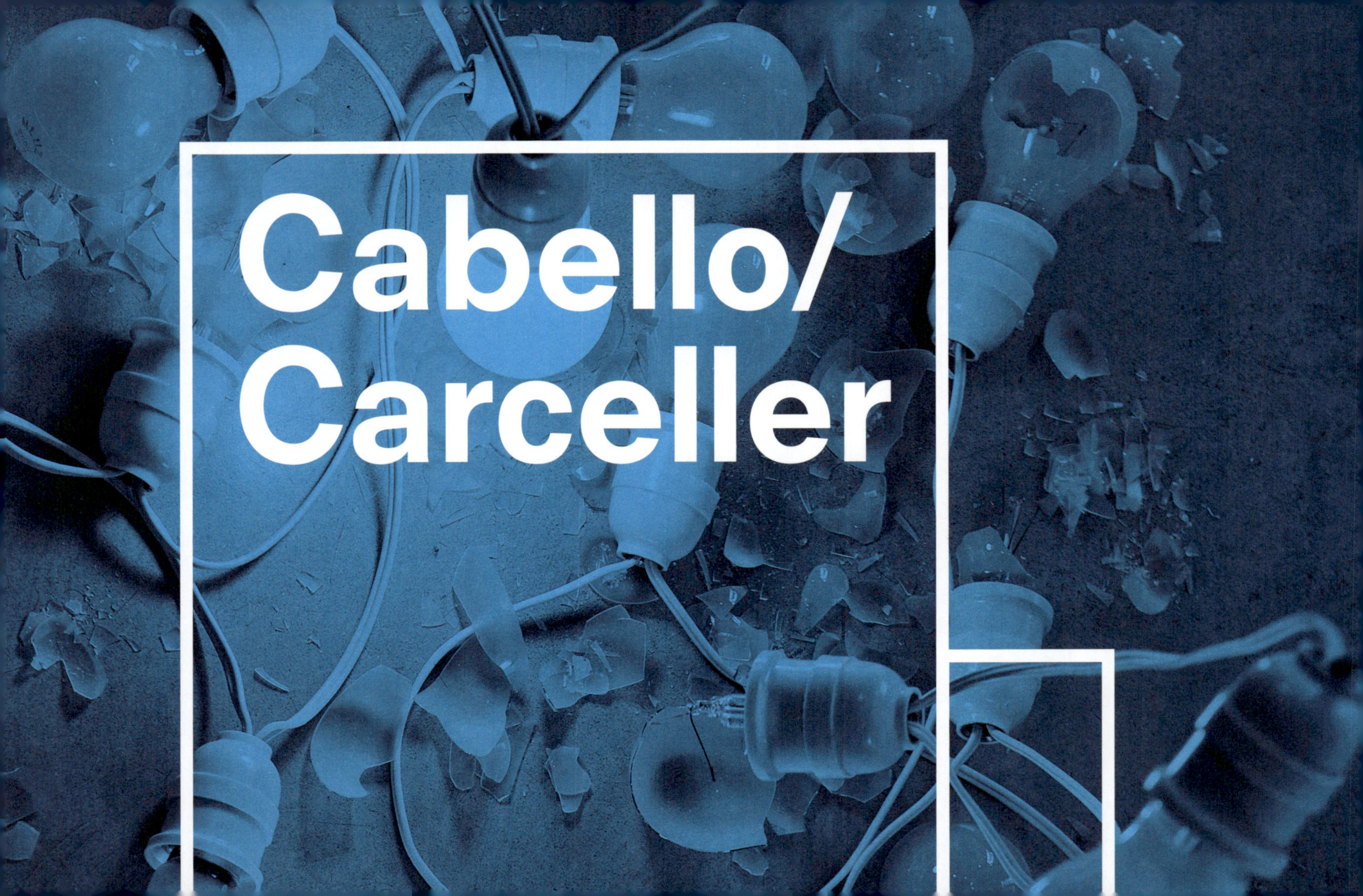

Cabello/
Carceller

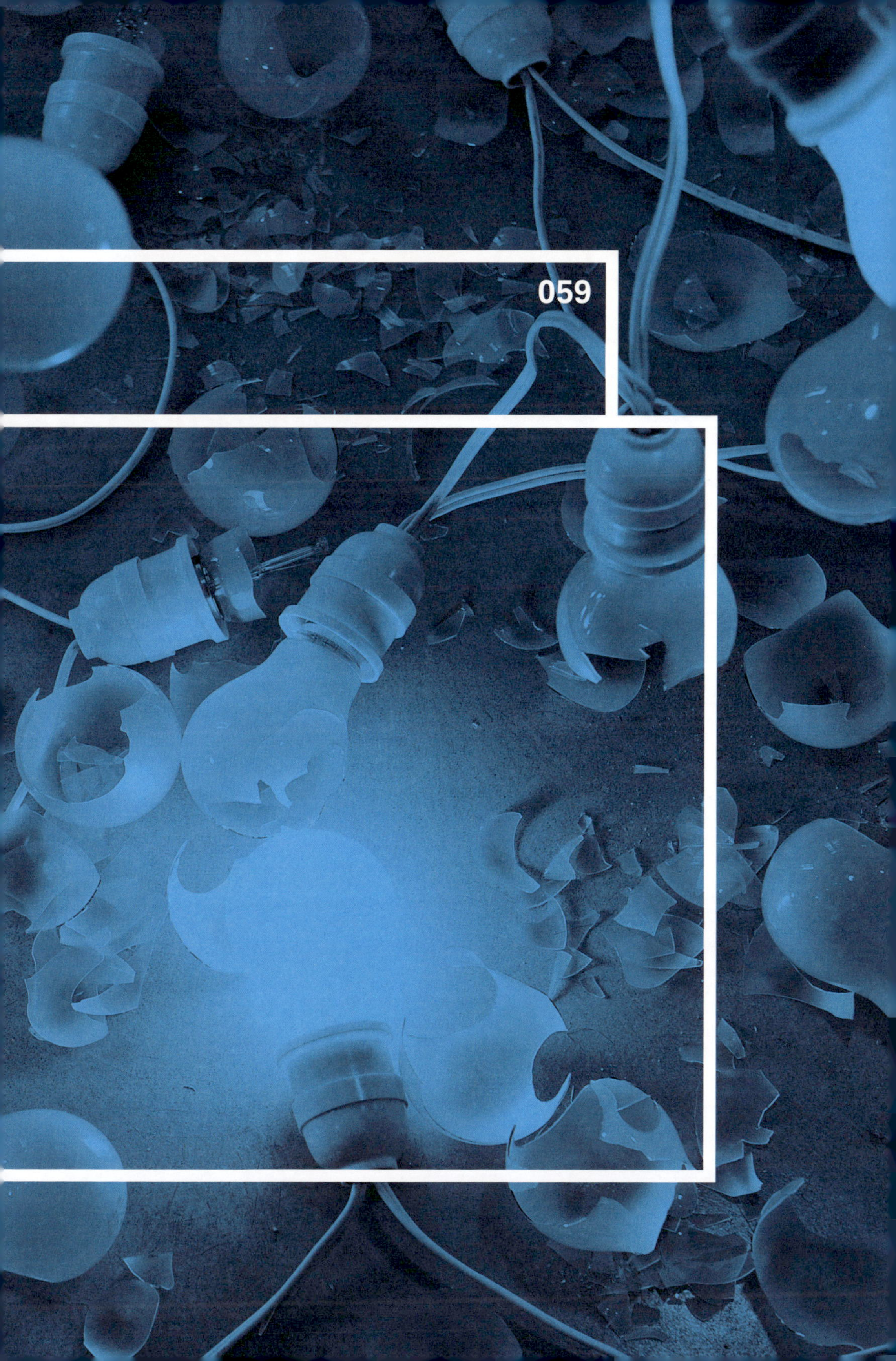

Martí Manen

Deseo, fragilidad y fuerza. No hay contradicción en los términos

HELENA CABELLO (París, 1963) y ANA CARCELLER (Madrid, 1964) trabajan desde principios de los noventa interrogándose sobre los modos de representación. Desajustes, dislocaciones, contradicciones en estructuras narrativas y performativas que permiten reescribir poéticas colectivas desde posiciones divergentes.

Apuntar para, precisamente, evitar caer en definiciones estancas que esquiven la complejidad. Cabello/Carceller participan de una lucha invisible para buena parte de la sociedad, esa parte de la sociedad que tiene asumida la derrota con naturalidad. Desde posiciones feministas, y mediante conexiones con la teoría alrededor del género, su producción artística supone una voluntad de análisis crítico y, al mismo tiempo, una deconstrucción poética.

Cabello/Carceller trabajan desde y con la performatividad, entendiendo que esta es un activador de realidades y posiciones políticas. El actuar –si «actuar» es la palabra– obliga a un posicionamiento, a una selección y a un planteamiento previo. La acción es reacción pero también proposición, la performatividad implica asumir sistemas más allá de lo estanco y cerrado. La identidad será también performativa y, por lo tanto, algo en un presente continuo que no necesariamente implica evolución, pero sí posibilidades de negociación, adaptación y modificación.

La obra de Cabello/Carceller bascula entre momentos específicos y situaciones en proceso; el deseo de ser muy precisas en definir el marco y el contexto para, después, permitir que la propia situación derive en una opción de debate. Los previos son importantes, tejer una red conceptual y emocional en la que se desarrolle una voluntad que incorporará también el azar y la colaboración. Gramática y vocabulario.

Y colaboración. De entrada, Cabello/Carceller son ya dos personas, con lo que en su proceso se parte del diálogo. Un diálogo, o una interrupción constante, que se amplía a quienes formen parte de sus obras. Actores no profesionales –a lo que se dirige inconmensurablemente buena parte de la población mundial bajo el dominio de los media– o equipos para definir algo similar a escenarios. Los trabajos artísticos de Cabello/Carceller han ido incorporando una idea de algún modo «teatral», entendiendo la necesidad de hacer partícipe a ese «público» de la cuarta pared, para no olvidar, en ningún caso, que tiene que haber alguien allí para que las piezas ejecuten su funcionalidad. Sin olvidar tampoco que el momento de ejecución es también algo que sucede y que es en sí un acto performativo con sentido propio. Las personas participantes en las obras son, además de obra, ese primer grupo que dialoga con las artistas y se posiciona mediante una propuesta específica. Las obras pasan en un momento y vuelven a pasar en su exhibición.

A mediados de los noventa, Cabello/Carceller se encontraban en la diatriba de realizar un trabajo incomprendido o crear un contexto. De algún modo, ambos elementos estarían interconectados. Un trabajo incomprendido por la falta de apertura lingüística a otras sexualidades más allá de lo normativo –no ver la existencia de algo, no tener palabras para asumirlo implica no necesitar comprender–, o un crear contexto mediante la presentación precisamente de códigos lingüísticos y posiciones de transparencia en la identidad. La España, y el contexto artístico en España, de los noventa podía asumir la presencia de gays –el caso de figuras estrambóticas y hasta divertidas en el cine humorístico bajo el franquismo es significativo, como también lo es esa creencia o deseo de creencia en una modernidad trasnochada de la que estar nacionalmente orgullosos ya en democracia–, pero las lesbianas difícilmente podían tener una posición pública.

El feminismo era una lucha secreta y de poco *glamour*. La información sobre feminismo o cuestionamiento de género circulaba no necesariamente por los círculos universitarios, sino más conectada a tradiciones de lucha obrera, con lo que tendía al olvido frente a las otras necesidades típicas que siempre pasan por delante. En ese contexto social, Cabello/Carceller asumen una palabra como «bollera» para presentarse mediante su obra al público artístico. *Bollos*, de 1996, consiste en un vídeo monocanal con ellas dos comiéndose unos bollos y mirando directamente a cámara, sin miedo. Del mismo modo que una palabra como *queer* pasó a ser un boomerang desde la teoría para asumir una identidad sin tapujos, Cabello/Carceller miraban a cámara como bolleras, permitiendo así un debate sobre quién decide las posiciones de poder en las relaciones sociales, quién puede poner nombres cargados de ninguneo y quién, después, negará su existencia como realidad. También de 1996, *Un beso* [FIG. 1] pone en primer plano una conexión con la historia de la performance –el vídeo en blanco y negro como documentación de una acción, el mismo tipo de registro con el que observamos los besos de Abramović y Ulay o los posteriores besos barbitúricos de Douglas Gordon– pero «acompañado», en este caso en su banda sonora, de una discusión encolerizada entre las artistas. Una discusión que nos separa de ese beso normativo romántico para resituar a sus protagonistas y su significado.

La mirada al género supone también en Cabello/Carceller preguntar sobre las posiciones que no se discuten: la masculinidad de Hollywood se asume como aquello que tiene que ser. En varios trabajos Cabello/Carceller han propuesto revisiones a estos modelos asumidos: James Dean en *Rebelde sin causa*, Liam Neeson en *La lista de Schindler* o Martin Sheen en *Apocalypse Now* se convierten en material de trabajo a desmontar. Distintas mujeres asumen la masculinidad para modificar la percepción de lo recibido, actuando de nuevo y rehaciendo escenas clásicas, pero desde otras posiciones en relación a la construcción marcada de la identidad [FIG. 2]. Variaciones y multiplicidad de personas ejecutando un papel, opciones en un espectro amplio en el que ya no hay posibilidad de error. Lo «normal» se convierte en algo a analizar cuando su lugar es ocupado por «personas incorrectas» que intentan asumir la masculinidad para trasladarla a la gran pantalla.

No es únicamente asumir los personajes ya construidos como material a revisar, sino que Cabello/Carceller también utilizan material textual para cambiarlo de registro. La performatividad se convierte en un sistema de lectura e interpretación de texto, en un modo de acercamiento a las ideas en directo, en un canal de discusión y translación. Será en *Bailar El género en disputa* cuando Cabello/Carceller pedirán a una serie de personas que bailen el texto icónico de Judith Butler [FIG. 3]. A partir de un interés en la «indisciplina», se invita a personas que no trabajen profesionalmente con el baile a interpelar un texto, para realizar una lectura inmediata traducida en gestualidad. La performatividad de Butler, que implica una posición de género, se pone en contacto con la performance en arte, que implica la generación de un momento en presente y el deseo para un público. Cabello/Carceller sitúan la teoría en la práctica artística, abordan la teoría y permiten que se ejecute mediante posiciones *amateurs*. De nuevo, generar una estructura para facilitar un habla, para que se pueda decir, para que la teoría sea. El texto se lee para ser bailado, el texto se ejecuta y se comparte, el texto se siente y se interioriza para ser visto. Y se trata de un «ser visto» múltiple y complejo. La lectura es plural y variable, con lo que la performatividad, la interiorización del texto y su recepción, así como su translación a la danza, no es algo único: Cabello/Carceller realizan *Bailar El género en disputa* en distintos lugares (Chile, México, España...), logrando distintas situaciones y lecturas del texto marcadas por el contexto local. En cada una de ellas se selecciona qué fragmentos del texto bailar, en cada momento las palabras se descubren desde la proximidad y lo que implica la distancia corta para ellas.

La voluntad de cambiar de óptica para posibilitar percepciones fuera de la norma implica en Cabello/Carceller –además de la aparición de cuerpos no profesionales en acción– una doble idea temporal de espacio. Si la performance se ejecuta frente a un público, pero también se graba en vídeo para su posterior visualización, los espacios de ejecución pueden ser un buen sistema para replantear la posición de las personas como espectadoras; los lugares de presentación artística han sido para Cabello/Carceller también escenarios de producción. *Suite Rivolta* se ejecuta dentro de un espacio galerístico en el que después se presenta su trabajo en exposición [**FIG. 4**]. *Off Escena* convierte una sala de exposiciones en un escenario en el que filmar el trabajo en directo con presidiarias [**FIG. 5**]. Y en Venecia, la acción también toma un espacio de presentación y representación, como es un pabellón nacional. Los espacios están connotados, los lugares están cargados de significado. Y están en presente.

Producir un trabajo artístico en el que después será su espacio de presentación significa modificar la posición y las posibilidades de aproximación de quien observa. La acción ha ocurrido en el lugar en el que ahora te encuentras, la distancia con lo que se ve empieza a tambalearse y la posición de la cámara puede comprenderse como algo físico. La mirada vuelve a ese momento previo de ejecución y los códigos empiezan a ser transparentes. Igual que con un texto bailado, un vídeo pasa a ser un espacio visitado y visitable, un momento presente que afecta e interpela directamente a quien ahora forma parte del lugar. El cuestionamiento sobre identidad y su construcción se comparte con «el público», esa masa en singular que esconde un plural y una multiplicidad de subjetividades. El cuestionamiento busca de una distancia corta para que ocurra en varios niveles, para que sea efectivo: está en la obra pero se abre a quien observa, existen unos referentes pero se evita negar un acceso.

Y en un contexto de construcción social de la identidad, la figura de Salvador Dalí ofrece un marco de complejidad. No es únicamente su sujeto –definido desde la excentricidad y con cruces constantes entre lo público y lo íntimo, entre lo verdadero y lo construido–, sino también mediante la incorporación de todo un entorno de personas que terminan por confeccionar un mundo de identidades en plural. Un mundo en el que la indefinición tiene un papel, la sensualidad otro y en el que los límites son siempre difusos. En este mundo Amanda Lear se convertirá en uno de esos elementos que saltan a la palestra daliniana y pasan a ser ítems de su construcción pública. Lear será también un referente en el trabajo que Cabello/Carceller presentan en *Los Sujetos*.

Cabello/Carceller se acercan a una canción de Amanda Lear (*I'm a mistery* o *I'm a mystery,* una canción que ha visto su título escrito de modos distintos, lo que conlleva también distintas aproximaciones en términos de identidad) que se convertirá en un momento clave del trabajo presentado en el pabellón español en la Biennale di Venezia. Cuatro personajes circulan alrededor de varios deseos, varios miedos compartidos y en proceso de verbalización. El pabellón –el edificio– se convierte en un escenario, si es que en algún momento no lo había dejado de ser. Un escenario, vinculado a la idea de representación, en la que se genera una trama y una acción.

Los cuatro personajes están en un proceso de tránsito, se encuentran en evolución. Género, raza, clase y la mirada del sistema definen las opciones reales de todos ellos. El pabellón español pasará a ser una metáfora de Europa, un circuito cerrado y una entelequia de deseos y proyecciones. Desde fuera, desde dentro, desde los márgenes. Y los márgenes son personas, son sujetos que asumen la disidencia y la incomodidad, seres que cargan con lo invisible de una toma de decisión no aceptada.

Identidades marcadas por su sexualidad en evolución y que implican algo incómodo para el sistema. Sujetos que buscan sin saber muy bien qué buscar ni si realmente existe algo que encontrar. Miradas desde lo personal, que es político; acciones desde lo *drag*, que es político; gestos desde lo emocional, que es político. Celebración y criticalidad, que también es político. Lo político como lo que ha sido ninguneado por la política, lo político que ha sido dejado de lado permanentemente, lo político que se encuentra en cada detalle complejo y que no quiere verse. No hay opciones únicas y verdades absolutas, en lo personal se encuentra también la paradoja y la inestabilidad, lo volátil y lo temporal. También es político.

Y la complejidad implica cierta deconstrucción. *El Estado de la Cuestión*, el trabajo que Cabello/Carceller presentan en *Los Sujetos* es un vídeo, pero también son una serie de objetos e imágenes; también son una serie de referentes culturales y de pensamiento; también un momento en específico y un segundo momento de presentación compartida. Son cuatro personas –actores no profesionales– que se mueven entre la representación y la acción, entre la verdad y lo construido, entre el deseo y el miedo, entre la fuerza y la fragilidad. Posiciones que siempre están allí, aunque no siempre se reconozcan. Son también una estructura que está presente, son también una serie de personas que reciben un contenido que se desea como punto de inflexión y de reflexión. Una respuesta y un manifiesto.

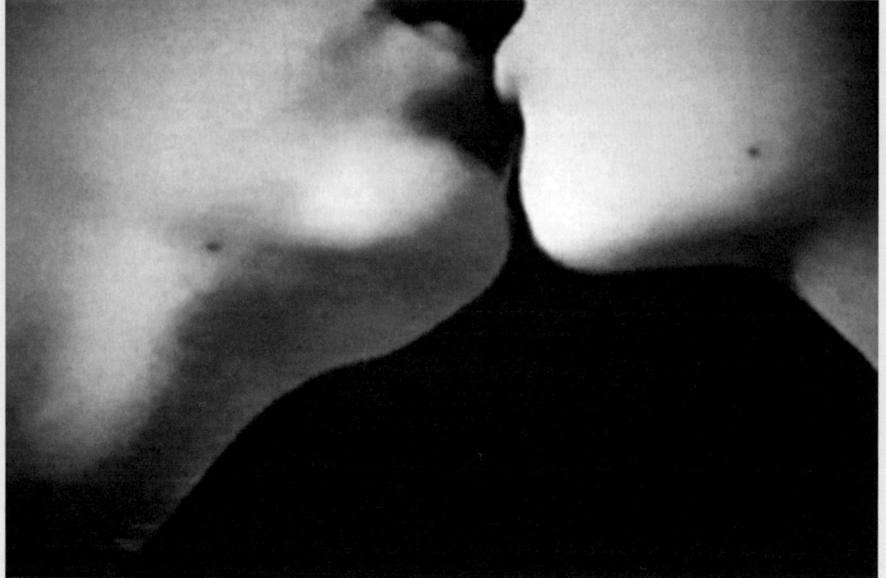

FIG. 1
Un beso, 1996
Vídeo, 4'

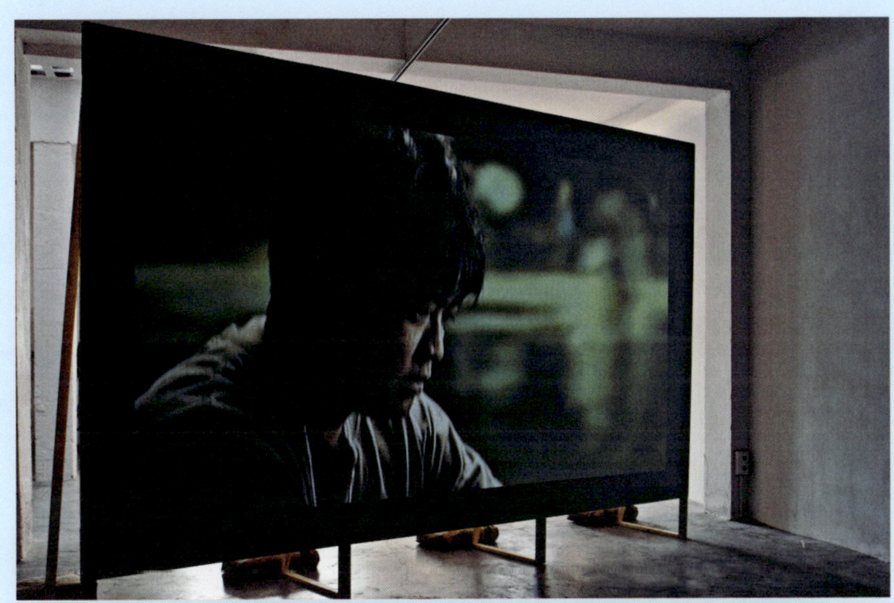
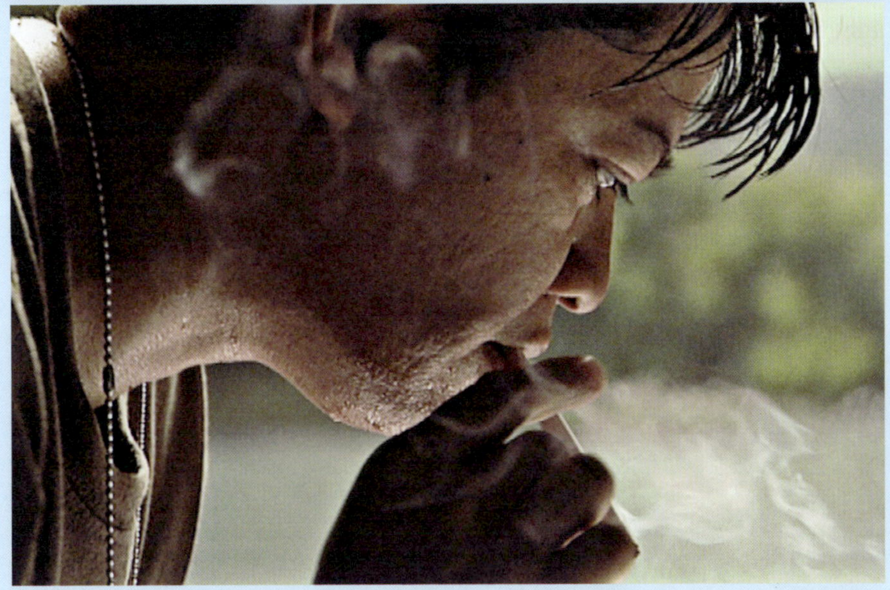

FIG. 2
After Apocalypse Now: Martin Sheen (The Soldier), 2007
DVD, 9' 50"

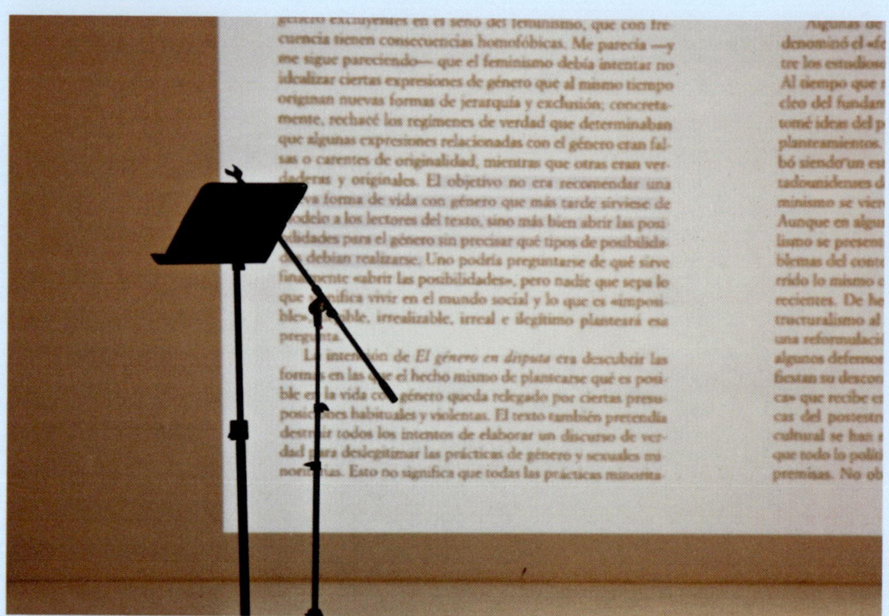

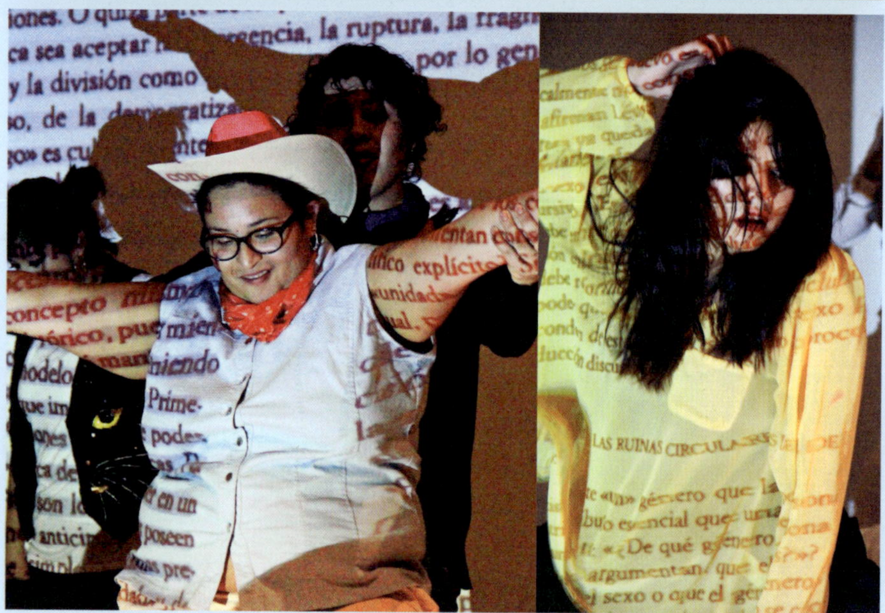

FIG. 3
Bailar El género en disputa #1 (Chile), 2013
Grabación de performance / Recording of a live performance

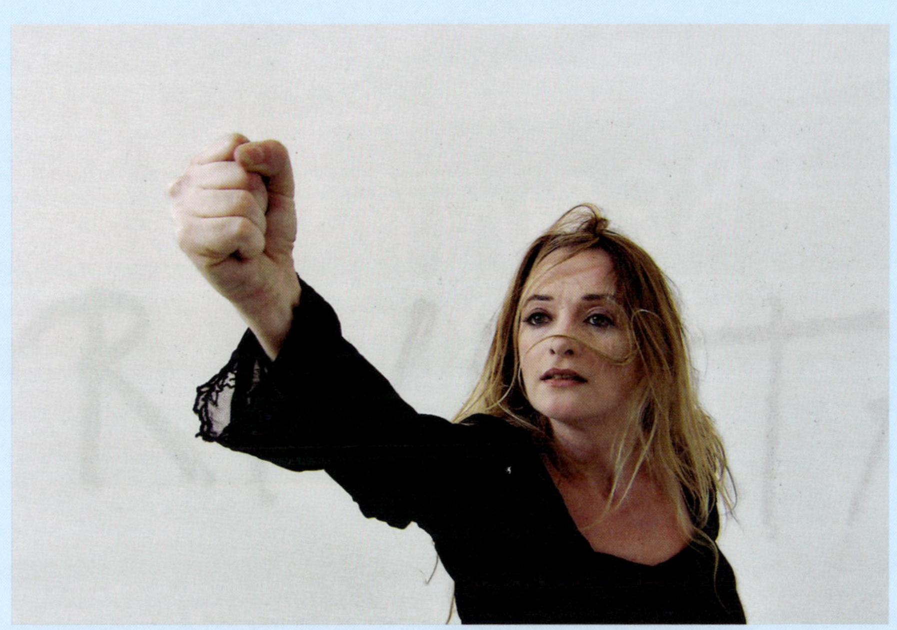

FIG. 4
Suite Rivolta, una propuesta estética para la acción, 2011
Vídeo HD, 13'

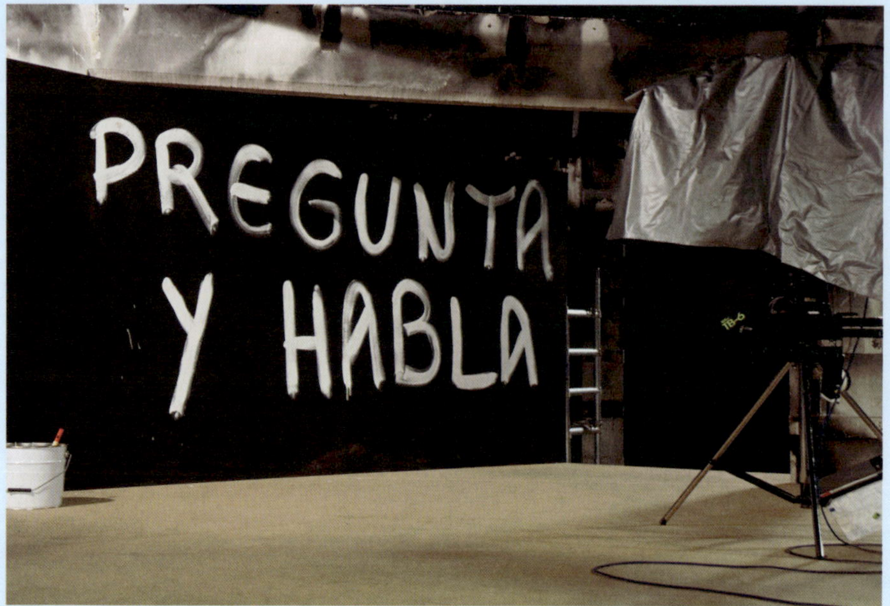

FIG. 5
Off Escena: Si yo fuera..., 2010-2011
Vídeo HD, 16' 30"

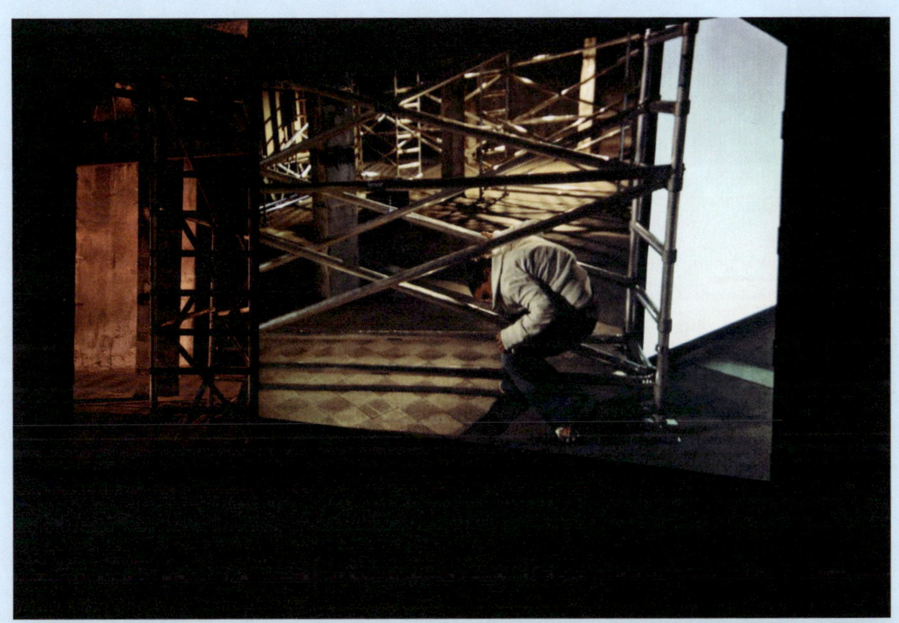

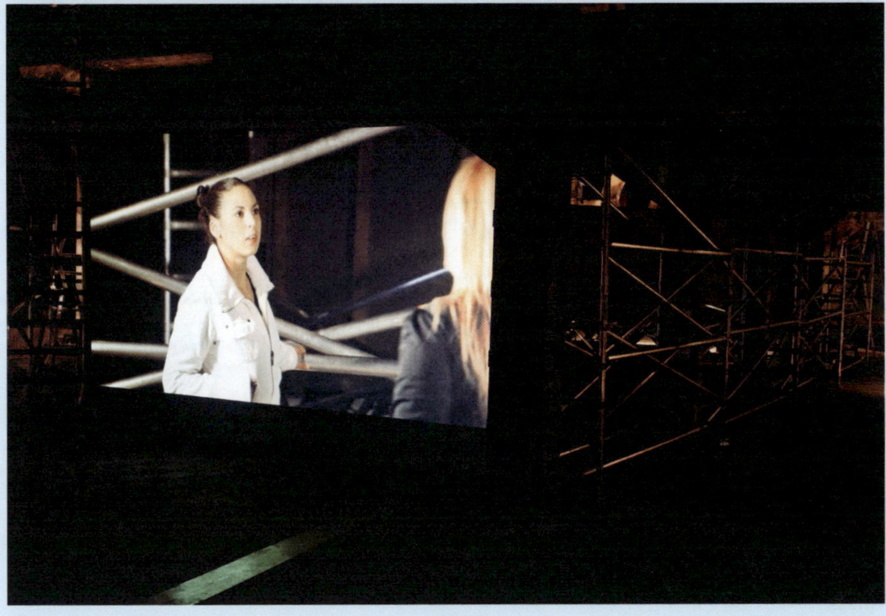

Cabello/Carceller

072

El Estado de la Cuestión /

The State of the Art

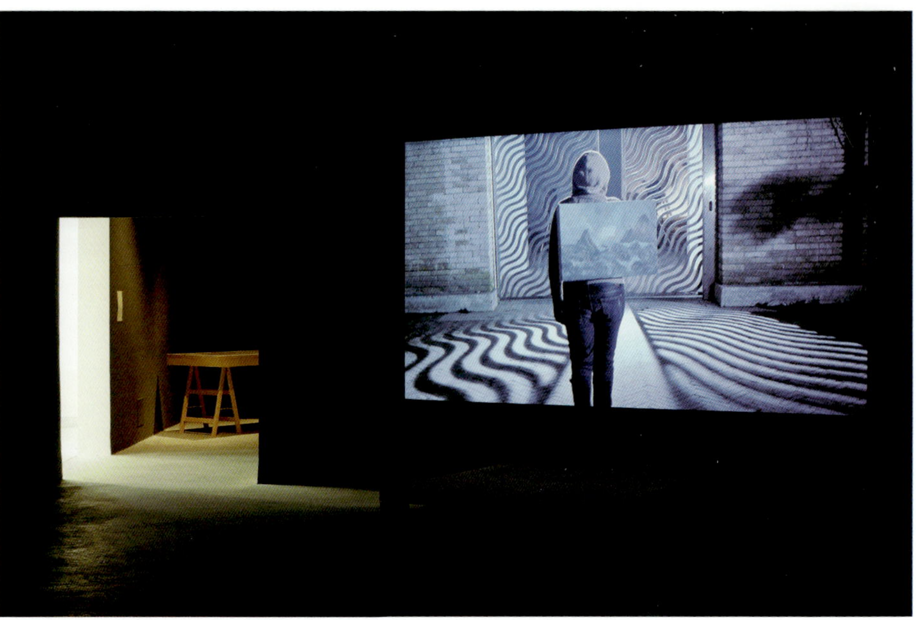

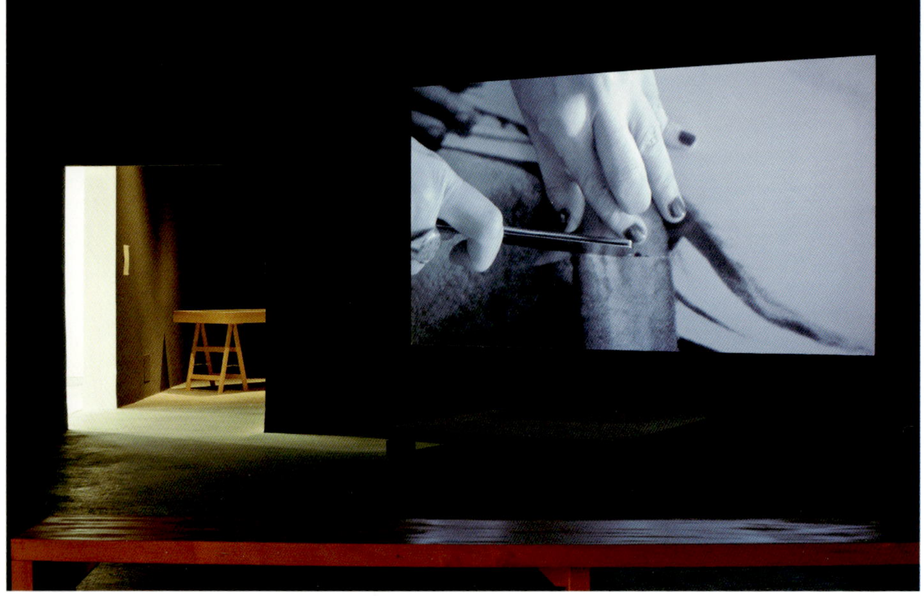

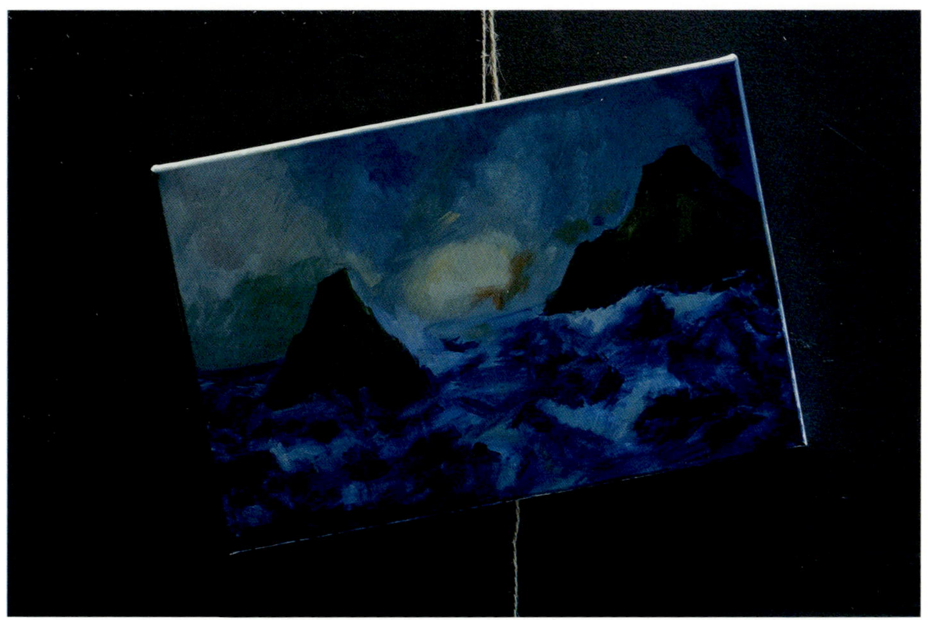

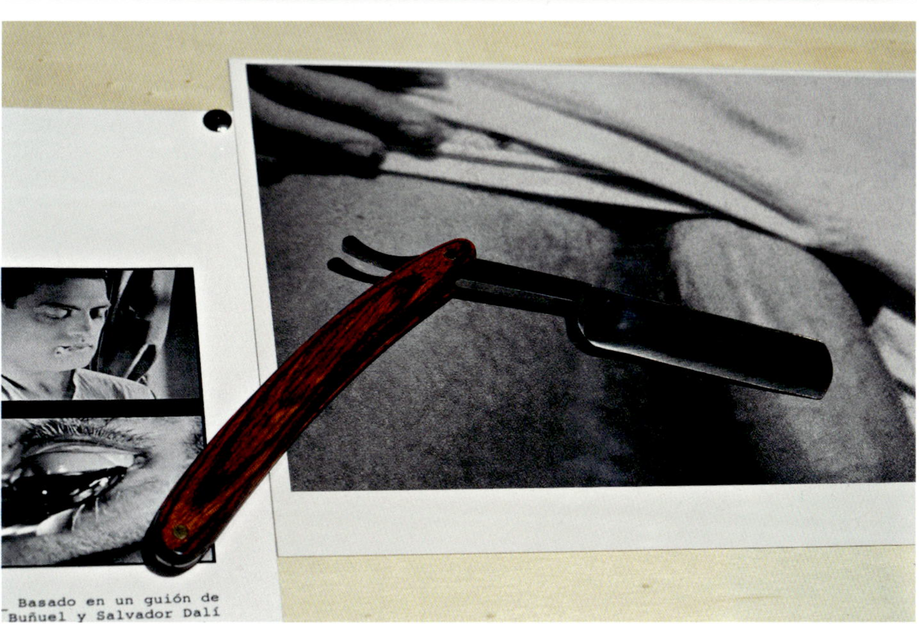

Basado en un guión de
Buñuel y Salvador Dalí

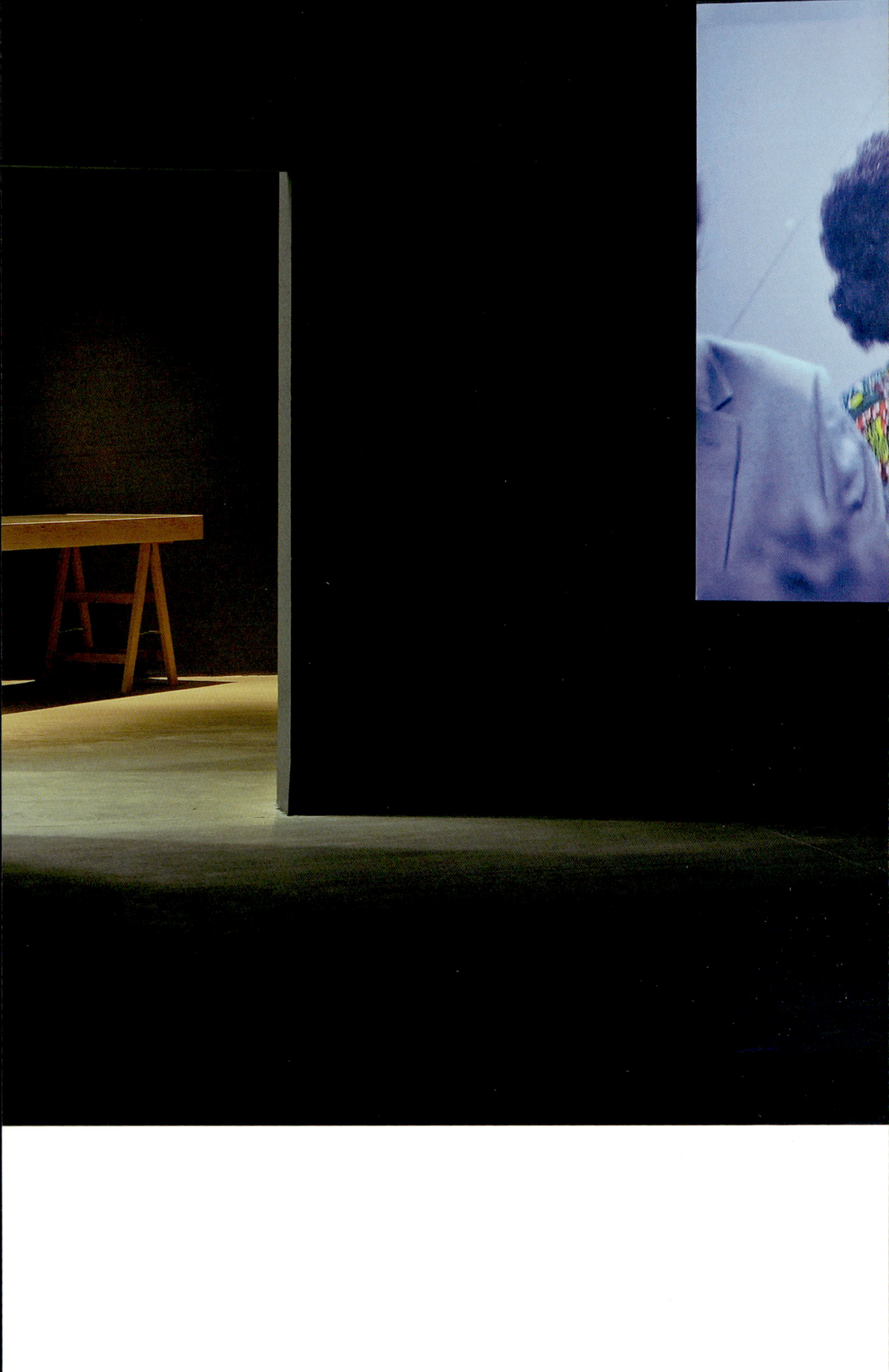

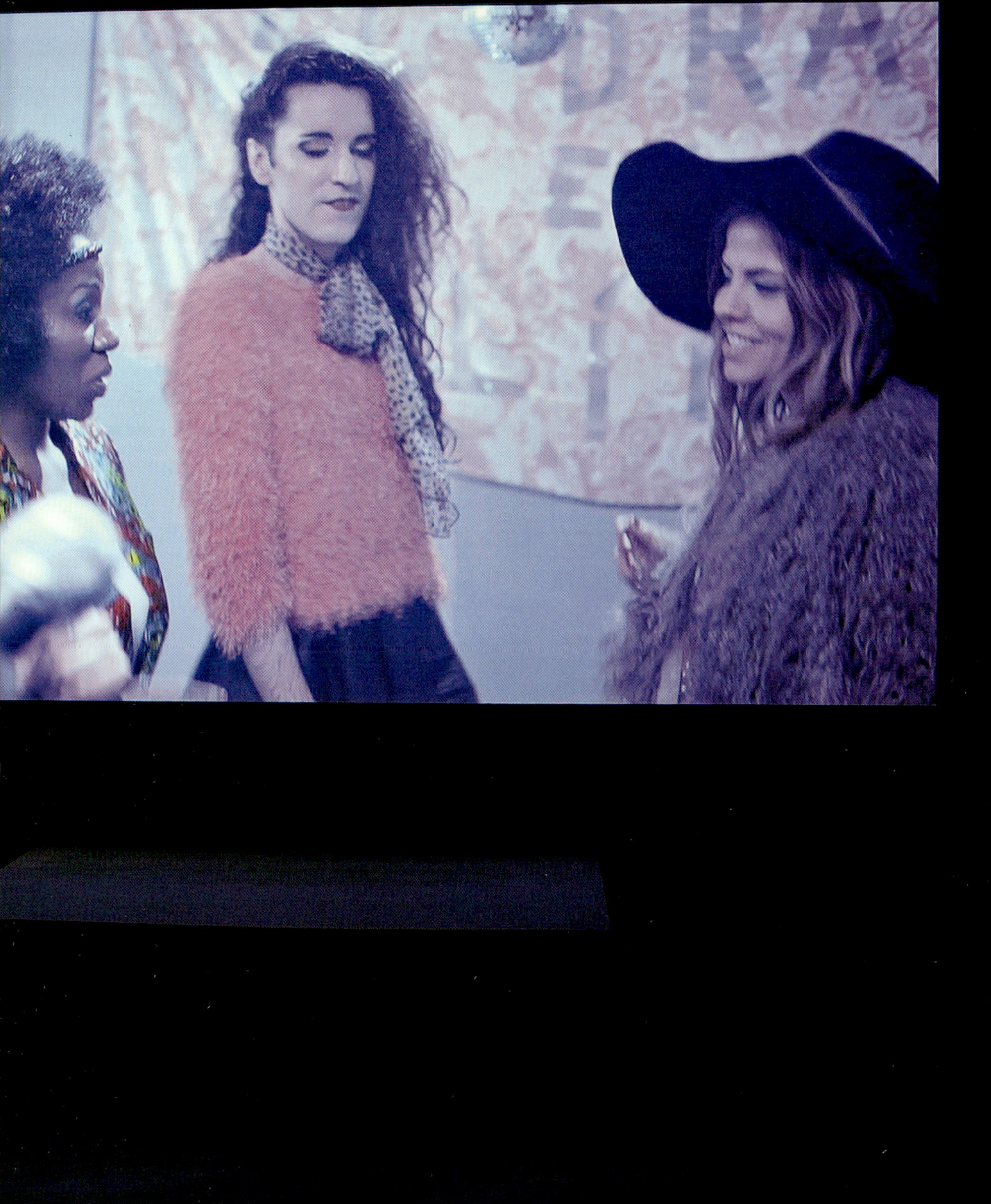

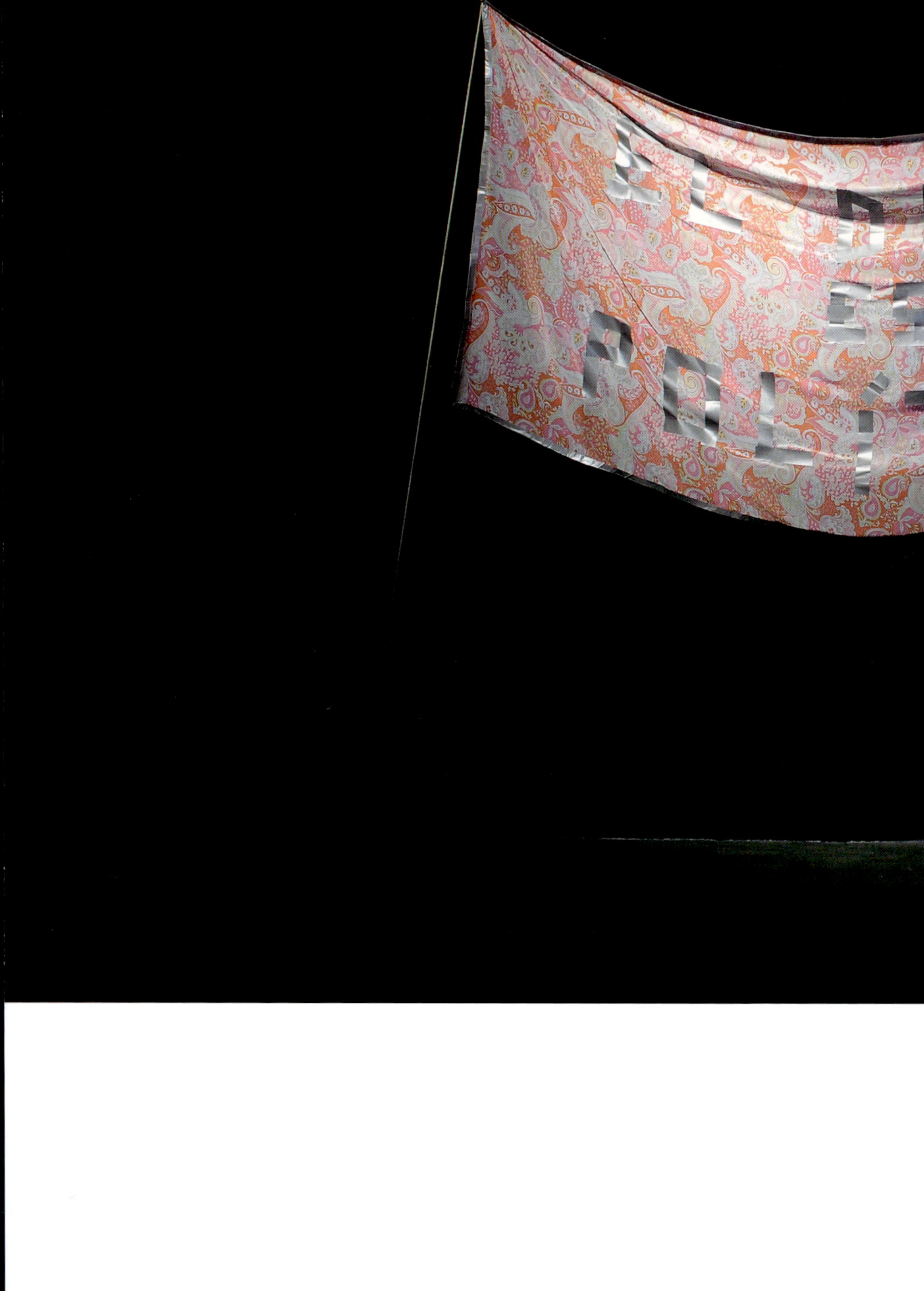

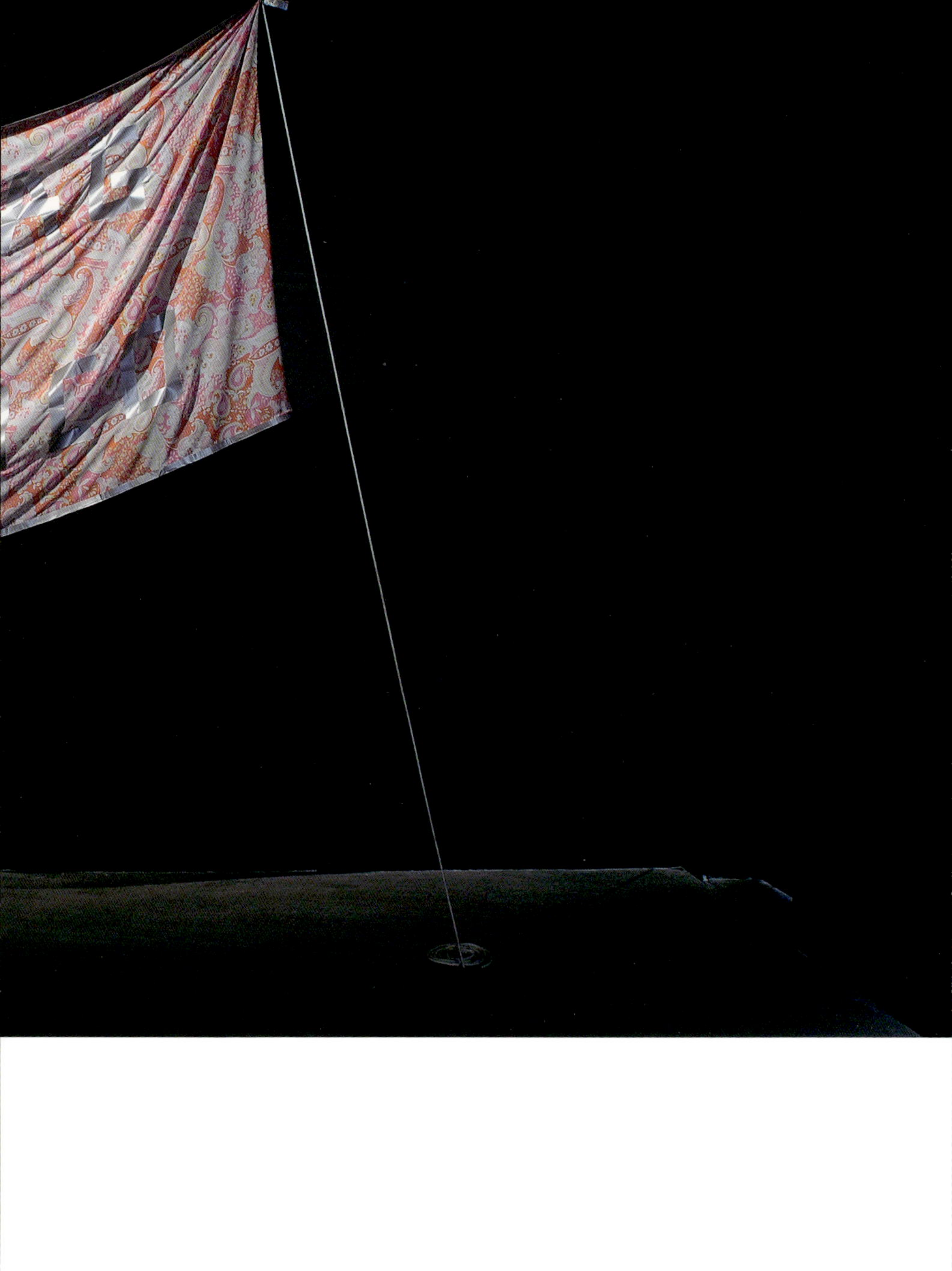

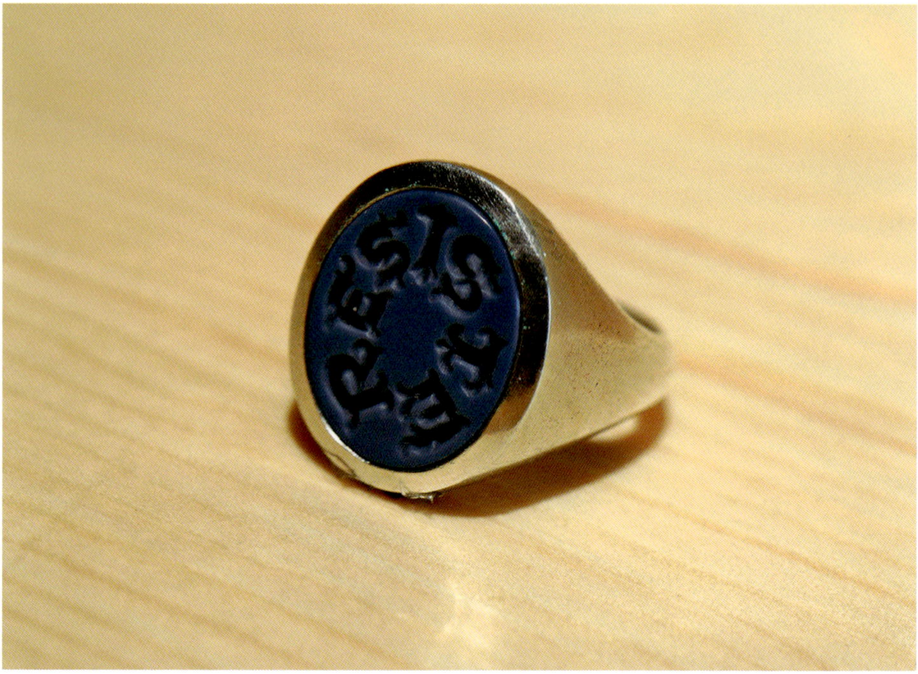

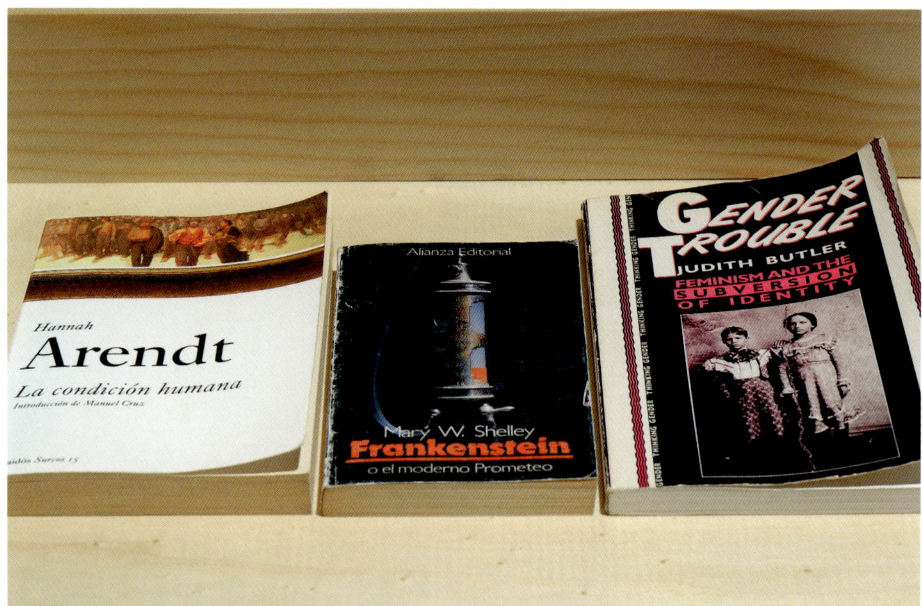

Desire, fragility and power: there is no contradiction in terms

Martí Manen

082

HELENA CABELLO (Paris, 1963) and ANA CARCELLER (Madrid, 1964) have collaborated since the early 1990s, creating work that questions modes of representation: misalignments, dislocations, contradictions in narrative and performative structures that make it possible to rewrite collective poetics from divergent viewpoints.

Pinpointing precisely in order to avoid closed definitions that evade complexity, Cabello/Carceller participate in a struggle that is invisible to much of society —that part of society which naturally accepts defeat. From a feminist position and through their connection with gender theory, their artistic production simultaneously approaches critical analysis and poetic deconstruction.

Cabello/Carceller work through and with performativity, which they understand as a catalyst both for real situations and political positions. Acting—if "acting" is the right word—means taking up a position, making a selection, planning ahead. Action is reaction but also proposition; performativity involves employing systems beyond the hermetic or closed. Identity is also a performativity and therefore part of a continuous present that does not necessarily imply evolution, but does involve the possibility of negotiation, adaption and modification.

Cabello/Carceller's work oscillates between specific moments and situations that are still in process, with the aim of precisely defining frameworks and contexts in order to allow the situation itself to enable debate. The preliminaries are important, weaving a conceptual and emotional framework in which to develop an openness that also includes chance and collaboration—grammar and vocabulary.

And collaboration. Cabello/Carceller are two people to start with, so their process begins with dialog—dialog or constant interruption that extends to those who form part of their works. Teams, or non-professional actors—a definition that includes the vast majority of the world's population whose lives are dominated by the media—mark out something similar to dramatic stages. Cabello/Carceller's artworks have a "theatrical" quality, through their understanding of the need to include the public who are present; at the same time they never forget that someone has to be there as audience in order for their works to fulfill their purpose. They also recognize the fact that the moment of execution is an event in itself, a performative act with its own meaning. People who participate in their works are not only part of the work, they are the first to dialog with the artists and take a position through a specific proposal. The works occur at a specific time and then reoccur in an exhibition.

In the mid-1990s, Cabello/Carceller found themselves in the position of choosing between carrying out work that was not understood, or creating a context for it. Somehow, both elements had to be interconnected. Making work that was not understood because of the prevailing lack of linguistic openness to other, alternative sexualities—when the existence of something is not recognized and the vocabulary to assimilate it does not exist, the implication is that it does not need to be understood—Cabello/Carceller created context by explicitly presenting linguistic codes and positions based on identitary transparency. In the 1990s Spain and its art world was able to accept the presence of gays: the examples of extravagant or comic figures in film comedies of the Franco era played a part in this acceptance, as did the belief in, or the desire to believe in, an obsolete modernity as a matter of national pride once democracy arrived. Nevertheless it remained difficult for lesbians to hold public positions.

Feminism was a secret and not especially *glamorous* struggle. Information about it, or regarding the broader questioning of gender, was not widely available in university circles. Feminism was seen as connected to the traditions of working-class struggle and therefore tended to be overlooked in the face of other priorities that typically dominated the foreground. In this social context, Cabello/Carceller chose a word like "bollera"[1] to identify themselves in their works to the art-viewing public. *Bollos,* from 1996, consists of a one-channel video in which the two of them eat buns while looking directly and fearlessly at the camera. Just as a word like *queer* boomeranged from theory into unabashed identity, Cabello/Carceller looked at the camera like dykes, thus opening the way for a debate about who gets to decide the positions of power in social relations, who can assign names redolent of humiliation and who can then negate their existence as reality. Also from 1996 [FIG. 1], *Un beso* (*A Kiss*) foregrounds a connection with the history of performance—black-and-white video as documentation of an action, the same type of recording in which we have seen kisses by Abramović and Ulay or the barbiturate-laced kisses of Douglas Gordon—but "accompanied" in the sound track by an angry quarrel between the artists. An argument that separates us from this normative, romantic kiss, resituating both its protagonists and its meaning.

For Cabello/Carceller, this examination of gender also implies a questioning of positions that are often not discussed: for instance, the Hollywood version of masculinity, long accepted as the way things have to be. In various pieces, Cabello/Carceller propose revisions of these conventional models: James Dean in *Rebel Without a Cause,* Liam Neeson in *Schindler's List* or Martin Sheen in *Apocalypse Now* become subject matter to be deconstructed. Various female protagonists take on masculinity, modifying received perceptions, acting out and remaking classic scenes from different positions with regard to the construction of identity [FIG. 2]. The variations arising from a

1.
Trans. note: Literally, "bollera" means "bun-maker," but its common meaning is better translated as "dyke."

multiplicity of protagonists playing a role offer a broad spectrum of options that no longer include the possibility of error. The concept of "normal" becomes merely a question of analysis when it is acted out by "non-normal" people attempting to personify that masculinity and carry it onto the big screen.

Cabello/Carceller's method is not restricted to using previously constructed characters as material to be revised; they also employ textual material, changing its register. Performativity becomes a way of reading and interpreting text in a live approach to ideas, a channel for discussion and translation. In *Bailar El género en disputa (Dancing Gender Trouble),* Cabello/Carceller ask a series of people to dance Judith Butler's iconic text **[FIG. 3]**. Beginning from their interest in "indiscipline" they invite people who do not work professionally as dancers to question a text, to make an immediate reading of it as gesture. Butler's performativity, which carries with it her position on gender, is placed in contact with performance in art, which involves the generation of a present moment and the desire for an audience. Cabello/Carceller ground theory in artistic practice, allowing it to be executed through *amateur* positions, generating a structure that facilitates a way of speaking so that things can be said, so that the theory *becomes*. The text is read to be danced, the text is carried out and shared, the text is felt and interiorized in order to be seen. And this is a multiple and complex "being seen." Its reading is plural and variable, so that the performativity, the interiorization of the text and its reception, as well as its translation into dance, are not things that happen only once: Cabello/Carceller carry out *Bailar El género en disputa* in different places—Chile, México, Spain—generating different situations and readings formed by each local context. Each time they select which fragments of the text are to be danced and each time its words are discovered from up close, a proximity implicit in their method.

In the work of Cabello/Carceller, a willingness to shift viewpoints in order to foster perceptions outside the norm implies not only the appearance of non-professional bodies in action, but also the idea of a space that exists in two different times. If the performance occurs before an audience but is also recorded on video for later viewing, the performance space can offer a good system of reconsidering people's position as spectators. In this way, venues for artistic presentation have doubled as production stages for Cabello/Carceller. *Suite Rivolta* is executed in a gallery where their work is later presented as an exhibition **[FIG. 4]**. *Off Escena* turns an exhibition hall into a stage for filming live work with prison inmates **[FIG. 5]**.

And in Venice the action also takes place on a stage designated for presentation and representation: the national pavilion. Each space is chosen, each is charged with meaning—each exists in the present.

Producing an artwork in the place where it will later be exhibited implies modifying the observer's position and possible approach to it. The action has taken place where it is now being encountered, the distance from which it is being viewed begins to waver and the camera position can be understood as something physical. The gaze returns to that moment before the execution and the codes governing the work become transparent. Just as with a danced text, a video becomes a visited and visitable space, a present moment that affects and directly questions the viewer who is now part of the place itself. The questioning of identity and its construction is shared with "the public," that mass in the singular tense that hides a plurality and a multiplicity of subjectivities. To be effective, the questioning seeks a closeness that occurs at various levels: it is in the work but it is open to the observer. It offers points of reference but it avoids denying access.

And from the standpoint of a social construction of identity, the figure of Salvador Dalí offers a framework for complexity. It is not only his subject—defined on the basis of eccentricity and constituting a constant crossing between public and intimate, true and constructed—but also the inclusion of an entire circle of people who end up configuring a world of identities in the plural. A world where non-definition plays a role, as does sensuality, and of which the limits are always blurred. In this world Amanda Lear is one of the elements that stand out on Dalí's stage and become items in the construction of his public image. Lear is also a reference in the work Cabello/Carceller present in *The Subjects*.

Cabello/Carceller approach a song by Amanda Lear—*I'm a mistery* or *I'm a mystery,* a song whose title has been spelled in different ways, implying differing approaches to identity—that will become a key moment in the work presented at the Spanish pavilion of Biennale di Venezia. Four characters revolve around various desires and fears they share that are in the process of being put into words. The pavilion—the building itself—becomes a stage, if in fact it has ever *stopped* being one. A stage linked to the idea of representation and a place where plot and action are generated.

The four characters are going through a transition. They are evolving. Gender, race, class and the system's gaze define the available options for them all. The Spanish pavilion becomes a metaphor for Europe, a closed circuit and an entelechy of desires and projections. From outside, from inside, from the margins. And the margins are made up of people, subjects who embrace their dissidence and discomfort, beings who carry the invisible burden of a decision that has been made but not accepted.

Their identities are marked by their evolving sexuality, which implies something uncomfortable within the system. Subjects who seek without knowing what they are looking for, or even if there is anything to be found. Gazes that, being personal, are also political. Actions arising out of drag, which is political; gestures that are emotional and thus also political. Celebration and critique, which are both political. Political, meaning that which has previously been ignored or humiliated by politics, the political that has been permanently pushed aside, the political that is found in every complex detail and does not want to be noticed. There are no exclusive options or absolute truths: the personal includes the paradoxical and the unstable, the volatile and the temporary. These, too, are political.

And complexity implies a certain degree of deconstruction. *The State of the Question*, which Cabello/Carceller present in *The Subjects,* is a video, but it is also a series of objects and images, a series of cultural and reflexive references, a specific moment as well as a subsequent moment of shared presentation. Four people, non-professional actors, move between representation and action, between truth and construct, between desire and fear, between strength and fragility. These positions are always there, although they are not always recognized. They are present in the form of a structure, and present also as a series of people who receive content they desire—content that acts as both turning point and focus for reflection: response and manifesto.

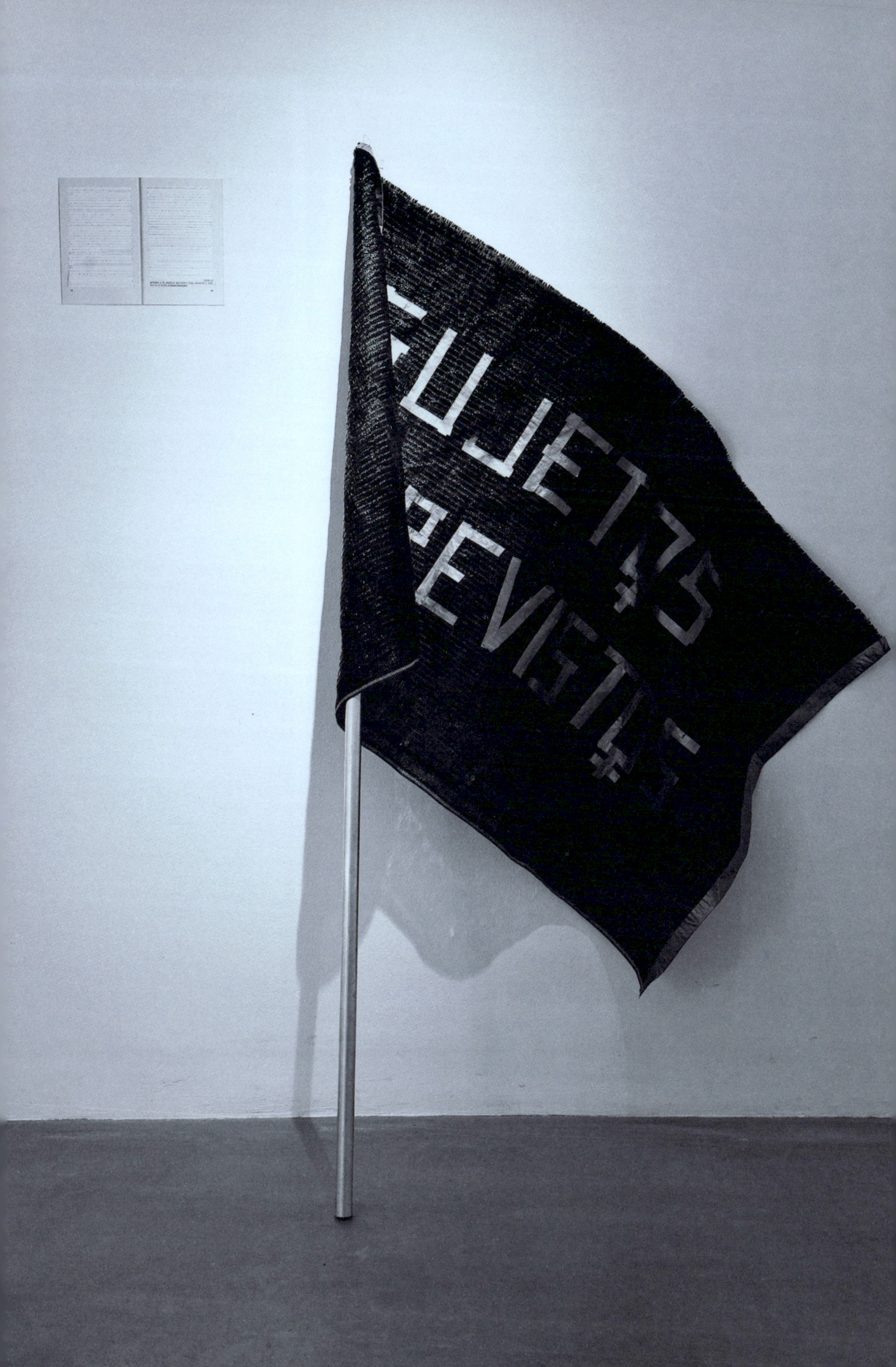

SUJET AS
SEVIET 4

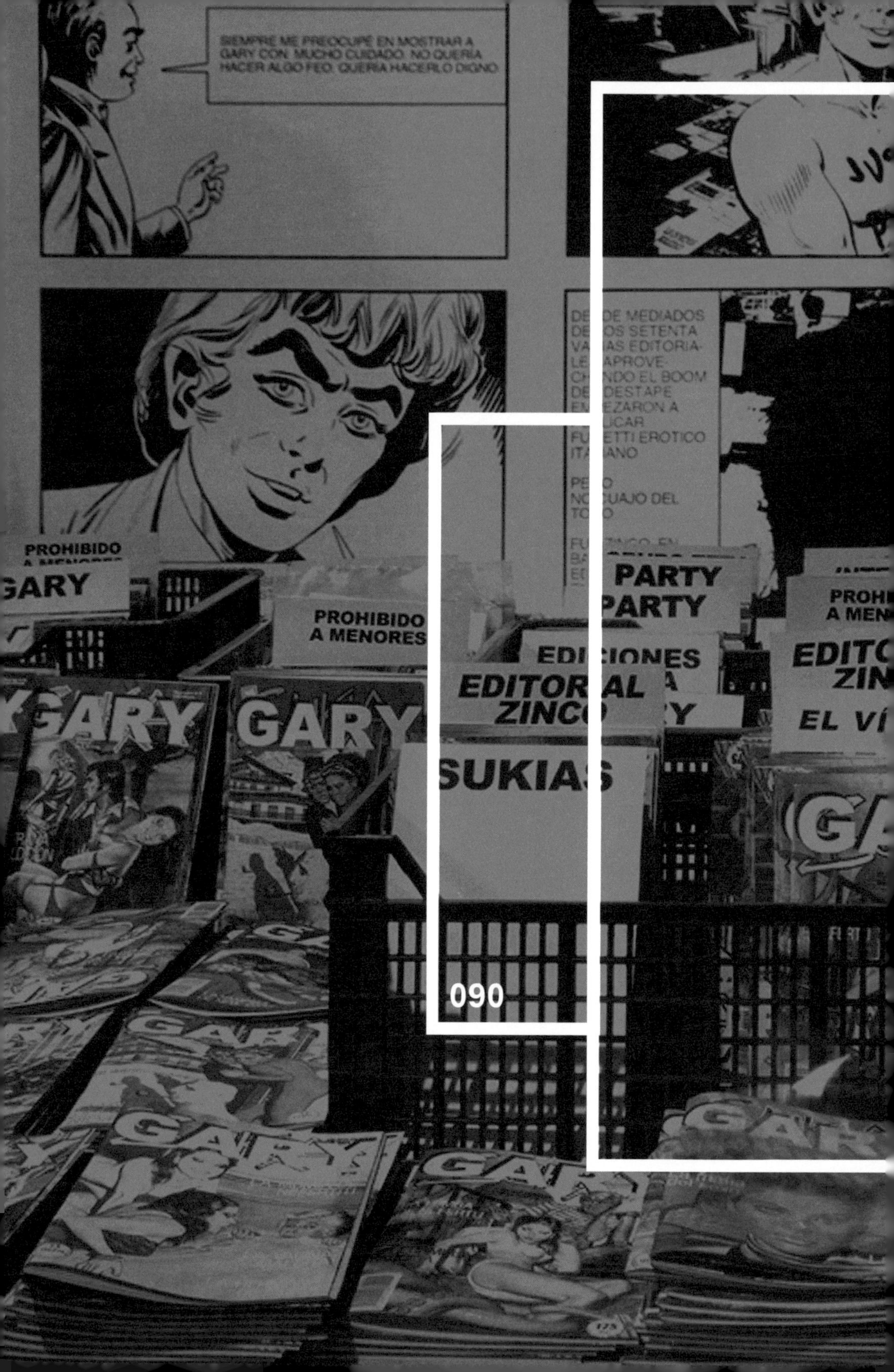

SIEMPRE ME PREOCUPÉ EN MOSTRAR A GARY CON MUCHO CUIDADO. NO QUERÍA HACER ALGO FEO. QUERÍA HACERLO DIGNO.
PROHIBIDO A MENORES
GARY
PROHIBIDO A MENORES
GARY
GARY
DESDE MEDIADOS DE LOS SETENTA VARIAS EDITORIALES APROVECHANDO EL BOOM DEL DESTAPE EMPEZARON A PUBLICAR FUMETTI ERÓTICO ITALIANO
PERO NO CUAJÓ DEL TODO
PARTY PARTY
EDICIONES EDITORIAL ZINCO
SUKIAS
PROHIBIDO A MENORES
EDITO ZIN
EL VÍ
GARY
090

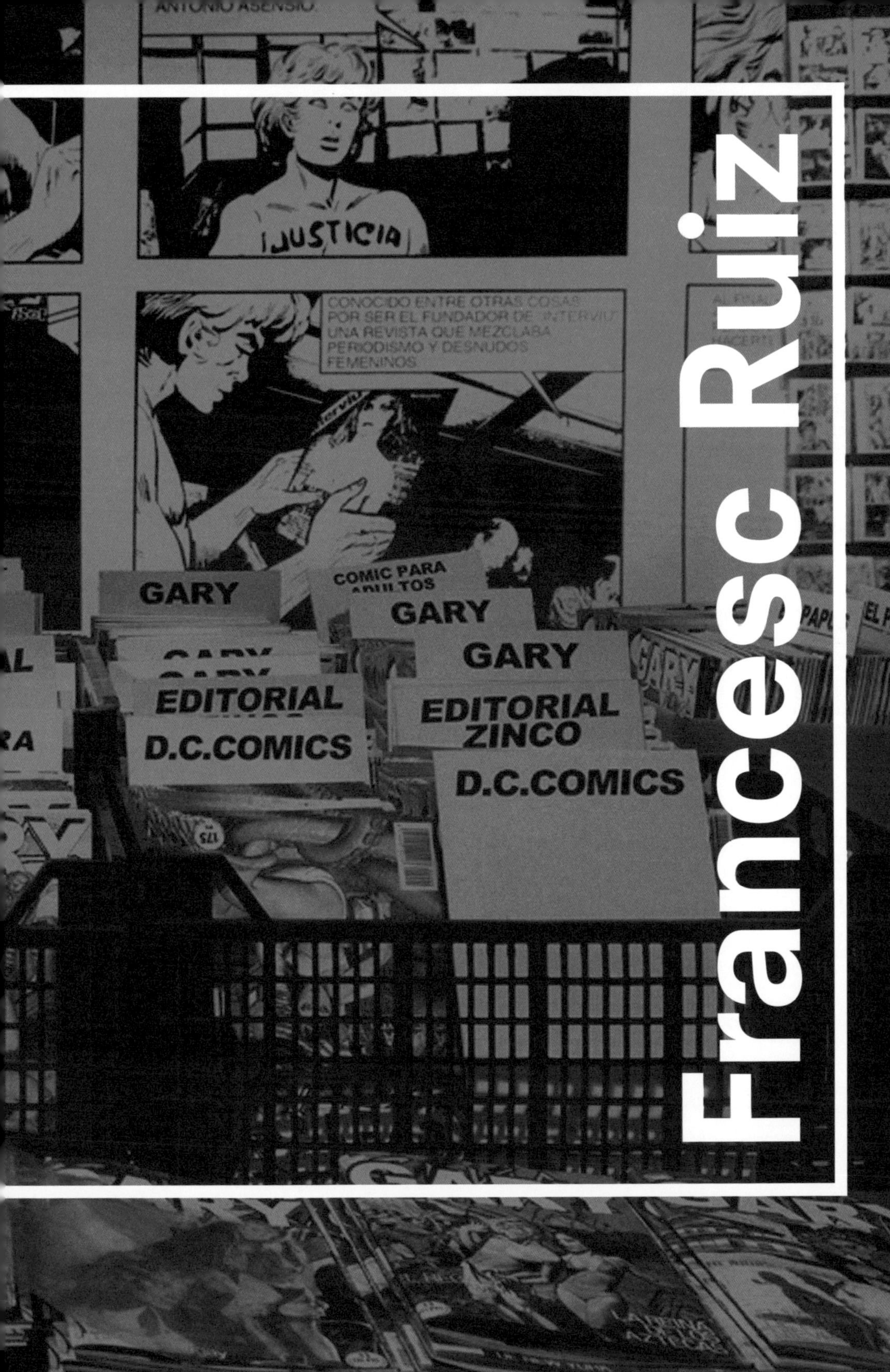

ANTONIO ASENSIO.
¡JUSTICIA!
CONOCIDO ENTRE OTRAS COSAS
POR SER EL FUNDADOR DE INTERVIU
UNA REVISTA QUE MEZCLABA
PERIODISMO Y DESNUDOS
FEMENINOS.
COMIC PARA ADULTOS
GARY
GARY
GARY
EDITORIAL
D.C.COMICS
EDITORIAL
ZINCO
D.C.COMICS
Francesc Ruiz

Gary, Rolando y otros estados entre la realidad, la historia y lo político

092

Martí Manen

FRANCESC RUIZ (Barcelona, 1971) genera narrativas complejas mediante la apropiación de medios escritos. Las revistas, los cómics, la prensa escrita así como los quioscos se convierten en posibles ideas a ocupar para ofrecer otras temporalidades, lecturas y aproximaciones. Texto, imagen y dibujo dialogan como contenido y forma desde una relectura crítica de la identidad, tanto en la teoría como en la práctica.

Ser muy consciente de la construcción del mundo para, precisamente, activar opciones más allá de las reconocibles. Francesc Ruiz opera a partir de coordenadas de realidad, asumiendo que la propia realidad incorpora toda una serie de elementos que no siempre son visibles para todos. Los códigos ocultos, los sistemas gramaticales grupales, la asimilación de múltiples significados a compartir secretamente. Su trabajo se aproxima a la idea de comunidad para, precisamente, hacer visible modos de comunicación y permitir encontronazos. Pervertir ligeramente las formas de comunicación para lograr un cambio, para acercarse a ese gesto de fruncir el ceño que posibilita una lectura crítica tanto del medio como del mensaje, sin olvidar en ningún caso cierta sensualidad en la aproximación.

Ruiz trabaja con contenidos de distribución masiva como son los cómics. Distribución masiva y, paradójicamente, invisible. Los cómics, las revistas, los fanzines baratos o los libros lujosamente editados han vivido durante décadas lejos de los grandes lugares de la literatura. Con canales de distribución eficientes y propios, con librerías especializadas, con espacio dentro de los quioscos. Los cómics han vivido distintas edades de oro, han visto la eclosión de grandes emporios industriales y, a su alrededor, se han generado grupos identitariamente marcados: seguir un cómic u otro implica un posicionamiento, implica una decisión casi pública en unos códigos ocultos pero compartidos. Al mismo tiempo, formar parte del mundo de los cómics es aceptar una situación distante a la visión general de cultura como reconocimiento. Los cómics no son alta cultura y sí han sido industria, no son supuestamente intelectualidad pero sí cultura de base. Existe una opción de aproximación al cómic desde el sistema de clases en la sociedad, esa mirada interseccional necesaria.

La tipología clásica de distribución de cómics parte de la serie. Número tras número, los cómics llegan al quiosco o a la librería especializada y esperan la reacción del público para que se discierna sobre su posible continuación o no. El objeto, y su serialización, dependerán del consumo y el fetichismo. Y en un proceso de acercamiento, todos los agentes alrededor del cómic se van descubriendo a medida que quien lee va adentrándose en este mundo: guionistas, dibujantes, personajes… tanto los responsables de la parte conceptual como aquellas personas que trabajan con la parte gráfica son seguidos por individualidades que pasan a formar parte del clan. Los personajes –en su parte más «industrial» también– ven cómo los distintos guionistas y dibujantes van marcándolos con capas de contenido y tonos distintos. Los personajes de cómic se convierten en un material de trabajo maleable, en identidades inestables, capaces de actuar contradictoriamente según quien dicte su acción. Los personajes son materia de trabajo y de uso compartido, apreciándose una capacidad poliédrica y cierto descontrol.

Francesc Ruiz trabaja con el cómic pero entendiéndolo como un punto de partida, como una opción a expandir. Una opción más. El cómic pide de una proximidad de lectura e incorpora narratividad, elementos con los que jugar para sutilmente buscar también otras vías. En el cómic también existe la posibilidad de romper estructuras narrativas estancas, tanto en la forma como en el contenido. Ya en piezas de 2001 como *El Corte Inglés y el Hotel Barceló-Sants* [FIG. 1] o de 2003 como *Montjuïc* [FIG. 2] aparece, en la obra de Francesc Ruiz, un replanteamiento de tipología y sistema de trabajo respecto al «original», tomando el cómic como original, si es que esto no es una paradoja. Se trata de dos piezas de grandes dimensiones, dos instalaciones realizadas mediante dibujos fotocopiados ocupando longitudes importantes. Dibujos fotocopiados y encolados directamente a la pared según el mismo procedimiento que se sigue para colgar las grandes vallas publicitarias en papel. Dibujos que piden varias distancias para su observación: la visión desde lejos ofrece lugares en específico a reconocer, en un caso un centro comercial y un hotel, y en el otro, el parque público en la montaña de Montjuïc de Barcelona. Desde cerca, los lugares se llenan de acción y de cierto surrealismo. El centro comercial pasa a ser un mundo particular en el que distintas personas actúan bajo criterios fuera de lo normativo, y el hotel no es más que una extensión del centro comercial, una parte más de este universo de interior. El parque, la montaña, es ocupado por aquellos que también lo visitan noche tras noche: Montjuïc se convierte en un lugar de *cruising* –de encuentro sexual– que queda dividido, en el dibujo de Francesc Ruiz, en varias zonas según los deseos. Zonas intercomunicadas, zonas en contacto, zonas en lo que lo narrativo también aparece más allá de la estructura tradicional del cómic.

La ampliación de campo conlleva en la obra de Ruiz, además del interés por la trama urbana, una serie de procesos de investigación histórica. A partir de una mirada micro se posibilita un acercamiento crítico a distintos elementos. En *El Cairo,* Francesc Ruiz mezcla cuatro personajes de cómic históricos abriendo la opción de acercarse desde la teoría postcolonial a la construcción ideológica de un lugar connotado [FIG. 3]. ¿Es Tintín un personaje del cómic egipcio? ¿Qué construcción nacional implica? ¿Qué puede contar? Y en Valencia, en su exposición individual en el IVAM, Francesc Ruiz se fija en un detalle, las variaciones de la letra «s», para recuperar, y apuntar, la importancia de toda una tradición llena de estilos personales en el cómic experimental valenciano desde los setenta a los noventa. A partir de un detalle, abrir críticamente la mirada a situaciones perdidas, a elementos abandonados, a lo que se da por hecho.

Si Salvador Dalí genera su propio canal de distribución en papel (su periódico *Dalí News*, en el que mezcla noticias sobre su persona con otros elementos), Francesc Ruiz escapa de los formatos predefinidos para buscar otras interacciones con los visitantes de centros de arte. Si Dalí edita números de la revista *Vogue* y trabaja con páginas de publicidad, Francesc Ruiz se apropia de distintas tipologías de cómic y medios escritos para revisar la historia, acercarse a momentos en específico o librarse precisamente de toda supuesta carga moral.

A partir de su exposición individual en *Espai 13* de la Fundació Joan Miró de Barcelona, Ruiz desarrollaba un recorrido en cómic bajo el título de *Soy Sauce*. *Soy Sauce* era una serie de cómics en el que los lugares de distribución venían indicados por los contenidos dibujados y escritos: en la parte final de cada número, los personajes de ficción desvelan dónde era posible adquirir el siguiente número; así la ciudad se convertía en un tablero de juego en el que mezclar ficción y realidad, y en el que los personajes saltan entre varios estados mentales y situaciones de euforia. La cultura de club y la vida de la noche se mezclan con los elementos propios del funcionamiento habitual de una ciudad. Lo prohibido aparece, lo codificado tiene su lugar y la ciudad es el centro de operaciones lógico para la vida contemporánea.

En los Giardini de la Biennale di Venezia, Francesc Ruiz realiza uno de sus dos proyectos para *Los Sujetos*: un cómic, también seriado, recuperando dos figuras perdidas en la historia, como son Gary y Rolando di Fico. Dos personajes del *fumetto erotico* italiano que suponen la aparición de figuras homosexuales en contextos de consumo masivo. Tanto Gary como Rolando di Fico representan al gay afeminado que se terminará convirtiendo en una identidad propia de la comedia. Ese personaje secundario del que el público se puede reír, ese personaje extravagante que –de algún modo– está abriendo la puerta a la existencia de otras sexualidades más allá de lo normativo; si están representados es que están en algún lugar. Ruiz utiliza un entramado –como es la propia Bienal y sus jardines–, basado en la representación nacional, para investigar la relación entre el cómic y los personajes gay en distintas tradiciones culturales. En la cercanía de varios pabellones nacionales, los personajes recuperados por Francesc Ruiz visitan historias ocultas, momentos perdidos y tradiciones fuera de las oficiales. En *Il Fumetto dei Giardini*, Ruiz propone una relectura a partir de los años setenta hasta la actualidad, en el que tanto el manga japonés como la tradición norteamericana, por mencionar dos ejemplos, pueden aparecer en una trama en la que ficción, realidad, política, descaro y sexo tienen su papel.

La distribución de *Il Fumetto dei Giardini*, durante la apertura de la Bienal, mantiene algunos de los códigos secretos de comunidad: el lenguaje visual utilizado en el *fumetto erotico* italiano para superar la posible censura –así como todo lo que no se puede decir, pero se quiere compartir secretamente– se convierte en un elemento clave para la comunicación. De nuevo, quien tenga los cómic se los habrá ganado, sea por leer atentamente dónde encontrar el siguiente número o sea por reconocer la existencia de un código secreto que se difunde por los jardines.

Si la distribución como red es un elemento que Francesc Ruiz ha utilizado en varios de sus proyectos, también el acercamiento al lugar clásico para la prensa escrita ha servido como punto de partida para el desarrollo de buena parte de su obra. Los quioscos como lugares de intercambio, como pequeños mundos donde todo existe, los quioscos como capas de información, de lo general a lo específico. Y los quioscos como lugares codificados: existen tipos de revistas que esconden otras revistas, existen secciones en los quioscos que son para *connoisseurs*. El quiosco esconde contenidos por saturación aunque estén presentes, es en la búsqueda (directa o paralela) cuando algunos ítems aparecerán. Y en este meta-discurso que es un quiosco se pueden establecer puentes y conexiones. Las revistas, periódicos, cómics, crucigramas, golosinas, libros y todos los formatos en los que se diversifica la información y el consumo se convierten en elementos en diálogo. Todo está en presente, todo está a la espera de ser leído y comprado. La información codificada empieza a desmontarse al entrar en contacto con otros códigos similares, los lugares se corrompen y el control desaparece. El quiosco está a la espera de ser descubierto y utilizado.

Ruiz ha trabajado con varios modelos de quioscos: desde un espacio casi improvisado de El Cairo **[FIG. 4]** que se genera mediante las publicaciones, al quiosco por capas barcelonés, pasando por el quiosco desplegado que es la tienda de cómics –con sus cajones llenos de revistas ordenadas– para llegar a su versión de un quiosco de la ciudad de Filadelfia [FIG. 5]. Quioscos activados mediante el trabajo de Francesc Ruiz, quien modifica todo el contenido que se ofrece en ellos para lograr otro tipo de interacción entre lo que se ofrece y su consumo. Como en *My Own Private Idaho*, la película dirigida por Gus van Sant en la que los sujetos sexualizados que aparecen en las portadas de las revistas empiezan a dialogar entre ellos sobre su situación económica, los contenidos de Francesc Ruiz en sus quioscos entran en una espiral caótica en la que se presiente una explosión anárquica, una criticalidad latente, una posibilidad hacia el deseo y hacia la revolución. Revolución en mayúsculas o en minúsculas, algo en nuestras manos.

En *Los Sujetos*, dentro del pabellón de España, Francesc Ruiz instala dos quioscos bajo el nombre de *Edicola Mundo*. Dos quioscos con dos modos distintos de actuación y con dos tipologías de acercamiento y distancia.

Por un lado, Ruiz trabaja con prensa italiana e internacional así con enigmística, centrando buena parte del trabajo en uno de los quioscos en una de las revistas más vendidas en Italia como es *La Settimanu Enigmistica*, una revista de crucigramas en la que la repetición, la reiteración y la mecánica asumida permiten salidas de tono e ironía. Los crucigramas, también algo considerado como consumo popular de baja cultura, conllevan la asunción de unos modos de funcionamiento en específico así como un engranaje cerebral a activar. Frente a las noticias generales la respuesta es otra, hay distancia, hay imposibilidad de acción y activación. Crucigramas e información, papel y representación de una realidad de múltiples capas.

El segundo quiosco de Ruiz en Venecia, mediante ampliaciones de la idea de dibujo, propone generar una meta-narrativa cargada sexualmente y cercana al *fumetto erotico* italiano. Si en los quioscos habituales el sexo está presente, pero bajo capas de protección moral, en este quiosco las prácticas sexuales escapan del control para pasar a ser el centro de historias en las que el surrealismo es también una posibilidad de lectura de mundo, una vía de salida y una realidad al mismo tiempo. El quiosco, como posibilidad latente, como mundo, como opción a pie de calle para transformar desde una supuesta transparencia y una capacidad de pulsión sexual. En este caso, el quiosco se acerca más a la idea de sex shop y a su imaginería. Desde un quiosco, desde un lugar que, a priori, parece inocuo y nada peligroso, desde una idea de cultura popular desdeñada, desde posiciones como sujetos de segunda fila, desde la invisibilidad y el olvido. Para volver a ser presente.

FIG. 1
El Corte Inglés y el Hotel Barceló-Sants, 2001
Instalación. Fotocopias b/n sobre pared, 50 x 200 cm
Installation. Black and White photocopies on a wall, 50 x 200 cm

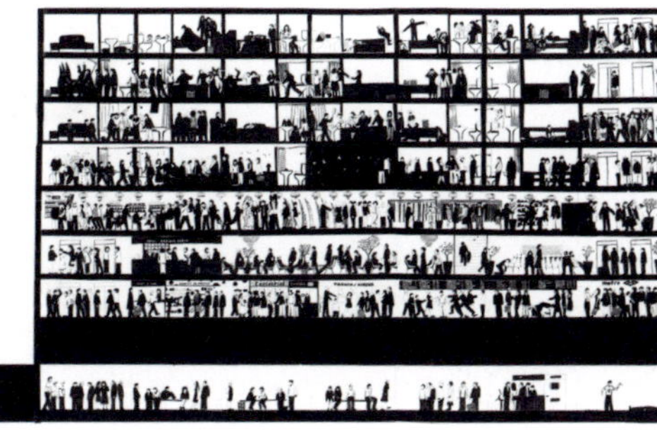

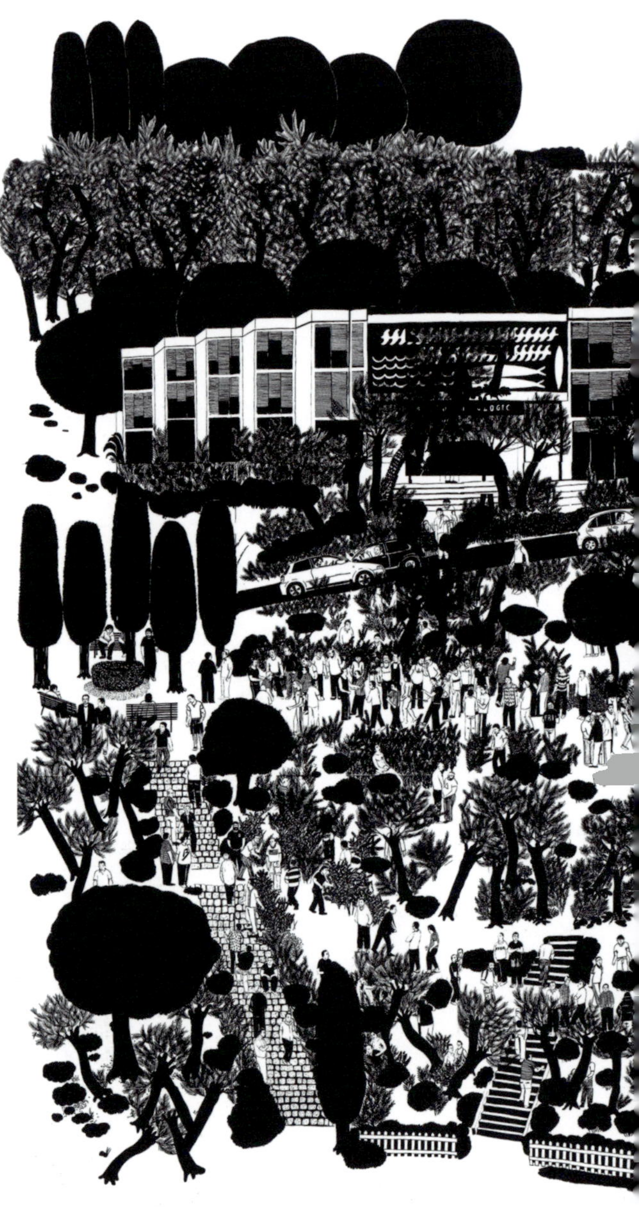

FIG. 2
Montjuïc, 2003
Instalación. Fotocopia b/n sobre pared, 250 x 250 cm
Installation. Black and White photocopies on a wall, 250 x 250 cm

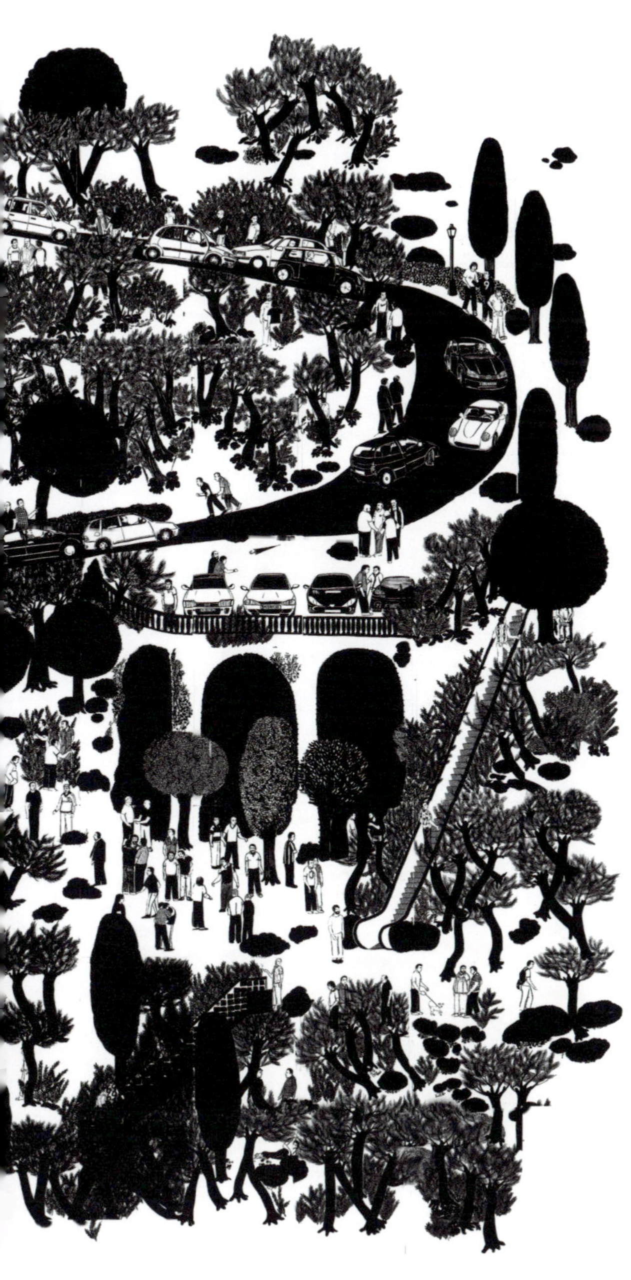

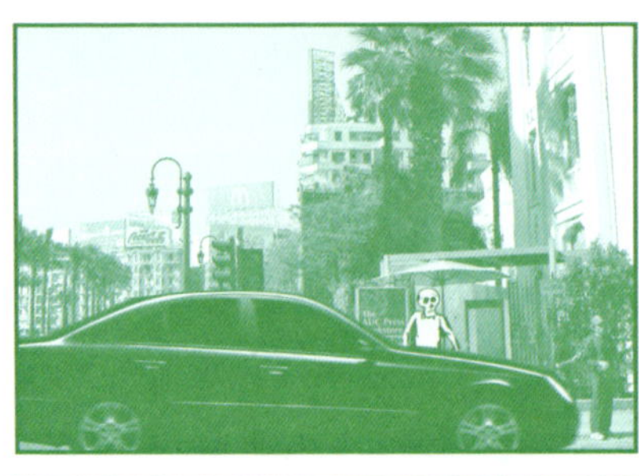

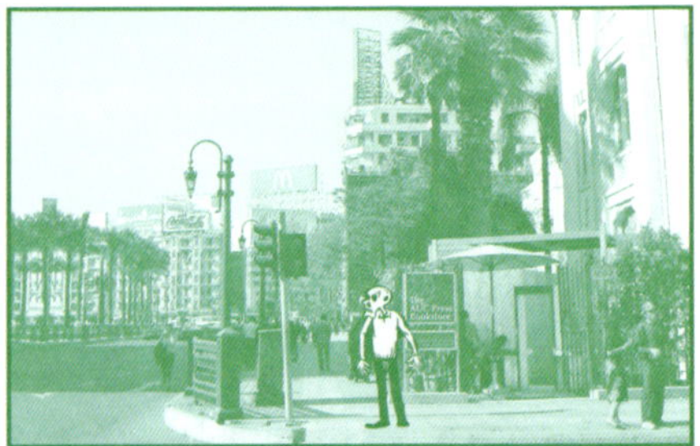

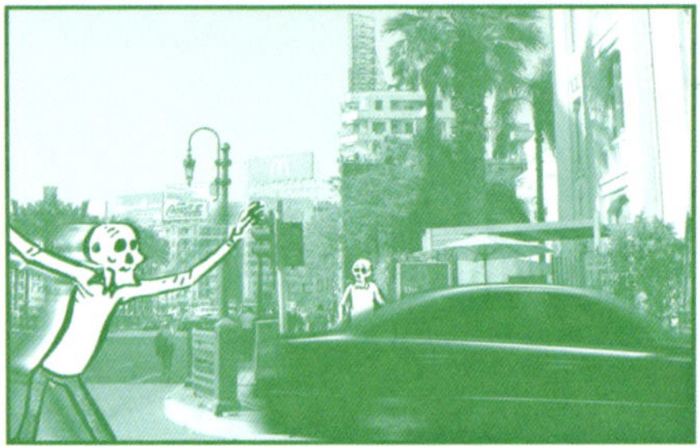

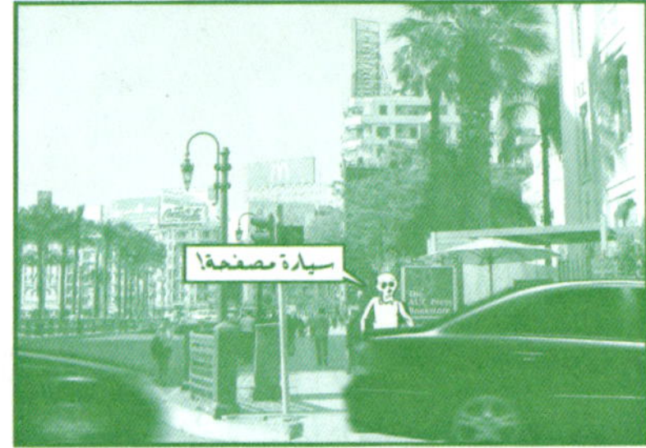

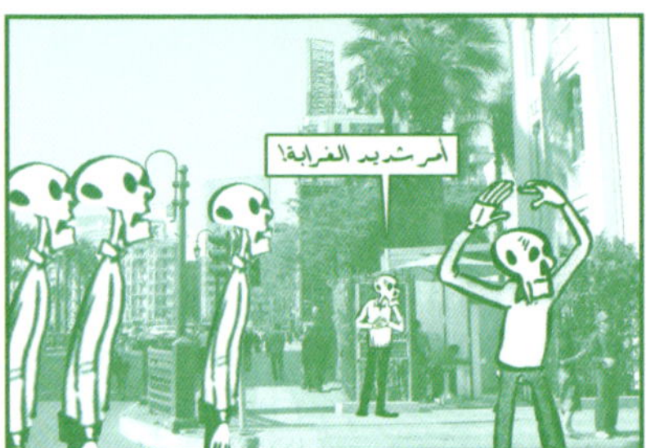

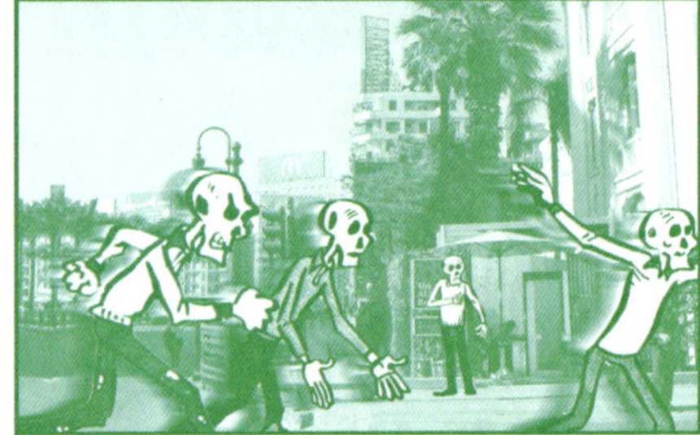

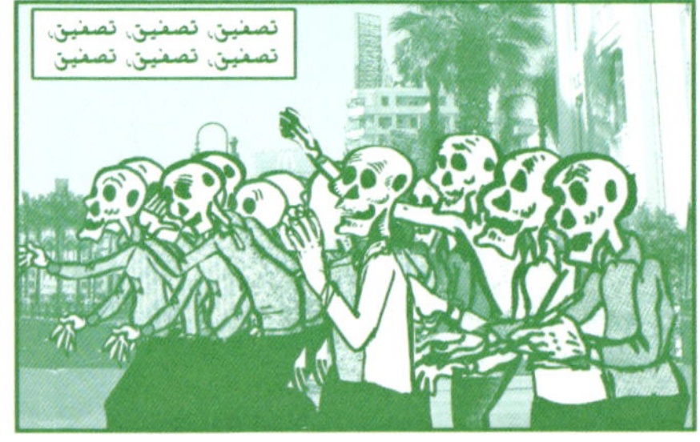

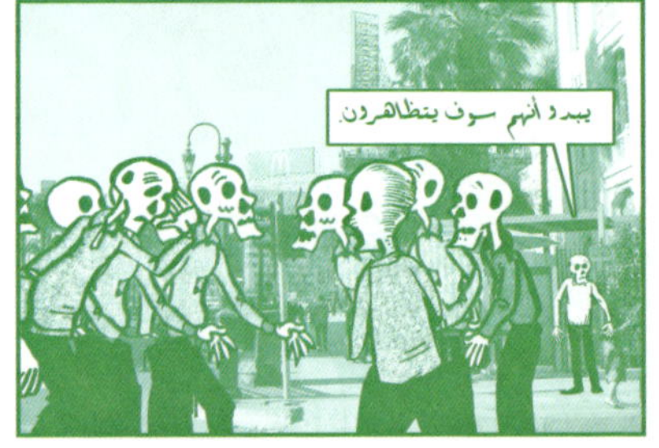

FIG. 3
The green Detour, 2010-2011
9 cómics de 4 páginas
9 four-page comics

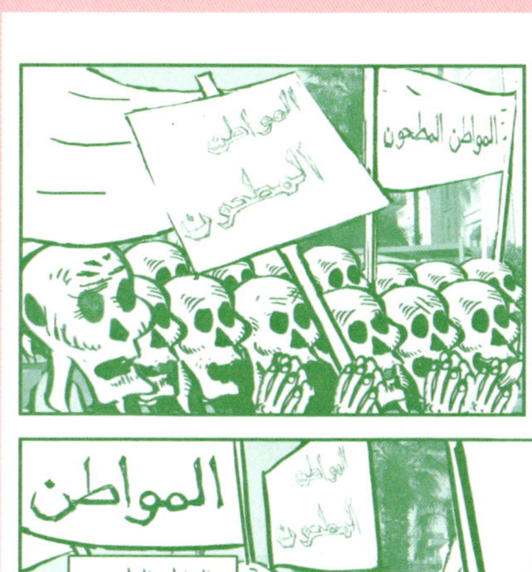
المواطن المطحون
المواطن المطحون

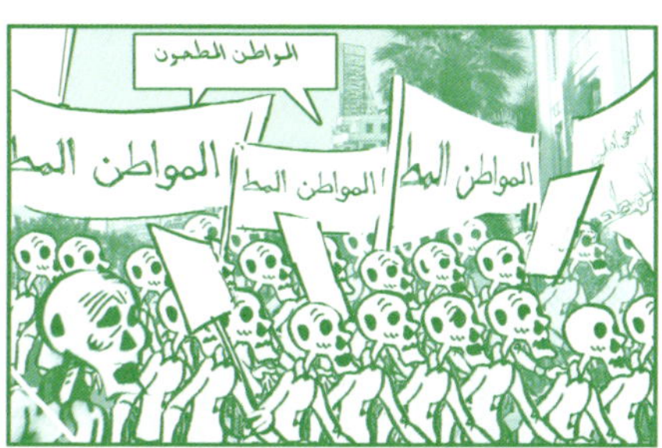
المواطن المطحون
المواطن المط المواطن المط

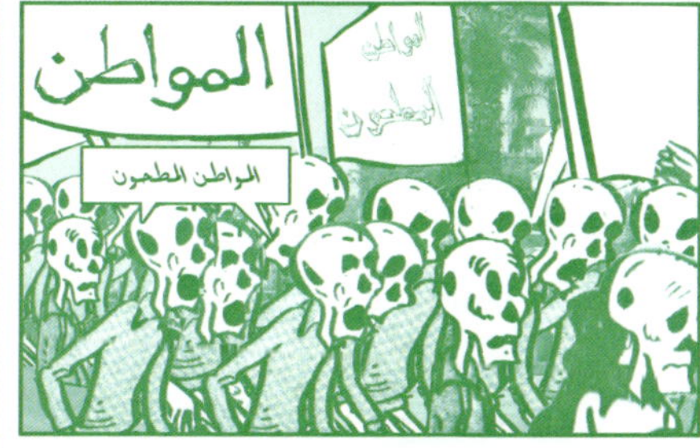
المواطن
الواطن الطحون

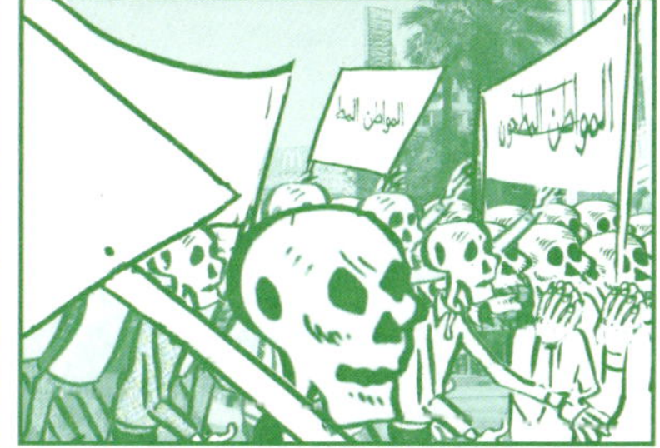
المواطن المط المواطن المطحون

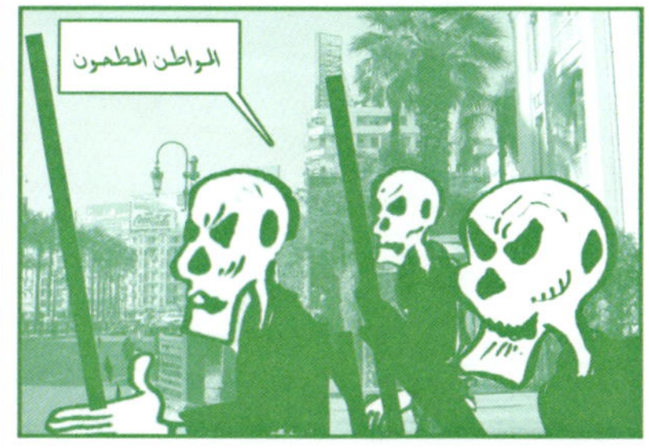
الواطن الطحون

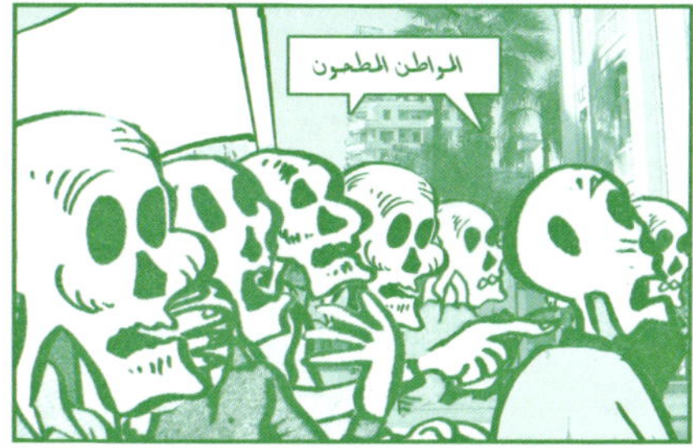
الواطن الطحون

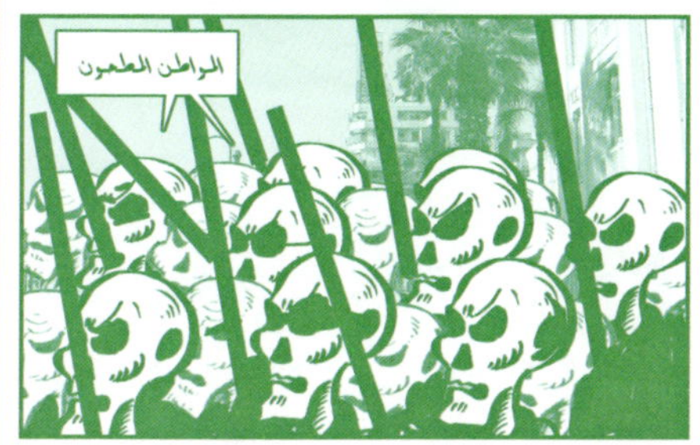
الواطن العلحون

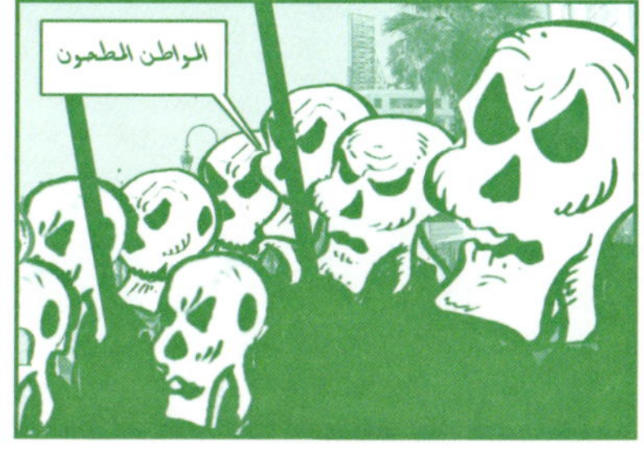
الواطن الطحون

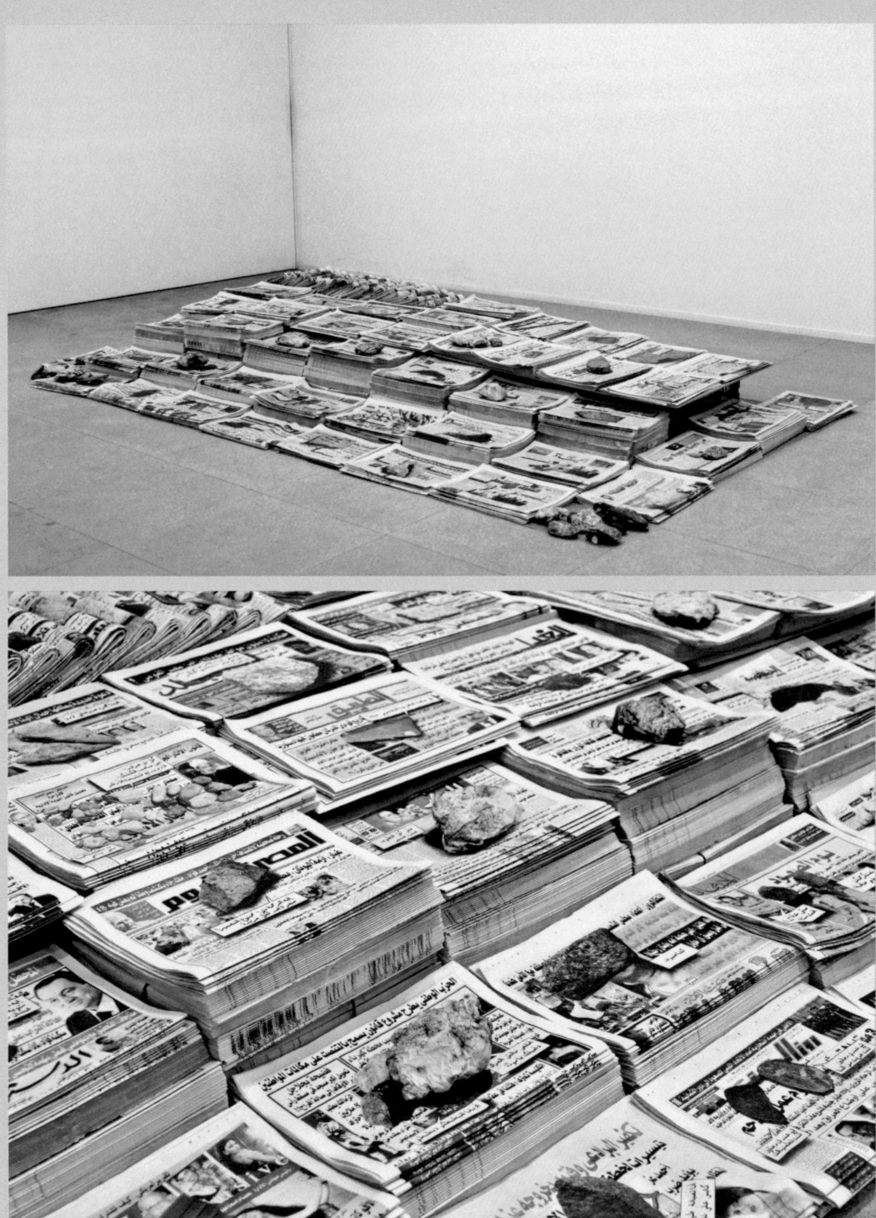

FIG. 4
Cairo Newsstand, 2011
Instalación a partir de 2.000 diarios modificados
Installation using 2,000 modified newspapers

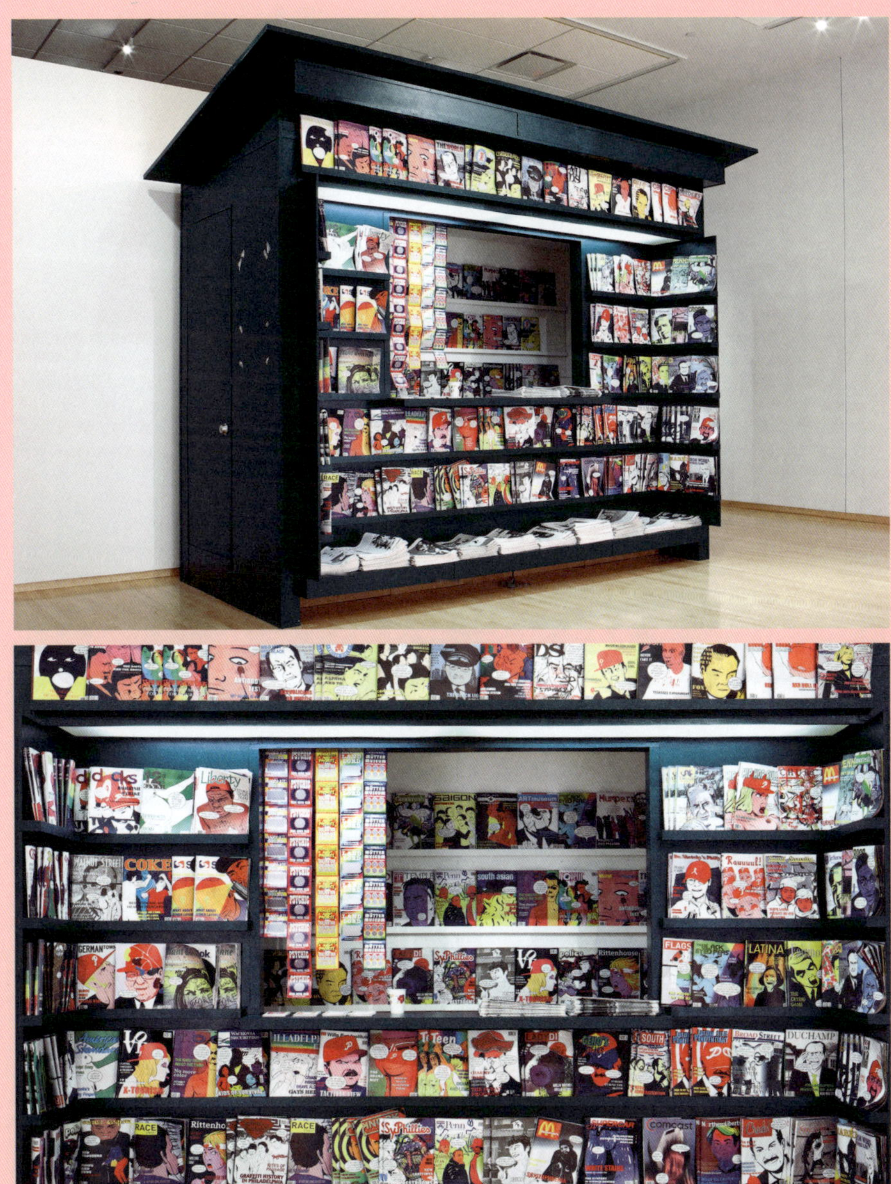

FIG. 5
Philadelphia Newsstand, 2010
Instalación, *displays* diversos
Installation, various displays

Martí Manen

106

Gary, Rolando and other states between reality, history and politics

FRANCESC RUIZ (Barcelona, 1971) generates complex narratives through his appropriation of print media. Magazines, comics and newspapers as well as newsstands become possible fields to occupy in order to offer other exchanges, time frames and approaches. Text, image and drawing enter a dialog as content and form through a critical rereading of identity, both in theory and in practice.

Being very aware of the construction of the world, precisely in order to activate options beyond the recognizable ones, Francesc Ruiz operates according to the coordinates of reality, assuming that reality itself includes an entire series of elements that are not always visible to seen by everyone. Hidden codes, shared systems of grammar, the adoption of multiple meanings to be secretly disseminated. His work approaches the idea of community precisely to permit clashes and make communications systems visible. Slightly perverting forms of communication to achieve change, to draw closer to the frowning expression that enables a critical reading of both medium and message without every forgetting a certain sensuality of approximation.

Ruiz works with mass-distribution systems such as comics—systems that are, paradoxically, invisible. Comics, magazines, cheap fanzines and luxuriously published books have existed for decades outside literature's main circulatory arteries, with their own efficient methods of distribution, specialized bookshops and spaces at the newsstand. Comics have had several golden ages. They have witnessed the blossoming of major retail emporia and have been at the center of groups with clearly-defined identities. Following one comic or another implies situating oneself, making a semi-public statement, obeying codes that are hidden but shared. At the same time, becoming a part of the world of comics involves accepting a situation distinct from the general view of culture as recognition. Comics are not high culture and they *have* been an industry; supposedly they are not intellectual but they *are* mass culture. It is also possible to approach comics in terms of social class—a necessary intersectional viewpoint.

The classic distribution system for comics is the series. Issue after issue, comics are sent out to newsstands or specialized bookshops and, according to their public reception, determine whether or not to continue. The object and its serialization depend on consumption and fetishism. And in a process of approximation, all of the agents around comics discover in their own way that whoever reads them enters their world: writers, artists, characters... both those responsible for the conceptual part of the production and those who work on the graphic element gain individual followers that become part of the clan. The characters—even in the most "mass-produced" comics—experience different writers and artists marking them with different layers of meaning and tones. Comic-book heroes become malleable, unstable personalities capable of acting in contradictory ways depending on who dictates their actions. Their characters are used and worked out in a shared manner, with multifaceted capacities and a certain degree of flexibility.

Francesc Ruiz works with comics but he understands them as a starting point, an option to be expanded, one of many. The comic calls for close reading and includes narrative, another element to play with in in the search for other paths to follow. Comics make it possible to break down closed narrative structures, both in form and in content. As early as 2001, in pieces such as *El Corte Inglés y el Hotel Barceló-Sants* [FIG. 1], or 2003, in *Montjuïc* [FIG. 2], Francesc Ruiz's work reveals a rethinking of the typology and working method with regard to the "original"—taking the comic as an original, if that is not in itself a paradox. The works comprise of two large-format pieces, two installations made with photocopied drawings arranged in very long groups. Drawings photocopied and glued directly to the wall using the same procedure employed to hang large posters on billboards. These drawings need to be observed from various distances. From afar, they depict specific, recognizable places—in one case, a department store and a hotel, in the other, the public park on Montjuïc mountain in Barcelona. Up close, these places are filled with action and a degree of surrealism. The department store becomes a particular world where different characters behave according to non-normative criteria and the hotel is nothing more than an extension of the department store, one more part of its indoor universe. The park, or mountain, is occupied by people who visit it night after night: Montjuïc turns into a place for cruising—for sexual encounters—and in Francesc Ruiz's drawing it is divided into various zones according to desires.

These zones are interconnected and in contact. This is another way in which the narrative breaks out of traditional comic-book structure.

In Francesc Ruiz's work, broadening the field implies not only an interest in the urban fabric, but also in a series of processes of historical research. A micro-gaze enables a critical approach to different elements. In *El Cairo,* Ruiz mixes four characters from historic comics, opting to approach the ideological construction of a suggested place from the perspective of post-colonial theory [FIG. 3]. Is Tintin a character from Egyptian comics? What national construction does he imply? What can he tell us? And in Valencia, in his individual show at the IVAM, Ruiz focuses on a detail, variations on the letter "s", to recover and reveal the importance of an entire tradition full of personal styles in Valencia's experimental comics from the 1970s through to the end of the 1990s. Beginning with this detail, he widens his critical gaze to encompass lost situations, abandoned elements and things taken for granted.

While Salvador Dalí generates his own distribution channel on paper (his newspaper, *Dalí News,* mixed news about himself with other elements), Francesc Ruiz rejects such predefined formats in search of other kinds of interactions with visitors to art centers. While Dalí edits issues of *Vogue,* and works with the celebrity pages, Francesc Ruiz appropriates different kinds of comics and print media to review history, approaching specific moments or freeing himself precisely, for any supposed moral burden.

At his solo show at *Espai 13* in the Joan Miró Foundation in Barcelona, Ruiz developed a route mapped out by comics. *Soy Sauce* was a series of comics the distribution points of which were indicated in their drawn and written contents. At the end of each issue, the comic's fictional characters revealed where the reader could acquire the next issue. Thus the city became a sort of game board where fiction and reality combined and the characters leapt back and forth between different states of mind and euphoric situations. Club culture and nightlife mixed with elements of the city's everyday functions. The prohibited emerged, the codified had its place and the city became the logical operations center for contemporary life.

In the Giardini at the Biennale di Venezia, Francesc Ruiz carries out one of his two projects for *The Subjects*: a comic, also in the form of a serial, that recovers two figures lost to history: Gary and Rolando di Fico. These two characters from Italian *fumetto erotico* signified the emergence of homosexual figures in the mass-market context. Both Gary and Rolando di Fico represent the effeminate gay who ends up becoming a set character in comedies. A secondary figure that the audience can laugh at, an extravagant personage who somehow opens the door to the existence of other sexualities outside the norm. If they are represented, they must be somewhere. Ruiz uses a setting—the Biennale itself, and its gardens—based on national representation to explore the relation between comics and gay characters in different cultural traditions. Close to various national pavilions, the characters recovered by Francesc Ruiz visit hidden stories, lost moments and traditions outside the official ones. In *Il Fumetto dei Giardini*, Ruiz proposes a rereading from the 1960s until now, in which both Japanese *manga* and the U. S. tradition, to mention two examples, can appear in a setting where fiction, reality, politics, irreverence and sex play their respective roles.

The distribution of *Il Fumetto dei Giardini* while the biennale is open maintains some of the community's secret codes: the visual language used in the Italian *fumetto erotico* to avoid possible censorship—as well as containing everything that cannot be said, but that one wants to secretly share—becomes a key element of communication. Once again, whoever has these comics will have earned them, either by carefully reading where to find the next issue, or by recognizing the existence of a secret code that is spread throughout the gardens.

While distribution as a network is an element that Francesc Ruiz has used in various projects, many of his works also use the classic newsstand as a starting point for their development. Newsstands as places of exchange, little worlds where everything exists, layers of information from the general to the specific. Newsstands as codified places. There are types of magazines that hide other magazines, there are sections of newsstands that are for connoisseurs. Newsstands hide contents by saturation, so that even when they are present certain items turn up when through searching (either for them, or for something else). And in the meta-discourse of a newsstand, bridges and connections can be drawn. The magazines, periodicals, comics, crosswords, candies, books and all of the other diverse formats through which information and consumption are commodified become elements in dialog. Everything is in the present tense, everything is waiting to be read and purchased. Codified information begins to break down through contact with other similar codes—their places are corrupted and control disappears. The newsstand is there, waiting to be discovered and used.

Ruiz has worked with various models of newsstands, from a practically improvised space in Cairo [FIG. 4], which is defined by its publications, to a layered newsstand in Barcelona. Then there is the comic store, a sort of unfolded newsstand with its drawers filled with ordered magazines, and even his version of a newsstand in Philadelphia [FIG. 5]. Newsstands are activated by Francesc Ruiz, who organizes everything on offer in order to generate a different kind of interaction between content and consumption. Like *My Own Private Idaho*, a film directed by Gus van Sant in which the sexualized subjects on magazine covers begin to talk to each other about their economic situation, the contents of Francesc Ruiz's newsstands enter a chaotic spiral that foreshadows an anarchic explosion, a latent critical mass, the possibility of desire and revolution—revolution with a capital R or a small one, something that is in our hands.

In *The Subjects,* Francesc Ruiz installs, inside the Spanish pavilion, two newsstands called *Edicola Mundo,* two newsstands with two different ways of acting and two types of approach and distance.

Ruiz works with the Italian and international press, as well as with puzzles, focusing much of the work in one of his newsstands on one of Italy's best-selling magazines: *La Settimana Enigmistica,* a crossword magazine in which repetition, reiteration and the accepted approach leave room for the unseemly or ironic. Crossword puzzles, which are recognized as popular mass-culture products, work in specific and accepted ways and call for particular manners of thinking. Response to general news is different, as it creates greater distance between reader and content and no possibility of interaction or activation. Crossword puzzles and information, roles and representation within a multi-layered reality.

Ruiz's second newsstand in Venice expands the idea of the drawing to generate a sexually charged meta-narrative close to the Italian *fumetto erotico.* While sex is present in conventional newsstands, its presence is obscured by layers of moral protection. Here, however, sexual practices shuck off that control to become the center of stories in which surrealism also provides a possible reading of the world, a means of escape and a reality at the same time. The newsstand as a latent possibility, a world, an option at street level for transformation on the basis of supposed transparency and the capacity for sexual drive. In this case, the newsstand is closer to the idea of a sex shop with its ever-present imagery. From a newsstand, a place that seems innocuous and not-at-all dangerous at first glance, from a disdained area of popular culture, from the position of second-class citizens, from invisibility and oblivion, becoming present once more.

Francesc Ruiz

112

Edicola Mundo

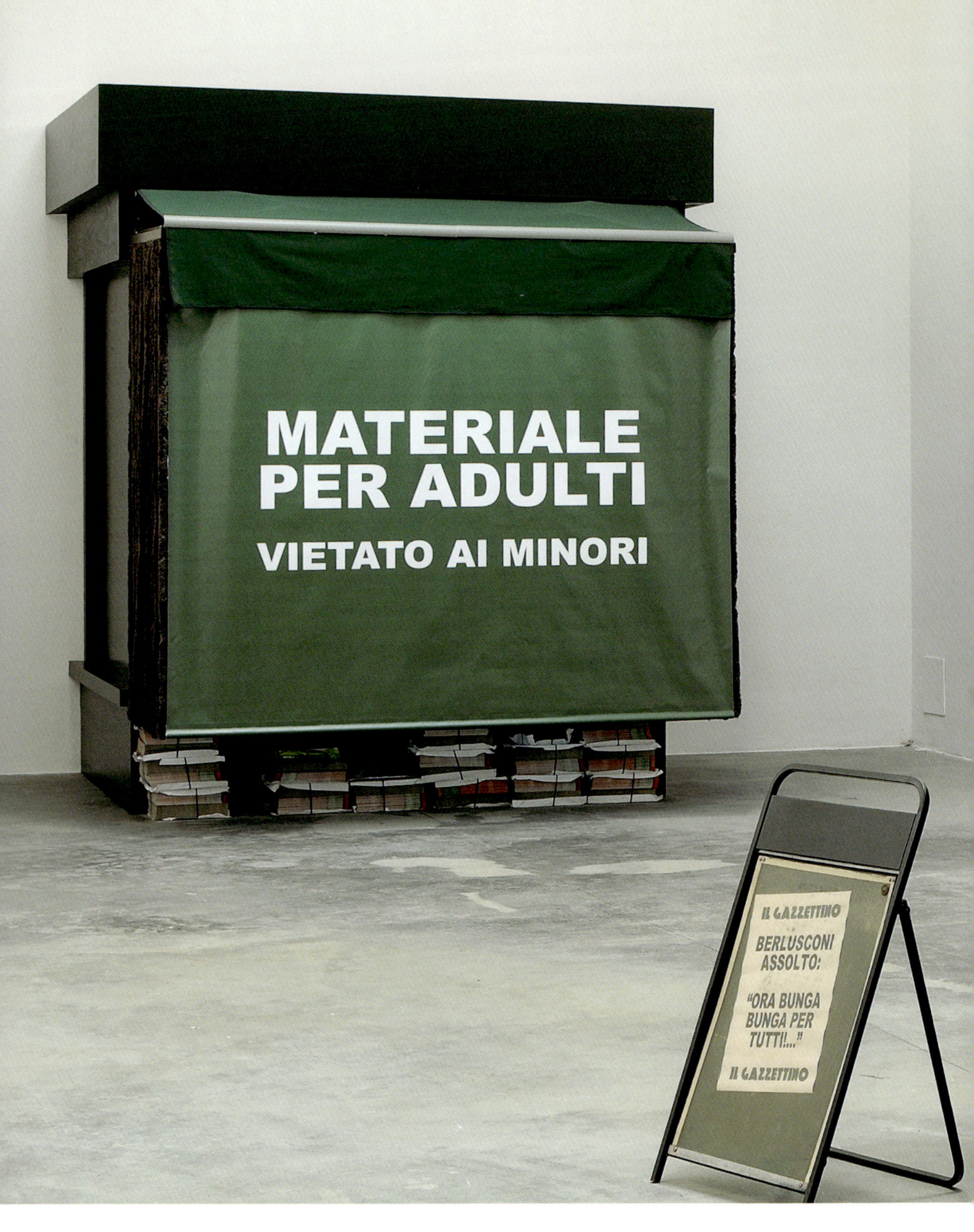

MATERIALE
PER ADULTI
VIETATO AI MINORI
IL GAZZETTINO
BERLUSCONI
ASSOLTO:
"ORA BUNGA
BUNGA PER
TUTTI!..."
IL GAZZETTINO

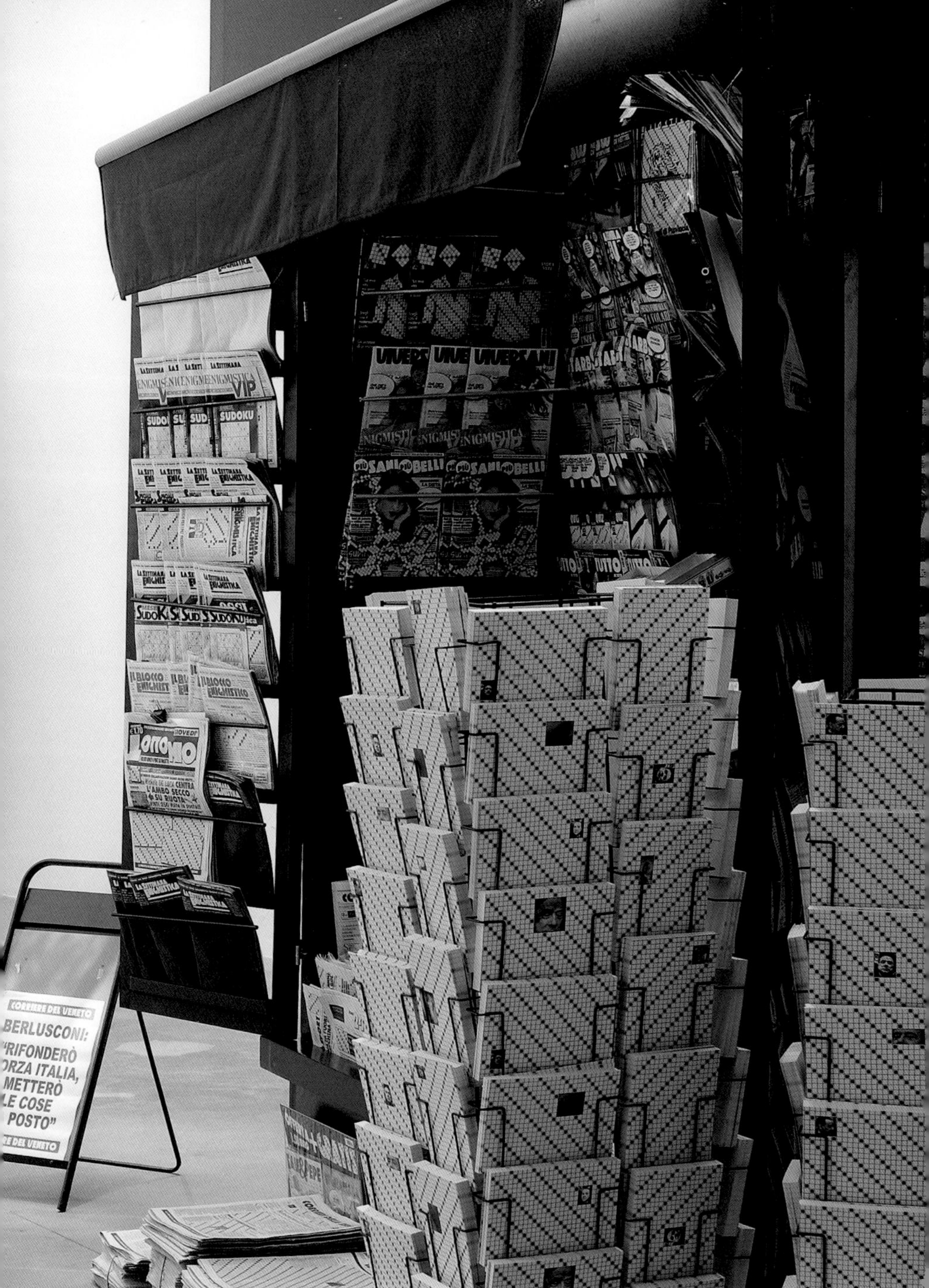
CORRIERE DEL VENETO
BERLUSCONI:
"RIFONDERÒ
FORZA ITALIA,
METTERÒ
LE COSE
A POSTO"

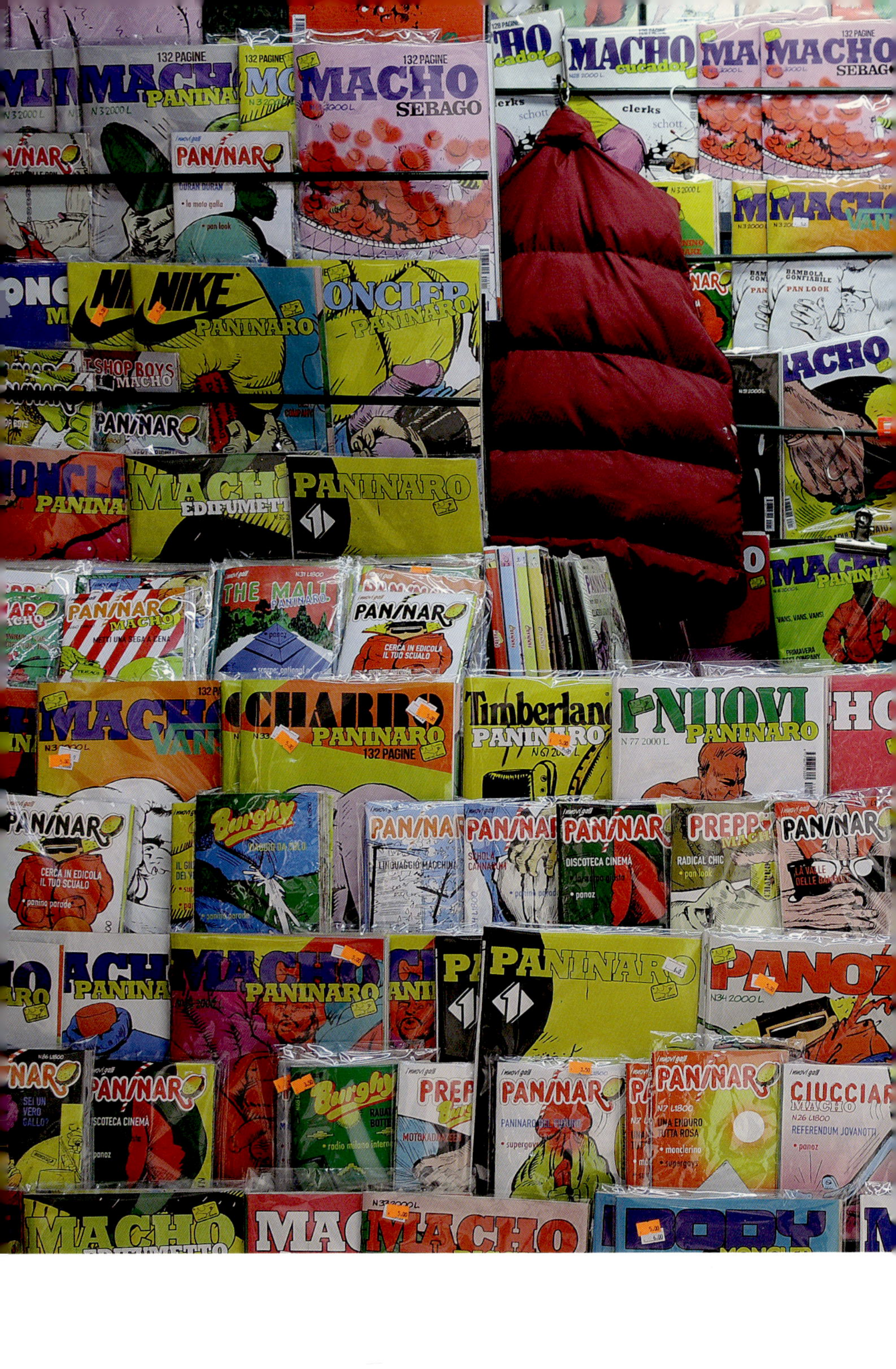

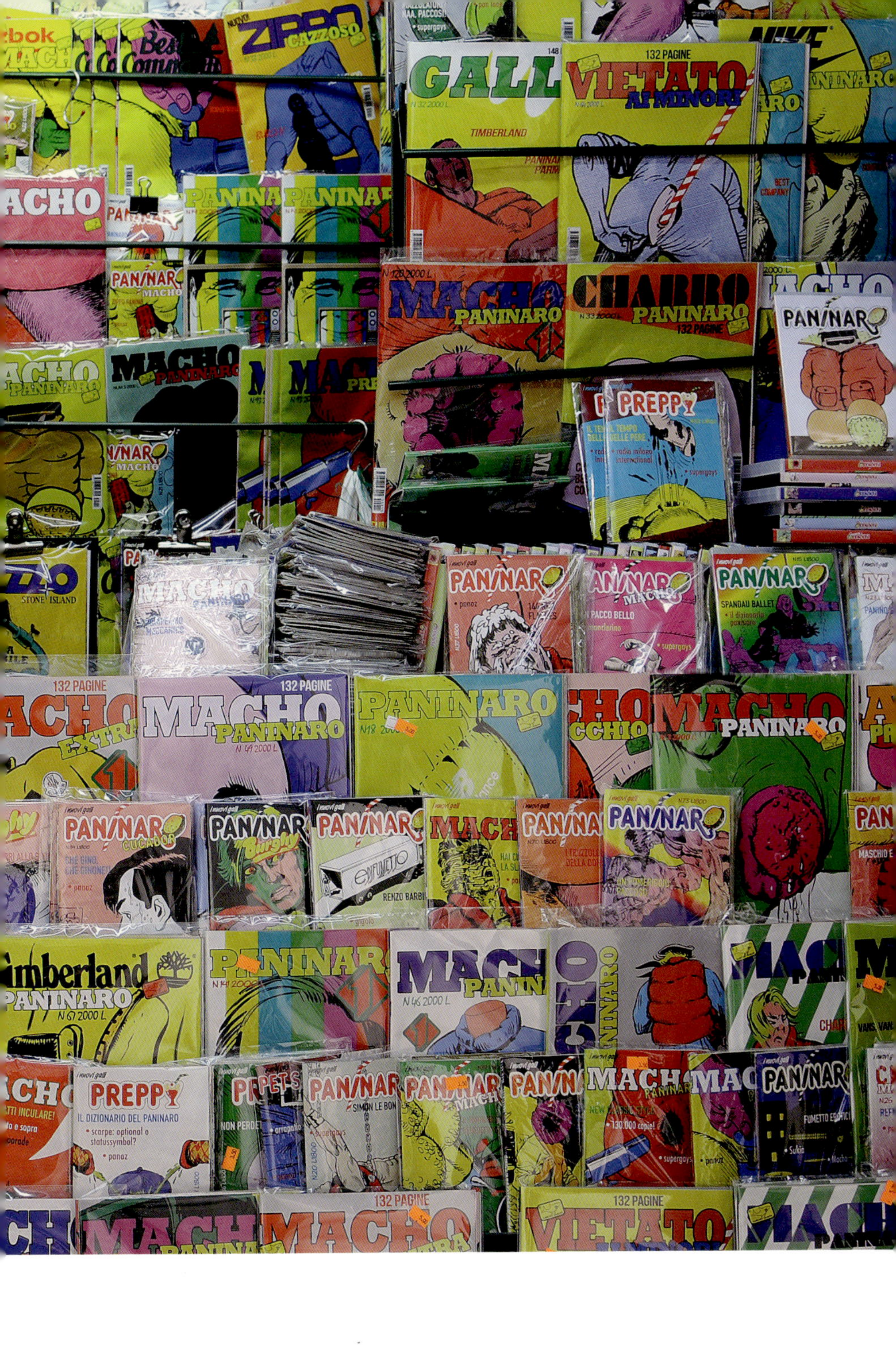

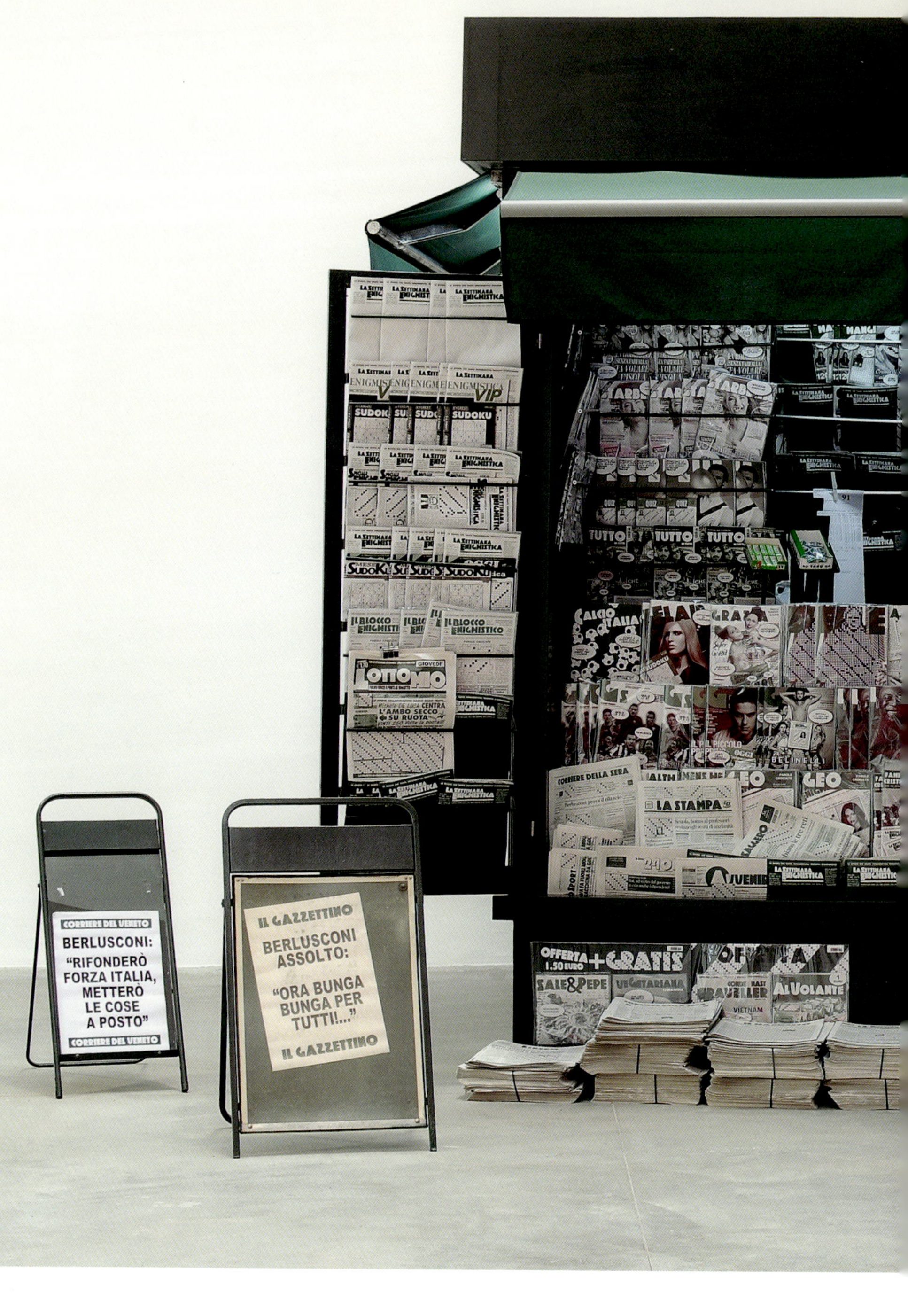
CORRIERE DEL VENETO
BERLUSCONI:
"RIFONDERÒ
FORZA ITALIA,
METTERÒ
LE COSE
A POSTO"
CORRIERE DEL VENETO
IL GAZZETTINO
BERLUSCONI
ASSOLTO:
"ORA BUNGA
BUNGA PER
TUTTI!..."
IL GAZZETTINO

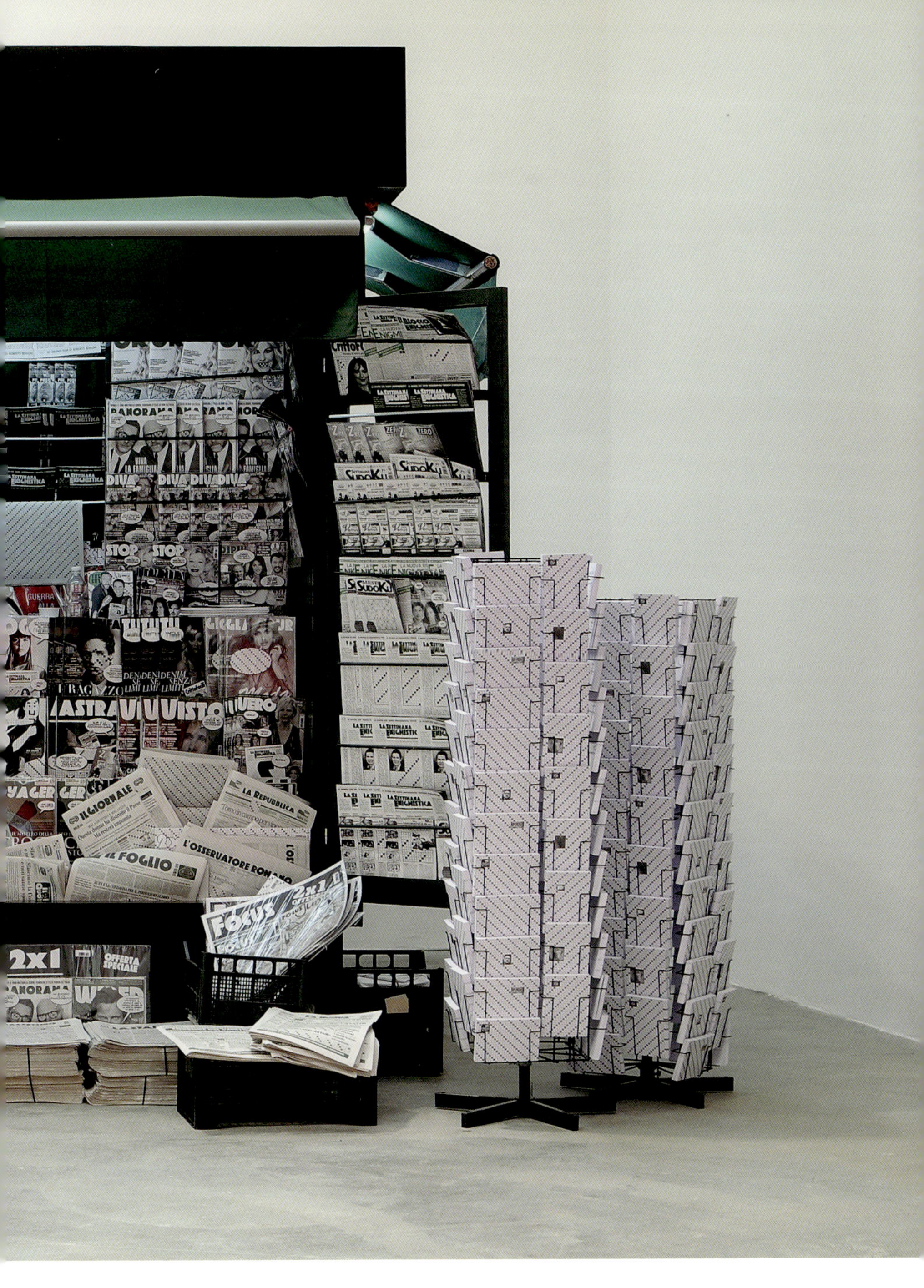

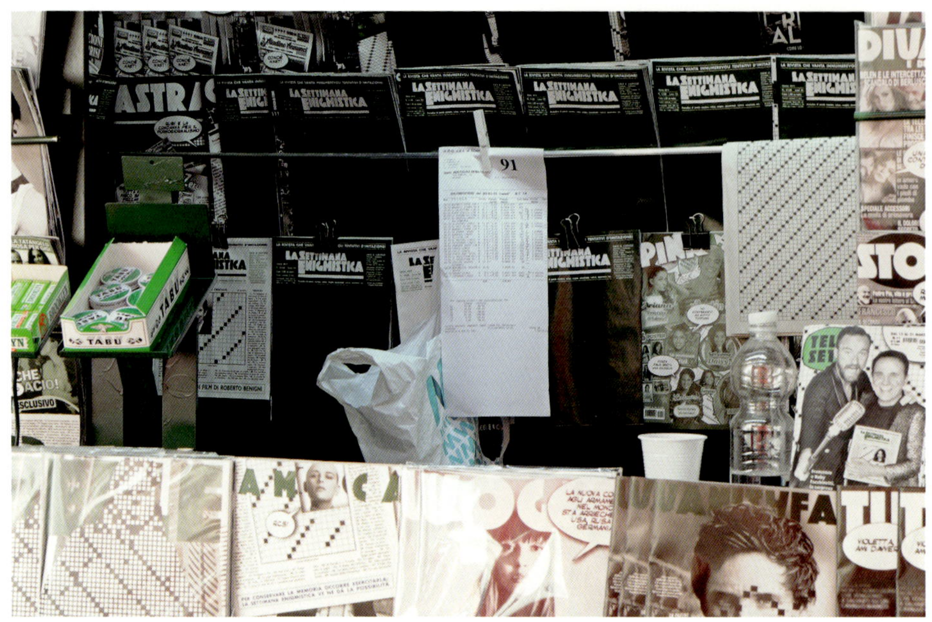

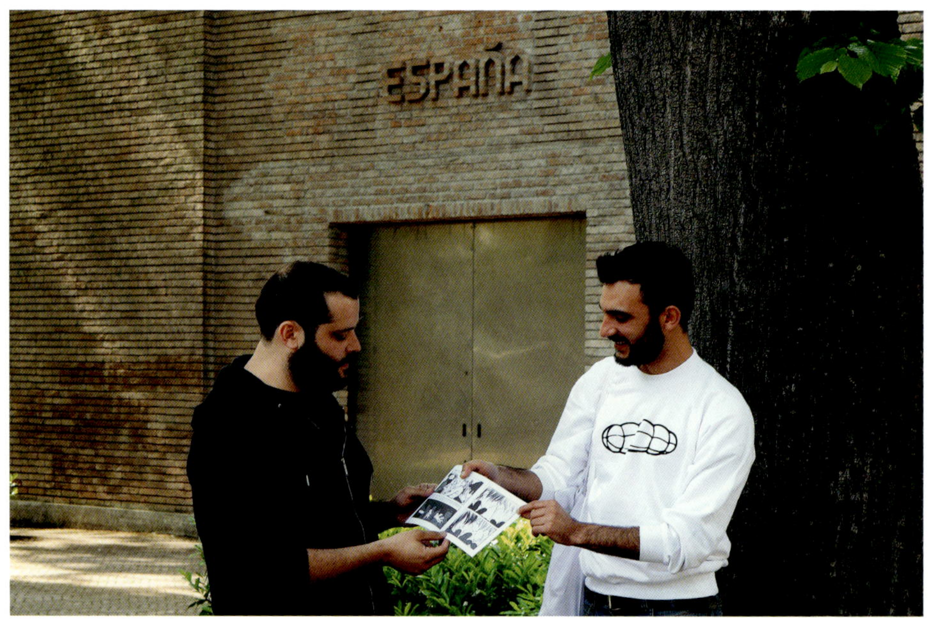

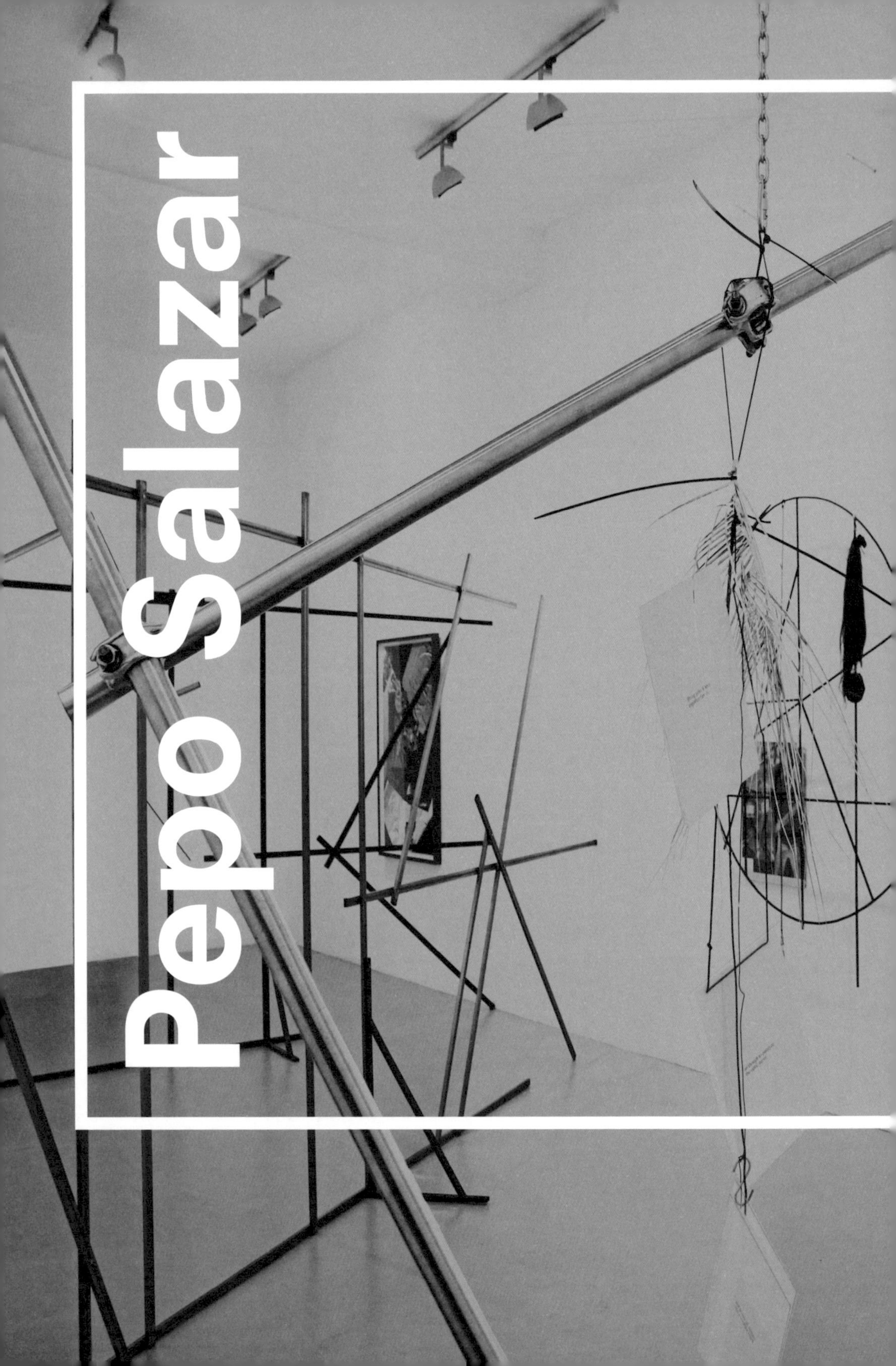

Pepo Salazar

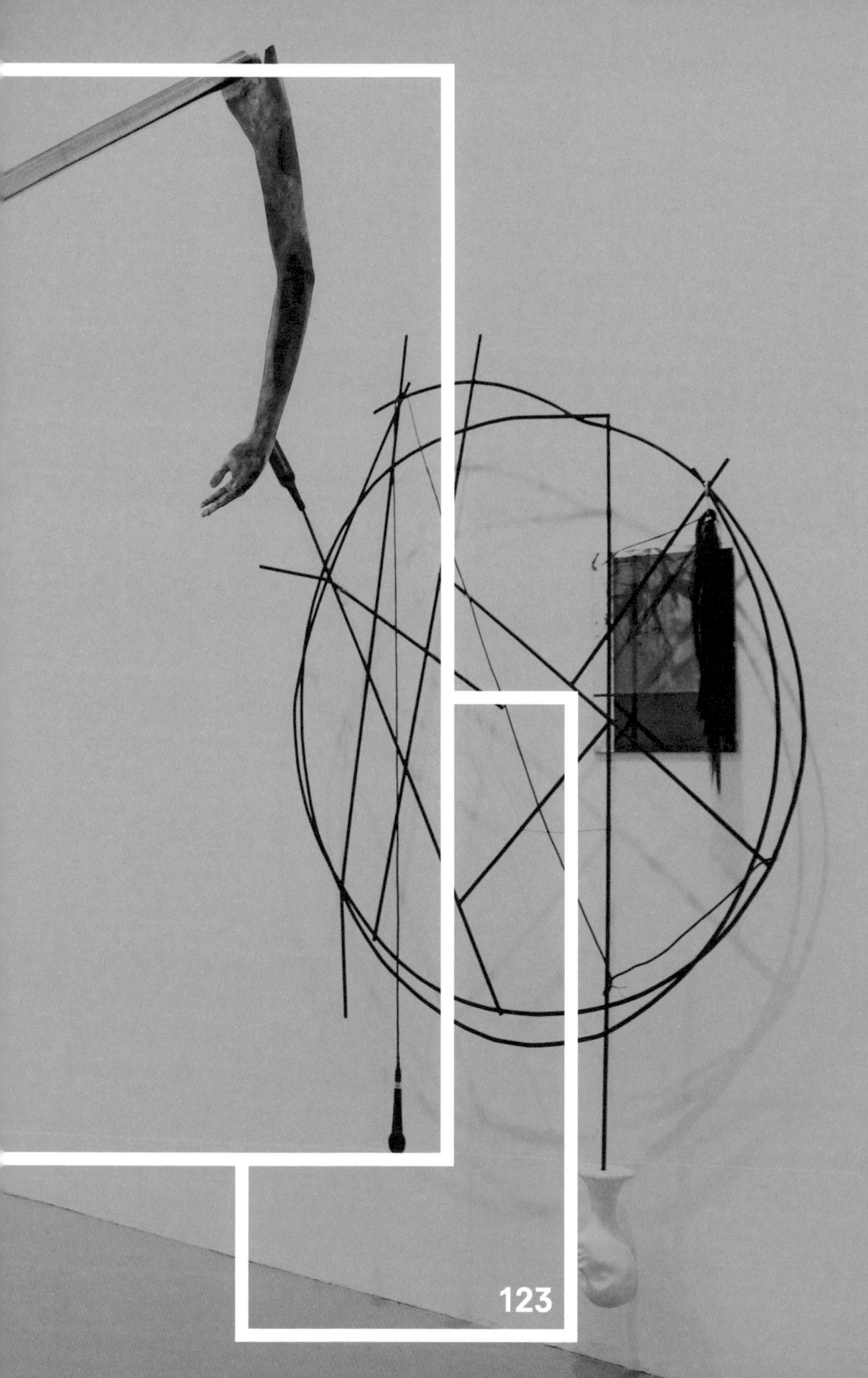
123

Metales, vacíos, ruidos y tiempos

124

Martí Manen

PEPO SALAZAR (Vitoria, 1972) combina la creación artística con una infinidad de capas, definiendo sistemas de aproximación duros para espectadores y participantes. La recuperación de objetos y contenidos culturales aparece mediante cierta violencia y sensualidad, siendo estas dos caras de una misma moneda que parte del replanteamiento del objeto y la relación con lo material, para repasar la modernidad desde la asunción de un caos fragmentado y significativo.

Plantear los límites y superar la propia idea de límite. Pepo Salazar se acerca a las posibilidades múltiples y juguetea con el caos. La posición de artista implica, en su caso, una variabilidad absoluta, una opción abierta, una atomización constante. El trabajo está en la definición, está en la ocupación de campo.

Salazar trabaja de un modo atomizado, mezclando momentos y tipologías, definiendo su papel como un marco amplio en el que todas las opciones son posibles. Obras de arte conectadas entre sí, capas de información y desaparición de lo objetual precisamente por saturación de ello. Pepo Salazar amplía la capacidad de acción artística desde la superación de las normas y desde un conocimiento amplio sobre qué significa trabajar en arte. Una novela, un disco, una instalación, un *collage*, un vídeo, la generación de un momento, una tensión. Todo es parte del trabajo de Salazar y todo es trabajo de Salazar. Y en la definición conceptual se encuentra también un planteamiento espectral sobre la práctica en sí. La obra de Pepo Salazar se cierra en sí misma y, paradójicamente, se abre sin problema. La dificultad estriba en la preconcepción de la aproximación. Llevarlo todo a cero, empezar, seguir, seguir. Asumir el cero no es una tarea tan común, pero seguramente es clave para el desarrollo y la posición del arte contemporáneo.

Pepo Salazar mezcla constantemente los elementos con los que trabaja. Y «elementos» pueden ser desde referencias a Bruce Nauman, vídeos de internet sin ningún tipo de sentido, la importancia del material, la repetición del sonido o el azar como práctica plausible. La investigación de Salazar se mueve en coordenadas no necesariamente lingüísticas, aunque sus ítems tienen algo de vocabulario secreto. Las piezas se desarrollan, los elementos emocionales son complejos y las capas de información conllevan un acercamiento planeado en tiempos. La sensualidad y la relación de poder revolotean constantemente, la dificultad y un ejercicio de distancia corta también.

La negación de espacios para negociar momentos. En varios de sus trabajos, Pepo Salazar define otras ideas de espacio en la sala de exposición. La obra no es simplemente una instalación, es básicamente un ataque al *display*, un superar los códigos sutilmente y, en paralelo, desde la brutalidad. La obra dialoga y negocia a partes iguales con el montaje expositivo y con sus visitantes, se convierte en un marcador de espacio y en una imposibilidad de acción. Pensemos en un muro; un muro en medio de una sala de exposiciones. Un muro tosco, industrial **[FIG. 1]**. Es parte del trabajo de Pepo Salazar.

Pensemos en una pieza construida mediante tubos de aluminio, pintado de color negro, construyendo casi precariamente las palabras «*White Noise*» **[FIG. 2]**. En el medio de la sala de exposiciones, sin ningún margen de justificación con los límites de ese espacio en blanco textual que es ahora la sala de exposiciones. A sangre. Dos palabras cortando el paso precariamente. ¿Es posible superar estas dos palabras? ¿Es posible traspasarlas? ¿Y son realmente dos palabras? La construcción metálica corta en dos lados el espacio, con lo que en uno de ellos las palabras están al revés y pueden ser «simplemente» escultura, material, masa. Igual que el ruido blanco, esa suma de sonidos que conlleva un todo de algún modo desagradable. Ruido blanco, sonido y también imagen. Tal y como recuerda el propio Pepo Salazar en su novela *La fiesta de los metales*, el ruido blanco es esa mezcla de puntos blancos y negros con saltos anárquicos que llenaban los televisores cuando se cerraba la emisión. El canal estaba ocupado mediante ruido, mediante una señal aleatoria y compleja. Tiene sentido en Pepo Salazar: una señal aleatoria y compleja que juguetea con el lenguaje o lo que significa el lenguaje. Todo está en presente, todo se mezcla, todo es al mismo tiempo algo aleatorio dentro de unas supuestas coordenadas de control. Apuntar también que ruido blanco es saturación, es asumir que la existencia de un canal necesita de un contenido –sea el que sea– para tener sentido como tal.

Salazar abre y cierra espacios, genera situaciones que seguramente no tiene sentido decodificar. La aproximación habitual a lo medial (el deseo del reconocimiento frente a lo que se observa) se cumple a medias: puedes procesar lo material de la información pero este procesamiento no necesariamente terminará en un resultado de comprensión lógica. Además de cerrar y abrir aparecen otras coordenadas de identificación como son las de dentro/fuera. Estar dentro de la obra, estar dentro de la exposición, estar fuera del discurso, ser fuera de lo normalizado. Dejar a alguien fuera implica evidenciar una relación de poder. Salazar, mediante su obra y la voluntad de llevar al límite la capacidad de lo expositivo a través de la instalación, se acerca a los límites del control institucional directamente desde la obra. No son ya los códigos lingüísticos de la exposición, sino la obra convertida también en espacio para las órdenes. Allí está, lo puedes ver, pero será una decisión personal superar la interiorización de la norma para llegar al otro lado, para estar dentro. Y dentro no hay confort.

Uno de los elementos para el confort es reconocer el status y el nivel, saber dónde estamos. En la clasificación del día a día siguen imponiéndose los criterios básicos, antiguos y clásicos: alta-baja cultura, raza, sexo, clase. Cuando hay mezcla llegan los problemas, si se superan las dicotomías llega el descontrol. Cuando la mezcla es, además, algo que parece no dar importancia a los códigos de ordenación, aparece la intranquilidad. Pepo Salazar utiliza indistintamente ítems culturales diversos en su creación artística. La música puede ser *heavy metal* o minimalismo conceptual. El material puede ser acero inoxidable o Cheetos. El trabajo puede referir a contenidos filosóficos o a hechos mundanos. Todo puede ser y todo puede pasar al mismo momento. En una realidad de bombardeo de contenidos, la no voluntad de clasificación se convierte en una reacción frente a lo abrumador: frente al abuso con el contenido y la oferta, no realizar ningún juicio. No se trata de una distancia postmoderna sino de una actitud de contemporaneidad. De la rendición pasar al contraataque, entendiendo que el descontrol de las formas es contraataque, el olvidarse de los códigos es rebelión y el disfrutar con ello no está permitido. Y en el disfrutar aparece también la belleza. Una belleza caótica, fría, austera y fuera de lugar.

Belleza, fuerza, pureza. Las obras de Pepo Salazar no se esconden aunque tampoco piden necesariamente que las veamos y que nos acerquemos. Allí están, en presente, con infinidad de detalles que irán apareciendo a medida que concretemos la distancia o la proximidad de observación. De entrada, un orden; después, un caos. Desde lejos, se observa la estructura, el andamiaje. Desde cerca, el sistema no sustenta nada, no tiene el sentido de lo habitual. Los detalles no corresponden al peso de la estructura, los materiales de lo micro son inadecuados para los de lo macro, algo no funciona como debería. En la instalación de 2009 *La fiesta de los metales* [FIG. 3] (la repetición en los títulos y en los contenidos tiene mucho sentido en Salazar) una enorme estructura metálica termina con una peluca de pelo largo de color negro en un extremo. Las líneas rectas, el juego de perspectiva, la utilización de neones, también marcando direccionalidades y, después, una peluca. Del frío al calor, del sistema al detalle. Una peluca podría llevar a un modo narrativo, a una historia a contar, a convertir lo real en explicación. Pero Salazar desmonta también las opciones de narratividad para acercarse a sistemas rotos y desordenados. Si los canales de televisión ven en el *zapping* cómo se desmonta su control emocional, lo que hará Pepo Salazar es directamente empezar por el *zapping*. Fragmentos, retazos, detalles de algo que no está necesariamente allí para indicar un recorrido predefinido. Y los momentos tampoco estarán necesariamente allí.

Hablamos de caos y de inadecuación, pero esto no tiene nada que ver con la precisión. Salazar es preciso. El gesto está marcado, el tiempo está pensado, el momento ha sido valorado. Precisión y gesto, máquina y acción. El resultado, la obra, es algo que aparece no fortuitamente, aunque la justificación del gesto no tendrá que seguir necesariamente los cánones. Buena parte de la fuerza de su trabajo reside en la importancia de que esto esté aquí y no allá. Cada paso es una reacción que parte de un tipo de proceso en el que la construcción se va definiendo no de un modo lineal sino como un espacio-tiempo deleuziano y, por lo tanto, particular. Y en esta definición de espacio-tiempo la reiteración tiene importancia. Algunas obras volverán a aparecer dentro de otras, algunos momentos e ítems se repetirán. Y aquí algo de lenguaje, aunque casi como si fuera un lenguaje no aprendido o borrado de inmediato. Sin entenderlo necesariamente bajo criterios de lenguaje, sino casi como un sistema de tono, un marcaje contextual. La reiteración y el *collage*, la mezcla y la repetición. La música electrónica, los parámetros de Bach o el *punk*.

Comentaba Salvador Dalí, en su *Declaración de la Independencia de la Imaginación*,[1] que resulta necesario destruir la unidad entre todo y parte para crear una mitología más allá de las fórmulas convencionales de una sociedad pragmática. Todo y parte, atomización, generación y uso de una mitología propia y oculta, incorporar miradas laterales y utilizar la repetición y la reiteración como sistema gestual en el que incidir en algo sin necesidad de hablar sobre ese mismo «algo». Si Dalí entiende su producción artística como una amalgama de procesos –industriales, compartidos, externalizados, particulares y de distintos tonos–, Pepo Salazar sigue con un tipo de trabajo donde la producción artística viene a ser algo así como una explosión en marcha. Conceptos como los de pérdida o aprovechamiento disfuncional de «activos» como pueden ser el tiempo, el capital económico y simbólico, la idea de «profesionalidad», la de producto o la de posesión material, la de inactividad (como posición designatoria en el contexto de un mundo siempre ultra-productivo) y, finalmente, la idea de lo atómico material y conceptual son también base ideológica de la producción de Salazar en el pabellón en Venecia.

En *Los Sujetos*, Pepo Salazar lo deja todo fuera. O dentro. Su trabajo se presenta en un entramado doble: por un lado, una estructura de metal y, por el otro, una pared de cristal al aire.

Líneas fuertes que marcan un espacio, líneas horizontales y apoyos verticales –con el peso del metal– que definen una longitud flotando desde cierta proximidad con la pared «real». Y, en esta retícula, se incorpora imagen en movimiento, proponiéndose este juego de relaciones entre imagen y objeto. Todo es importante, todo puede ser obra, todo es obra. La imagen en movimiento tiene elementos performativos, detalles de lo objetual, procesos de cierta oscuridad.

Frente a la estructura metálica, una pared de cristal nos separa, otra vez, de la definición inicial del espacio. Y tras el cristal una serie de objetos inauditos: entre ellos encontramos montañitas de Cheetos y una novela. Una novela escrita

1.
Salvador Dalí, *Declaration of the Independence of the Imagination and the Rights of Man to His Own Madness*, Nueva York, 1939.

2.
Pepo Salazar,
La fiesta de los metales,
Editorial Cru, 2015.

por el propio Pepo Salazar con el título, también, de *La fiesta de los metales*.[2] La novela está en la obra y, al mismo tiempo, es un campo abierto en el que otras de sus piezas aparecen. La novela de Salazar consiste en una serie de obras que se accionan desde la performatividad en la narrativa. Objetos y elementos –algunos presentes en el espacio del pabellón en Venecia– que se utilizan para encontrar lo inexplicable y dejarlo como tal. De algún modo, se trata de una novela sin trama, donde el presente es la secuencia de obras de arte que son explicadas desde la distancia corta, desde el *zoom* microscópico, desde su activación. Los detalles generan un todo, lo mínimo va sumando hasta aparecer en un magma que se desarrolla sin necesidad de buscar una narrativa al uso. Si Pepo Salazar trabaja con gran control del material, en la novela permite que las explicaciones y la información substituyan la experiencia de recepción habitual. Las obras no son, sino que pasan, se ejecutan. Y las obras son, también en papel, materia y materia fuera de lugar. Es significativo que, en una novela, las explicaciones de color se den en RGB. Vídeo y texto, contenido cambiado de lugar, percepción desde el lugar equivocado como motor de roce.

Hay más objetos, hay más metal, hay *collage*, hay una puerta que abre –o cierra– hacia otra sala. Y, en la otra sala, un enorme colgante en movimiento. En este ejercicio constante de recuperación y reiteración aparece de nuevo una pieza titulada *Biziak* [**FIG. 4 y 5**], un objeto mezcla de objetos y sonidos. Cadenas metálicas, micrófonos, tubos, camisetas, pelucas. Los mismos objetos que antes, los mismos objetos sin su significante original o con otra capa de significado. *Crossover*, saturación y presentación de elementos en el lugar equivocado. Una peluca, una foto de una revista, cera y una plancha de plexiglás en *Doom Son* [**FIG. 6**]. Objetos que se recuperan, elementos que saltan de obra a obra, propuestas que se releen, si es que alguna vez el ejercicio de re-lectura es posible. Y, en la amalgama atomizada, un tono, una capacidad de potencia, un disparo y múltiples acciones latentes. El metal y los Cheetos no tendrán el mismo tiempo de vida y evolución, la imagen en movimiento marca un tipo de consumo distinto que lo objetual, el *collage* incorpora una supuesta acción artesanal que se esconde en la estructura tubular. Todo está, todo es. Todo. Sin necesidad de más.

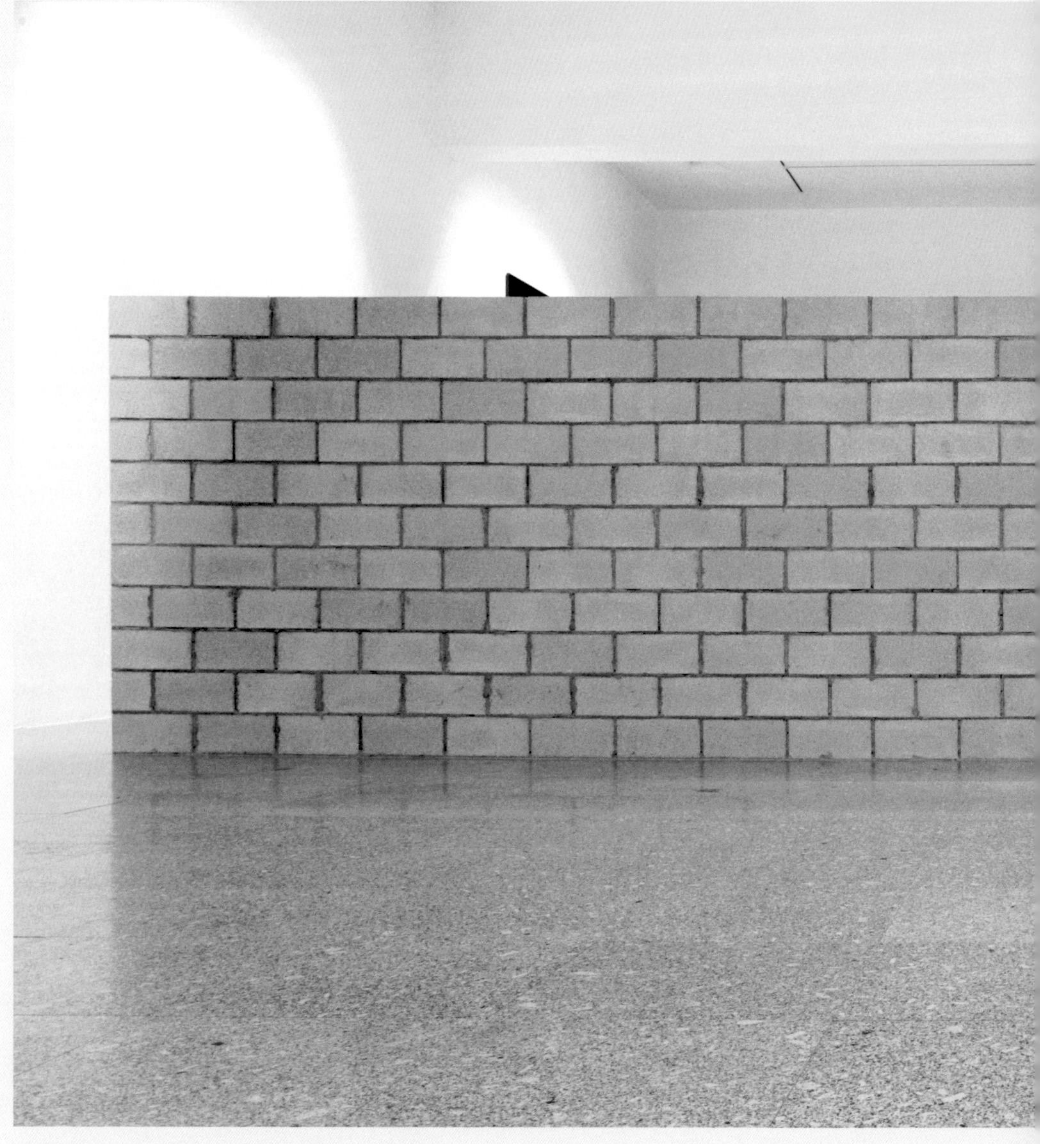

FIG. 1
Walk Among us / Attack, sustain, release, decay, 2009
ARTIUM

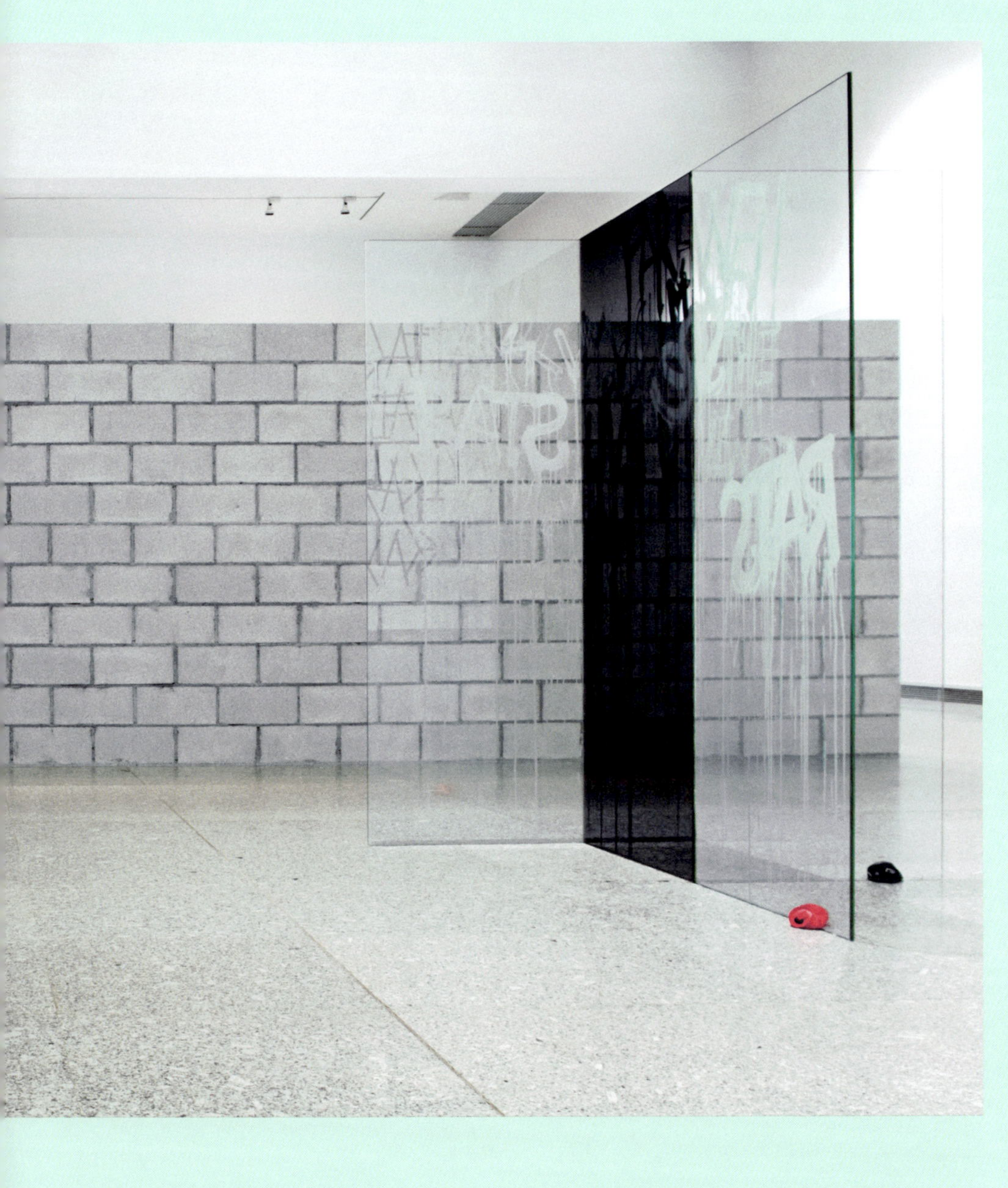

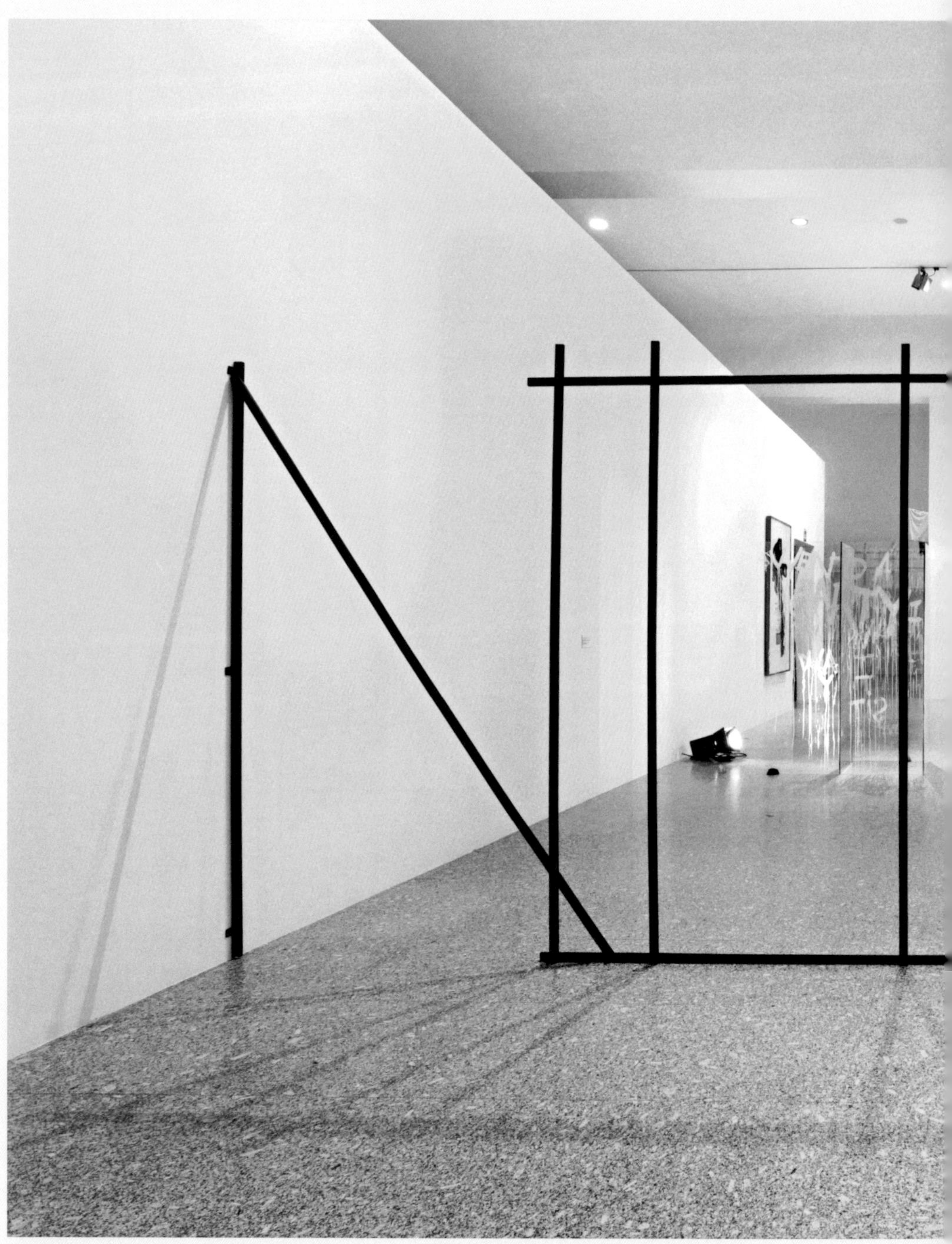

FIG. 2
White Noise, 2009
Acero, pintura 2G
Steel, 2G Paint

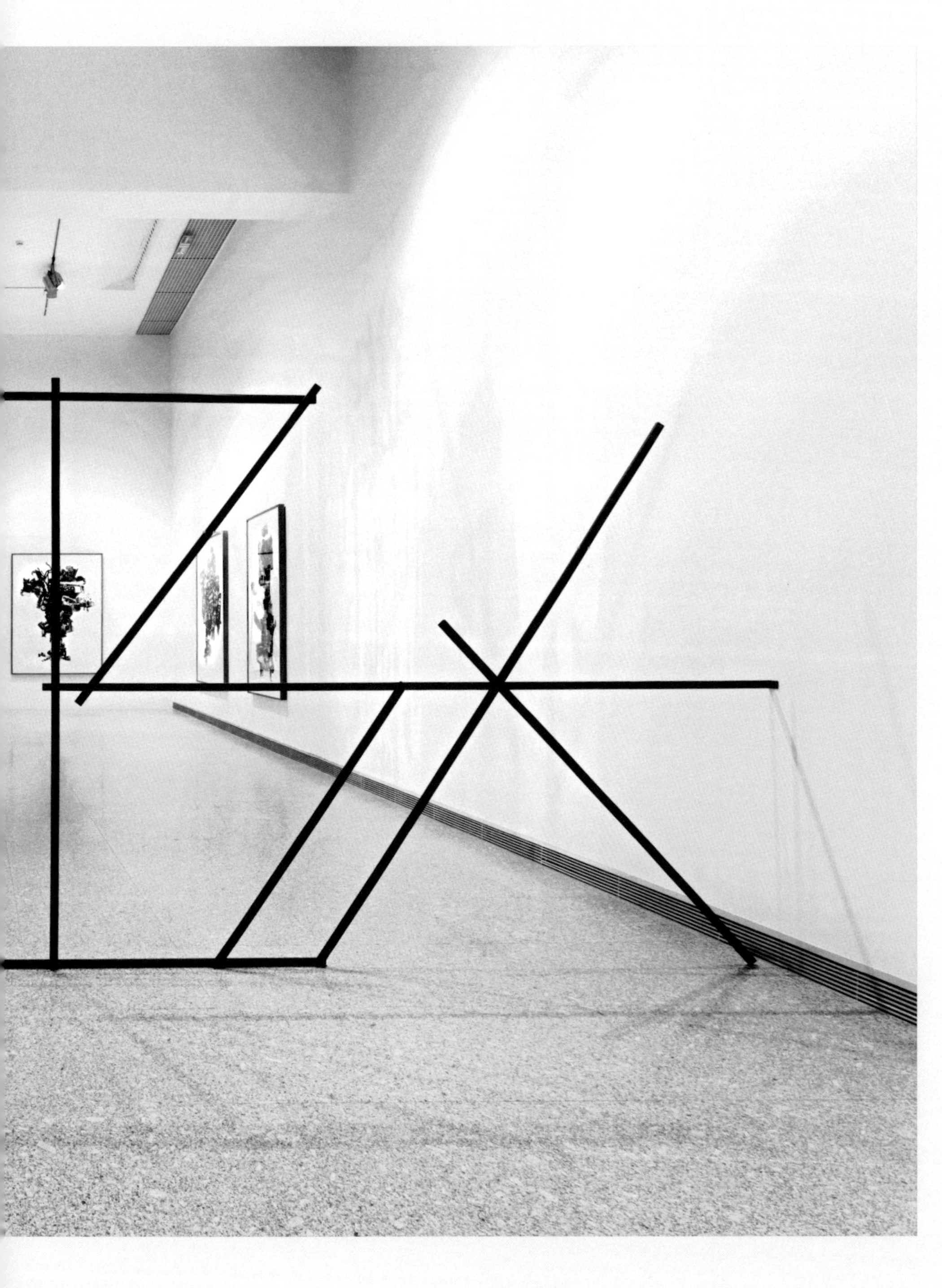

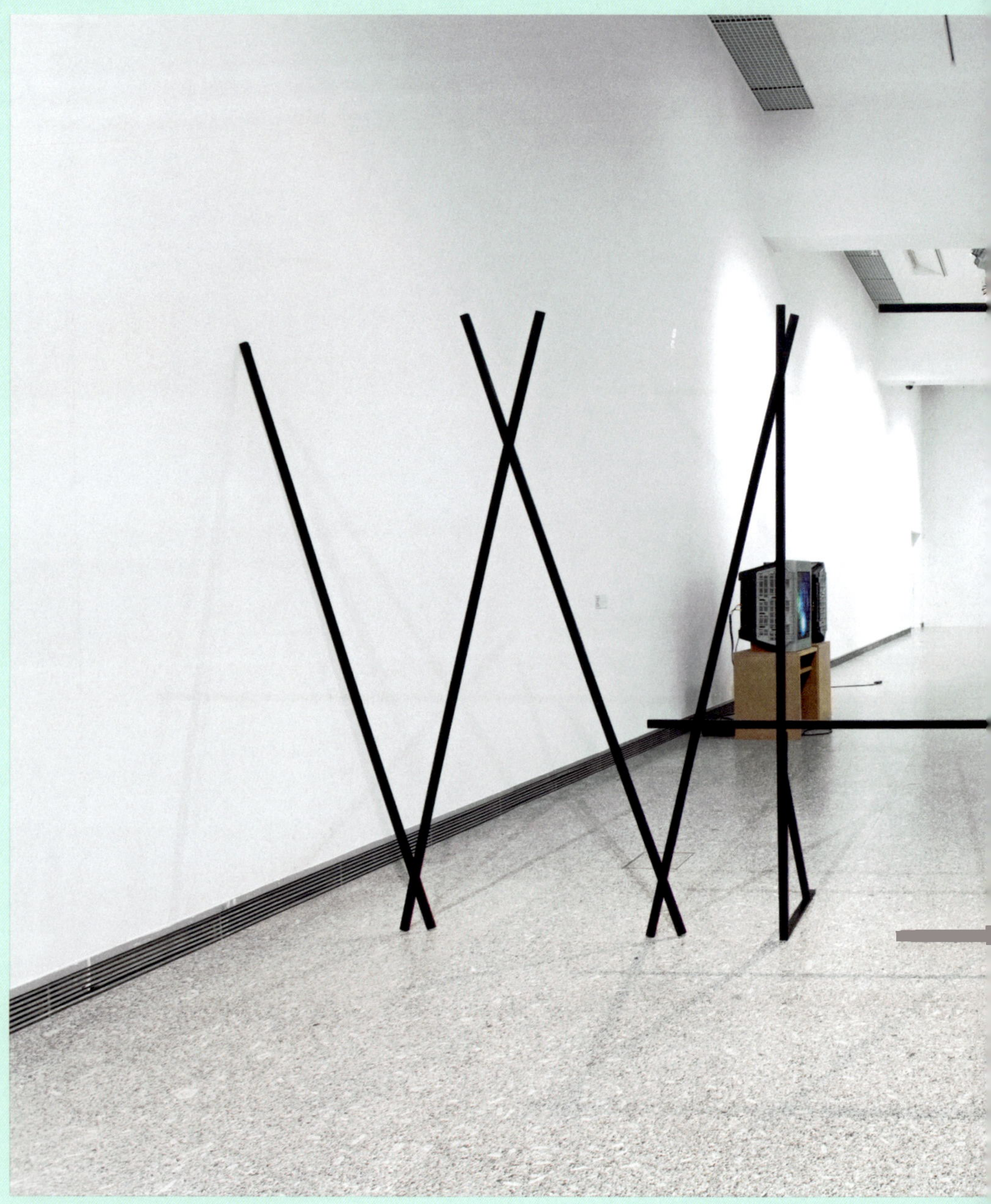

FIG. 3
Instalación sin título (*La fiesta de los metales*), 2009
Untitled Installation (*The Feast of Metals*), 2009

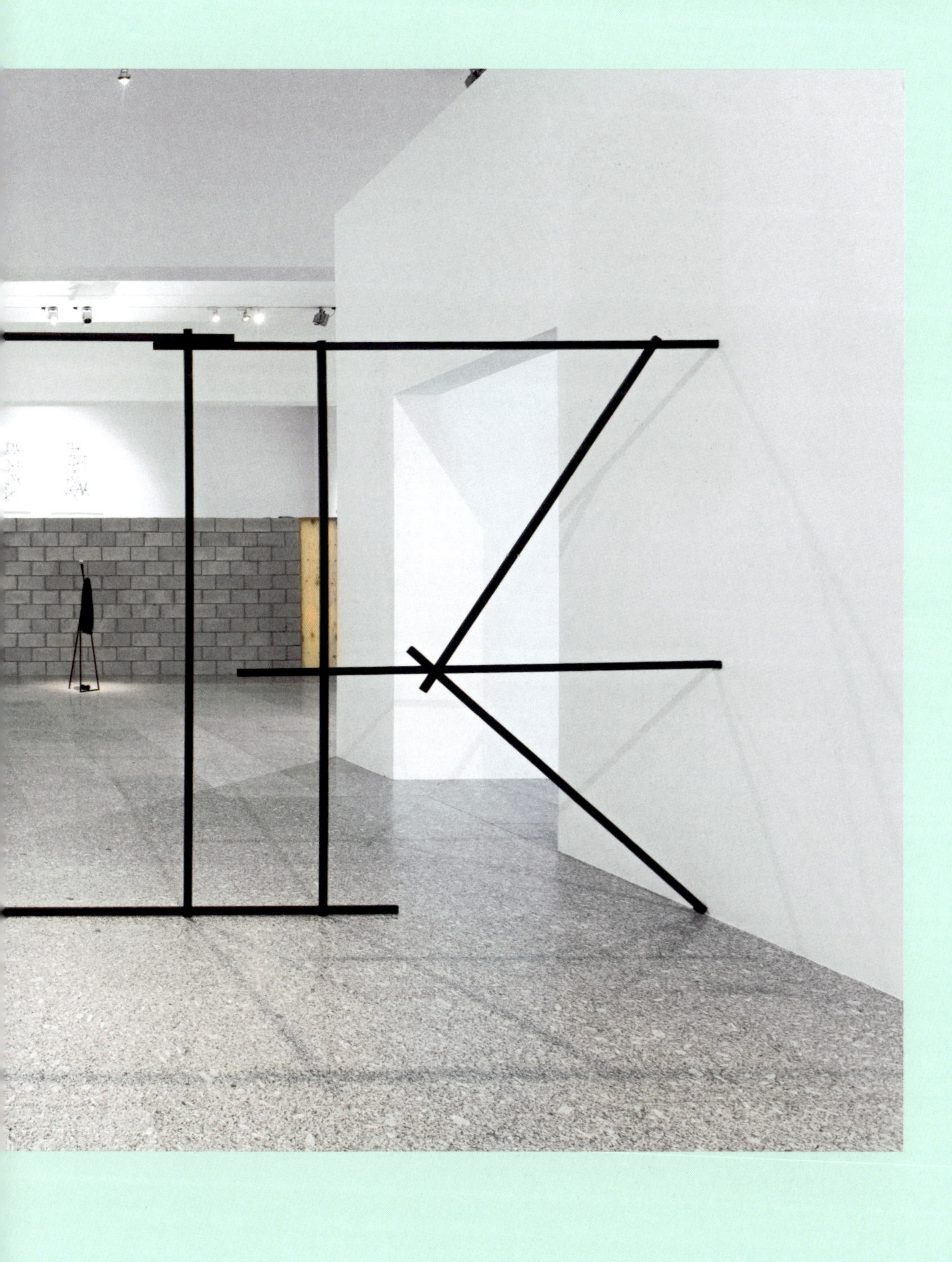

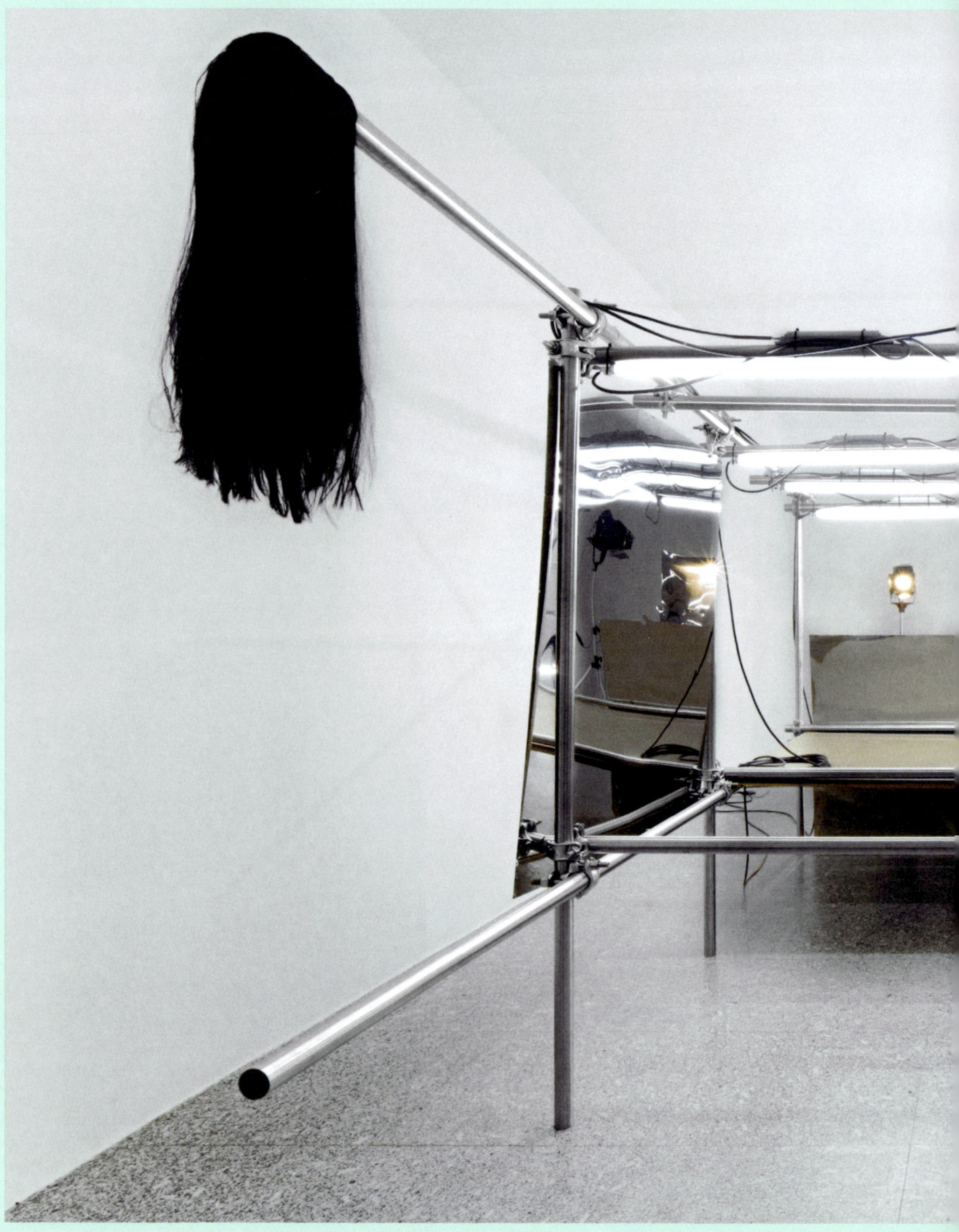

FIG. 4
Biziak 1, 2009
Tubos de acero inoxidable, cadena, sistema de sonido, micrófonos y objetos varios
Stainless-steel tubes, chain, sound system, microphones and various objects

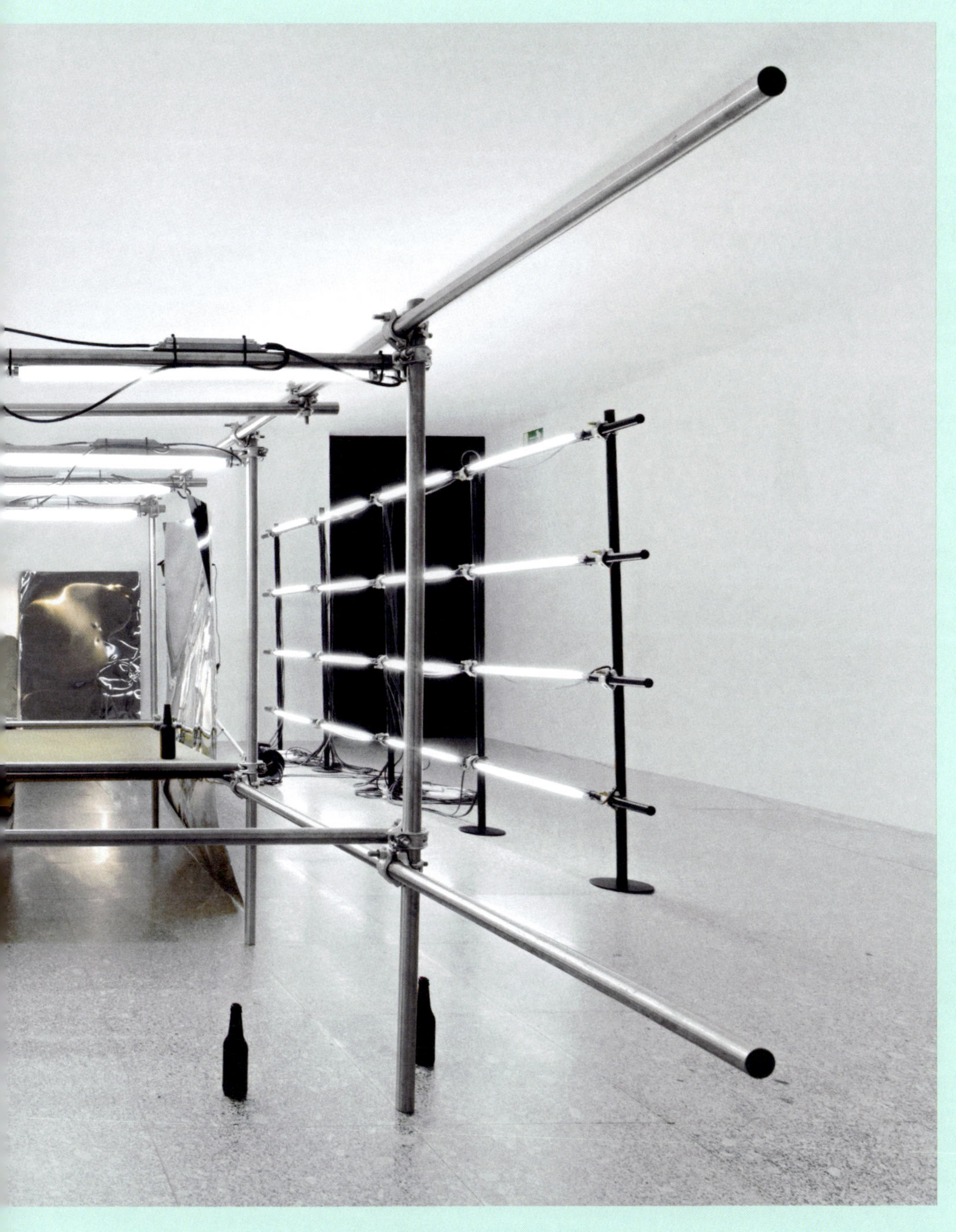

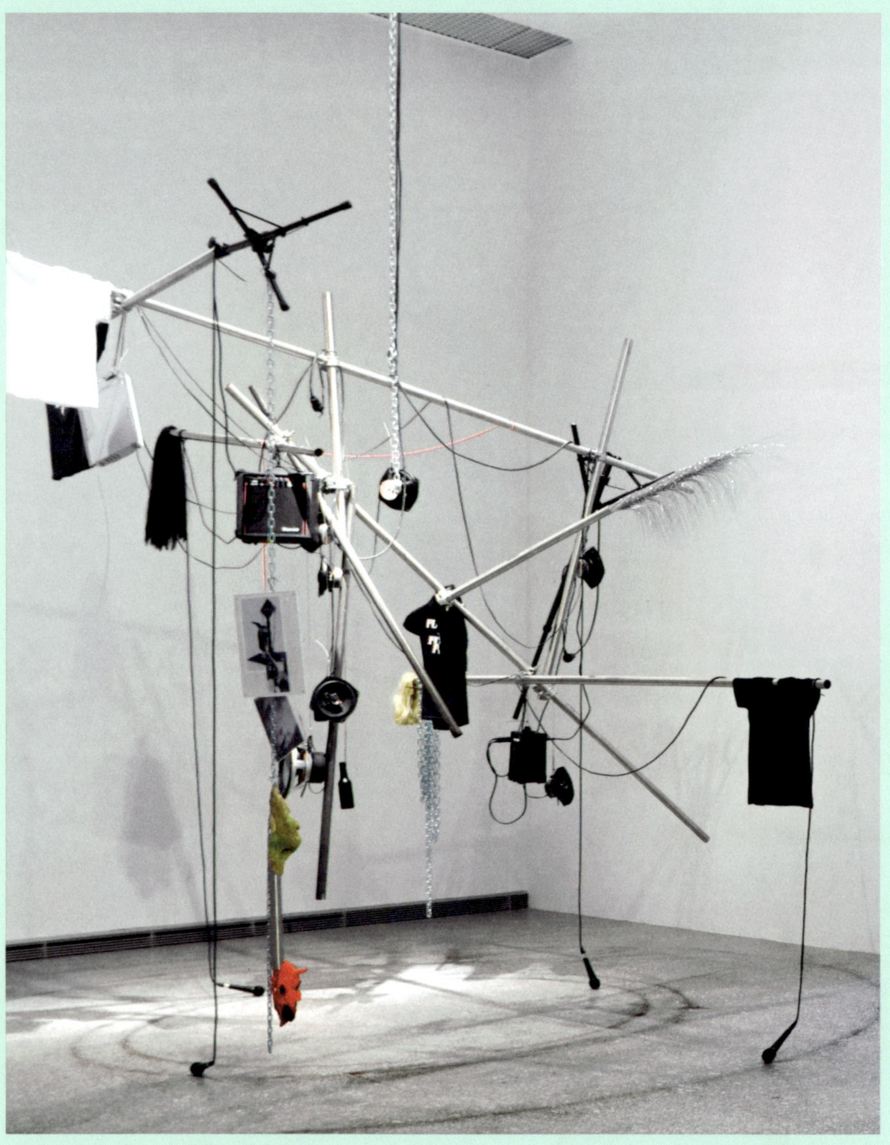

FIG. 5
Biziak 1, 2009
Tubos de acero inoxidable, cadena, sistema de sonido, micrófonos y objetos varios
Stainless-steel tubes, chain, sound system, microphones and various objects

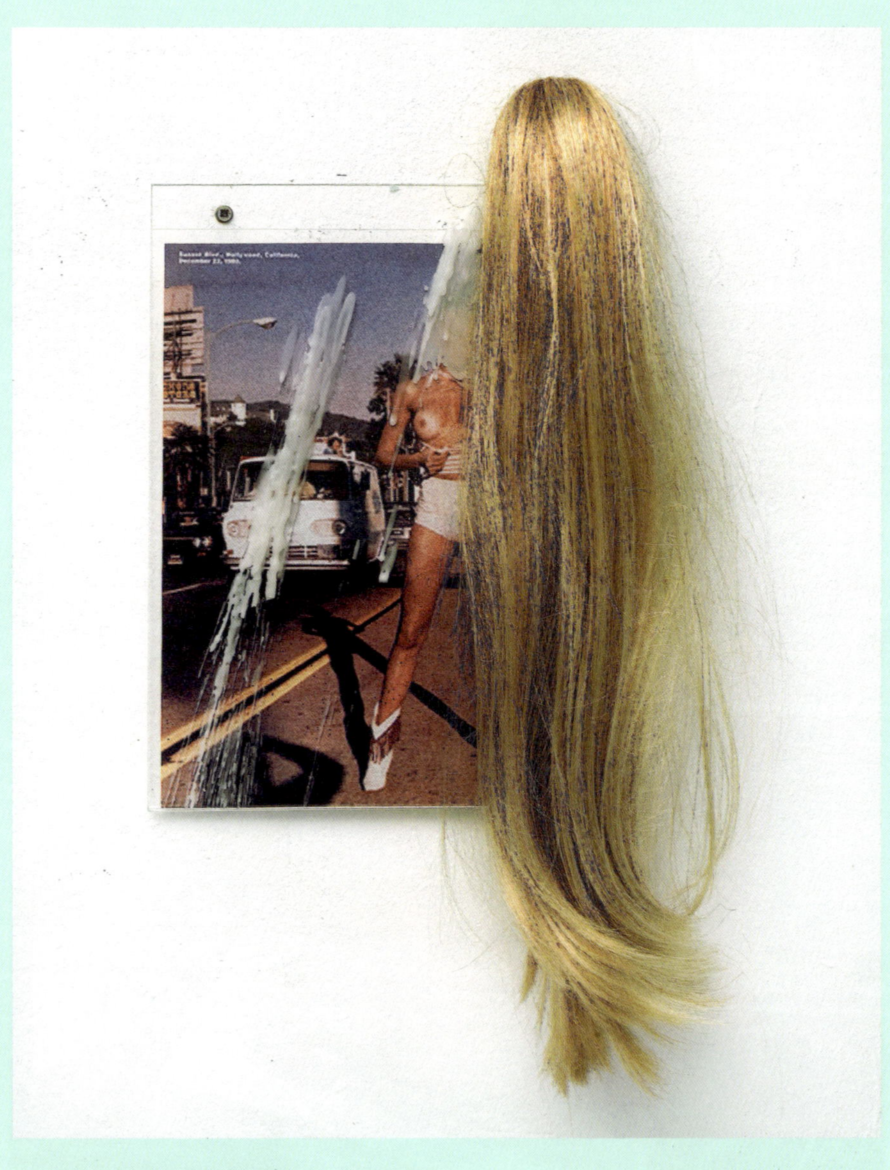

FIG. 6
Doom Son, 2010
Fotografía, plexiglás, peluca y cera
Photograph, plexiglass, wig and wax

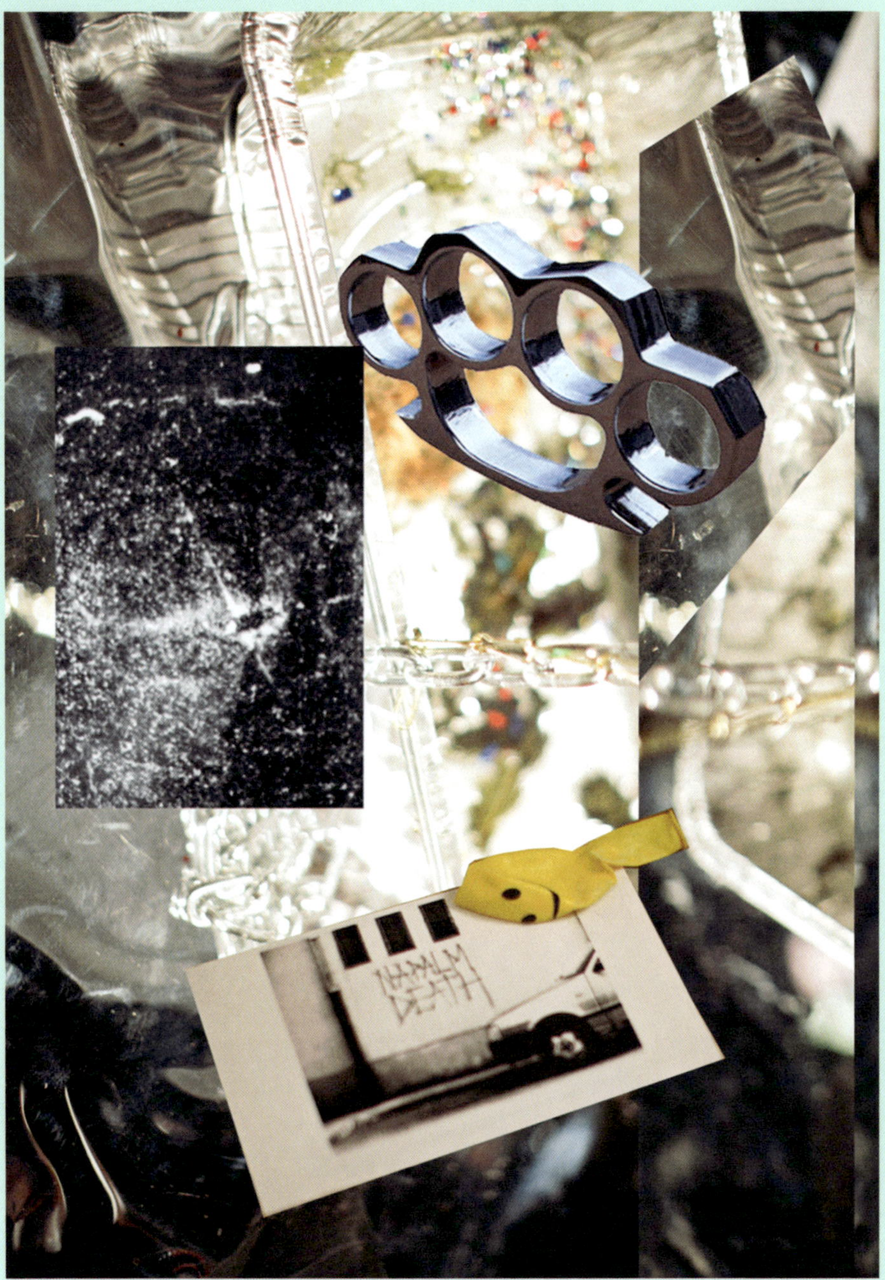

FIG. 7
Meas como una chica / You pee like a girl. Yellow, 2011
Collage fotográfico
Photographic collage

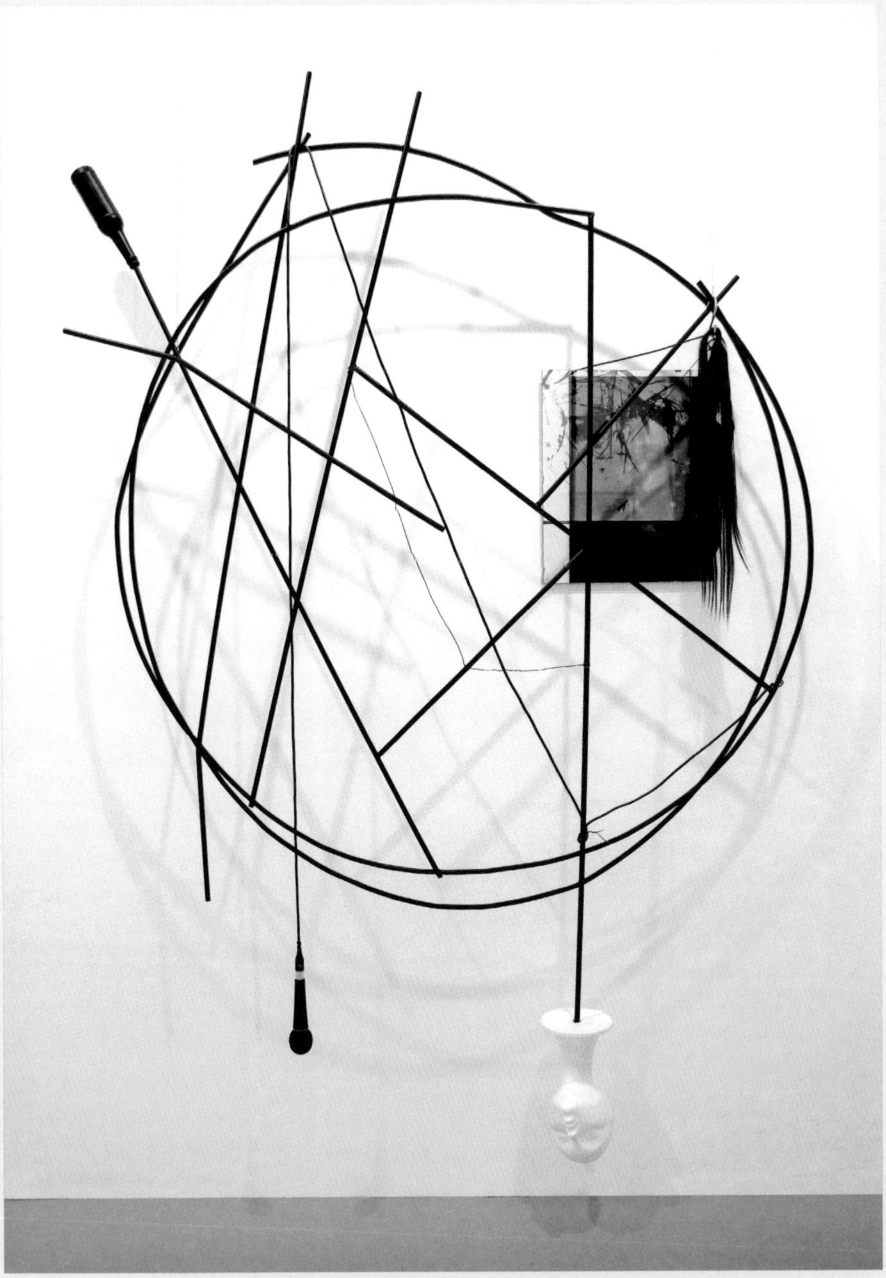

FIG. 8
Love your neighbour (Double failure), 2011
Acero, pintura 2G, *collage*, peluca, micrófono, maniquí, alambre
Steel, 2G paint, collage, wig, microphone, mannequin, wire

Metals, empty spaces, noises and times

Martí Manen

144

PEPO SALAZAR (Vitoria, 1972) mixes artistic creation with an infinite number of layers, defining systems of approach that are demanding for both viewers and participants. The recovery of cultural objects and content occurs with a degree of violence and sensuality, which are two aspects of the same process, beginning with a reconsideration of the object and relationship with materials in a review of modernity that faces up to a fragmented and chaotic reality.

Simultaneously proposing limits and overcoming the very idea of limits, Pepo Salazar's work approaches a multitude of possibilities and plays with chaos. Implicit in his position as an artist are absolute variability, open options and constant atomization. The work lies in its definition, in the occupation of a field.

Salazar works in an atomized manner, mixing moments and typologies, defining his role as a broad framework in which all options are possible. Artworks connected to each other, layers of information and the disappearance of the object precisely through its own overloading. Pepo Salazar broadens the capacity for artistic action, surpassing standard forms through a vast knowledge of what it means to make art. A novel, a disk, an installation, a collage, a video, the generation of a moment, tension—all are part of Salazar's work and all are works by him. And in conceptual definition lies a spectral approach to practice itself. Pepo Salazar's work closes in upon itself, yet paradoxically it also opens out without difficulty.

The difficulty lies in taking a preconceived approach. Reducing everything to zero, beginning, continuing, continuing. Accepting zero is not a common undertaking, but it is key to contemporary art's position and development.

Pepo Salazar constantly mixes the elements within his working practice, and those "elements" can be anything: references to Bruce Nauman, Internet videos that make no sense at all, the importance of material, the repetition of sound or the employment of chance as a valid methodology. Salazar's research moves into areas that are not necessarily linguistic, although the elements he employs do share something of a secret vocabulary. Pieces develop, their emotional elements are complex and the layers of information they contain involve an approach planned over time. Sensuality and power relations are constantly in the air, as are difficulty and the exercise of distance.

One tactic he uses is the denial of space in order to negotiate moments. In various works, Pepo Salazar defines alternative ideas of space in the exhibition itself. The work is not simply an installation, but an attack on the idea of display, a subtle, parallel undermining of codes on the basis of brutality. The work enters dialog and negotiation equally with the layout of the exhibition and with visitors, carving up the space and rendering action impossible.

Imagine a wall, a wall in the middle of an exhibition space, a rough industrial wall [FIG. 1]. It is part of Pepo Salazar's work. Imagine a piece constructed with aluminum tubes painted black and bent, appearing almost fragile, to spell the words "White Noise" [FIG. 2]. In the middle of the room, with no space left for adjustment to the limits of the white page that is now the exhibition space. Right to the edges. Two words threateningly impede any passage for the viewer. Can those two words be overcome? Can they be crossed? Are they really two words? The metal construction cuts the space into two halves, in one of which the words are read backwards and could therefore be "simply" sculpture, material, mass —like white noise, a sum of frequencies suggesting a disagreeable totality. White noise as sound and also as image. As Pepo Salazar recalls in his novel, *The Feast of Metals*, white noise is the mixture of haphazardly jerky black and white dots that used to fill television screens after programming was over. The channel was occupied by noise in the form of an aleatory (randomly generated) and complex signal. That definition makes sense for Pepo Salazar also: an aleatory and complex signal that plays with language or with what language signifies. Everything is in the present, everything is mixed, everything is simultaneously generated by chance elements and within a supposed range of control. And we should add that white noise is also saturation: it recognizes that a channel needs content, no matter what kind, in order to have purpose, to exist.

Salazar opens and closes spaces. He generates situations that it makes no sense to attempt to interpret. The customary approach to the medial and the desire for understanding when confronted with what is being observed are only halfway fulfilled: you can process the physicality of the information but without necessarily gaining any logical understanding. Besides open or closed spaces, other identification coordinates appear, such as inside/outside: to be inside a work, inside an exhibition, or outside of discourse, outside the regulated. To leave someone out requires a power relationship. Through his work and his willingness to push the expository capacity to the limits through installation, Salazar directly addresses the constraints of institutional control. It is no longer a matter of the exhibition's linguistic codes, but rather the work that has also been converted into a space for order. There it is. You can see it, but it takes a personal decision to overcome one's internalized norms and reach the other side in order to be inside. And there is no comfort inside.

One element of that missing comfort is the recognition of status and level that helps us know where we are. In day-to-day classification, the basic, ancient and traditional criteria still hold sway: race, sex, class, high or low culture. The problems arrive when these classifications are mixed up; if one overcomes the dichotomies, control is lost. Moreover, when the mixture appears to ignore existing codes, disquiet enters the situation. Pepo Salazar uses a diverse range of cultural ingredients without distinction in his artistic creation. The music he employs could be heavy metal or conceptual minimalism. The material can be stainless steel or Cheetos. The work can reference philosophy or mundane everyday events. Anything can exist or take place at the same time. In a reality in which we are bombarded with content, unwillingness to classify becomes a reaction to an experience of the overwhelming: in the face of an onslaught of content, one suspends all judgment. This is not a matter of postmodern distancing, but instead a valid contemporary attitude. Passing from surrender to counterattack, understanding that refusing to exercise control over forms is an active choice, that paying no attention to codes is rebellion and enjoying it is prohibited. Beauty emerges from that enjoyment, a beauty that is chaotic, cold, austere and out of place.

Beauty, strength, purity. Pepo Salazar's works do not hide, but they do not necessarily ask us to look at them or approach them either. There they are, in the present, with a plethora of details that will gradually emerge as we choose the distance or proximity from which to view them. First order and then chaos. From a distance, we see the structure, the scaffolding. Up close, the system is not supporting anything, it lacks any customary meaning. Something does not function as it should. The details do not correspond with the structure's weight, the micro-materials are inadequate for the macro-materials. In the 2009 installation *The Feast of Metals* [FIG. 3] (repeated titles and contents have considerable meaning in Salazar's work), an enormous metal structure winds upward with a wig of long black hair at one end. The work employs straight lines, a play on perspective and neon tubes that also mark direction. And then there is the wig. From cold to warm, from system to detail. A wig could lead to a narrative mode, a story to recount, turning the real into an explanation. But Salazar dismantles the narrative options in order to approach broken, disordered systems. If the emotional control exercised by television channels is thwarted by zapping, then zapping is Pepo Salazar's default position. Fragments, scraps, details of something that is not necessarily there to indicate a predefined itinerary. And the moments are not necessarily there, either.

What we are are talking about is chaos and maladaption, but these have nothing to do with the degree of precision employed in their execution. Salazar is precise. The gesture is chosen, the time it takes is thought out, the moment has been evaluated. Precision and gesture, machine and action. The result, the work, is something that does not appear fortuitously, even though the gesture's justification will not necessarily have to obey the rules of the canon. Much of his work's strength lies in the importance of things being here and not there. Each step is a reaction that begins with a type of process in which the construction is not defined in a linear fashion, but rather in terms of a Deleuzian space-time, which is therefore particular. And in this definition of space-time, reiteration matters. Some works reappear inside others, some moments and items are repeated. And there is something of language here, although it is almost as though it were an unlearned language, or one immediately erased—not necessarily to be understood with the usual linguistic criteria, but instead almost as a tonal system, a contextual tracking. Reiteration and collage, mixture and repetition, electronic music, Bach's parameters, punk.

In his *Declaration of the Independence of the Imagination,*[1] Salvador Dalí commented that it is necessary to destroy the unity of the whole and its parts in order to create a mythology beyond the conventional forms of a pragmatic society. Whole and part, generation and atomization, the use of a personal, hidden mythology including side glances and the employment of repetition and reiteration as a gestural system with which to influence something without having to talk about that same "something." While Dalí considered his artistic production an amalgam of industrial, shared, externalized, particular and variegated processes, Pepo Salazar follows him with a kind of work in which artistic production becomes something like an explosion in progress. Concepts like the loss or dysfunctional exploitation of "assets" such as time, economic and symbolic capital, the ideas of "professionalism," product or material possession, of inactivity (as a designative position in the context of a constantly ultra-productive world) and finally, the idea of the materially and conceptually atomic constitute the ideological basis for Salazar's production at the pavilion in Venice.

In *The Subjects*, Pepo Salazar leaves everything out... or in. His work is presented as a double structure: on the one hand a construction of metal and on the other a wall of glass in the air.

Strong horizontal lines and vertical supports mark out the space, bearing the weight of metal, defining a volume floating at a certain distance from the "real" wall. And inside thisgrid, a moving image proposes a play of relations between image and object. Everything is important, everything can be work, and all of it is the work. The moving image has performative elements, details of objective, somewhat dark processes.

Facing the metal structure, a glass wall again separates us from the initial definition of the space. Behind the glass

1.
Salvador Dalí, *Declaration of the Independence of the Imagination and the Rights of Man to His Own Madness,* New York, 1939.

2.
Pepo Salazar,
La fiesta de los metales,
Editorial Cru, 2015.

are a series of unexpected objects, including little piles of Cheetos and a novel. It is a novel written by Pepo Salazar himself, and it, too, is called *The Feast of Metals*.[2] The novel is in the work, and at the same time, it is an open field in which other works of his appear. Salazar's novel consists of a series of works operated by performativity in the narrative. Objects and elements, some of which are present in the Venice pavilion's space, are used to reveal the inexplicable and leave it that way. Somehow this is a novel without a plot, where the present is the sequence of artworks explained from close up, through a microscopic zoom, to bring about their activation. The details generate the whole, the minimum builds up until it erupts in a magma that occurs without the need for common narrative. While Pepo Salazar exercises great control over his materials, in the novel he allows the explanations and information to replace the usual experience of viewing the works. The works do not so much exist as happen—they are executed. And the works on paper are also matter, and matter out of place. It is significant that in the novel the explanations of color are given in the RGB color model. Video and text, content whose location has been changed, perception from the wrong place is what drives the contact.

There are more objects and more metal, there is collage, there is a door that opens—or closes—onto another hall. And in that other hall there is an enormous, moving pendant. Out of this constant process of recovery and reiteration a new piece called *Biziak* [FIG. 4 & 5] takes shape, a work that combines objects and sounds: metal chains, microphones, tubes, t-shirts and wigs. The same objects as before, the same but stripped of their original meaning, or with another layer of meaning added. Crossover, saturation and the presentation of elements in the wrong place. A wig, a magazine photo, wax and a sheet of plexiglass feature in *Doom Son* [FIG. 6]. Objects recovered, elements that leap from one work to another, proposals that are reread, if the exercise of rereading is even possible. And through this atomized amalgam a constant tone, a capacity for power, a gunshot and multiple latent actions. Metal and Cheetos do not have the same lifespans or periods of evolution, the moving image requires a different kind of consumption to that of objects, and collage includes a supposedly artisanal action hidden in its tubular structure. All is included, and all of it is. All. With no need for more.

Pepo Salazar

152

1. What rests from a total
(The metal party Venice
version)

2. The very elements of
the right of succession
(high performance alliance).
Work it out, work it out.
Keep it moving higher,
keep it building higher

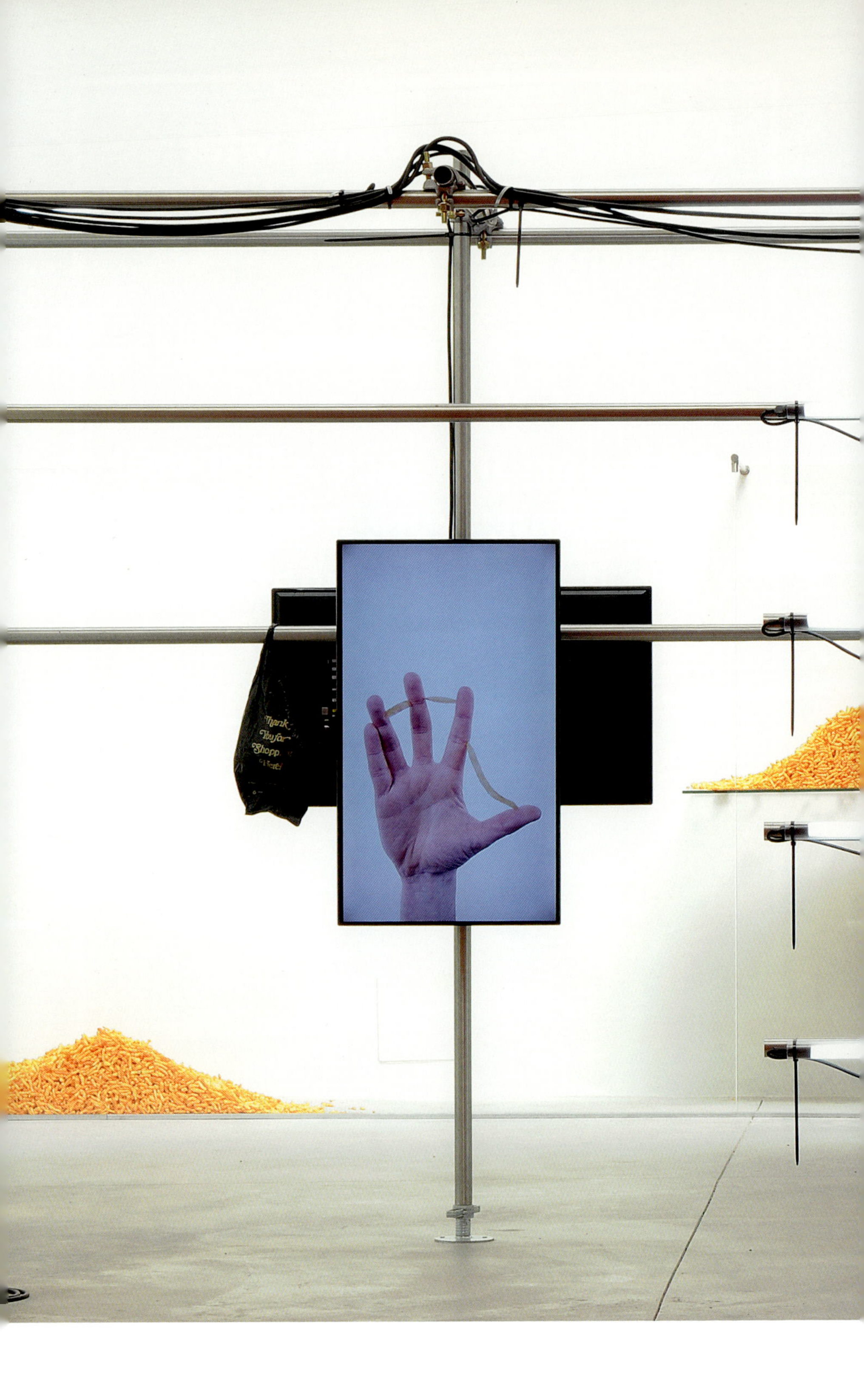

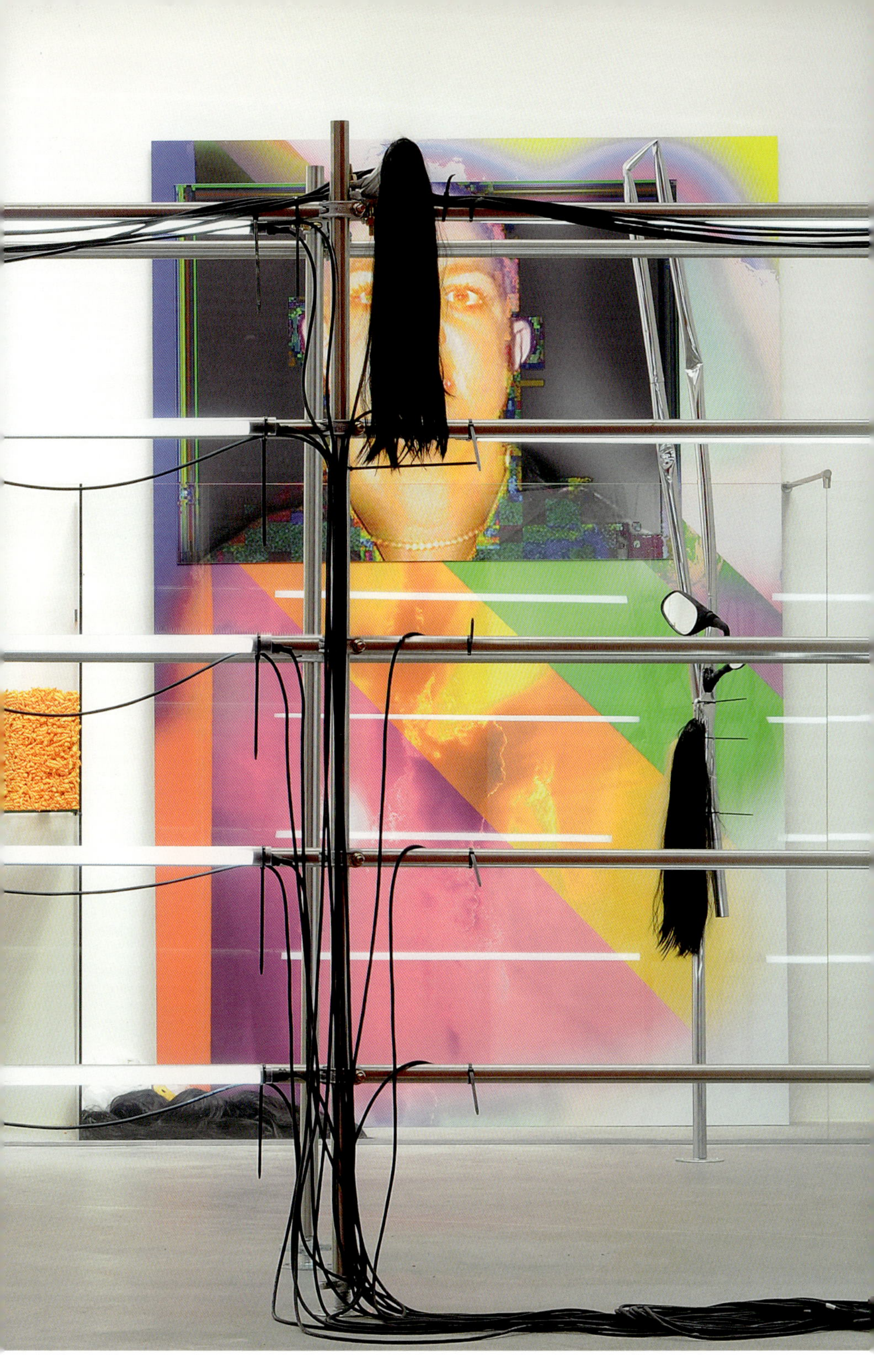

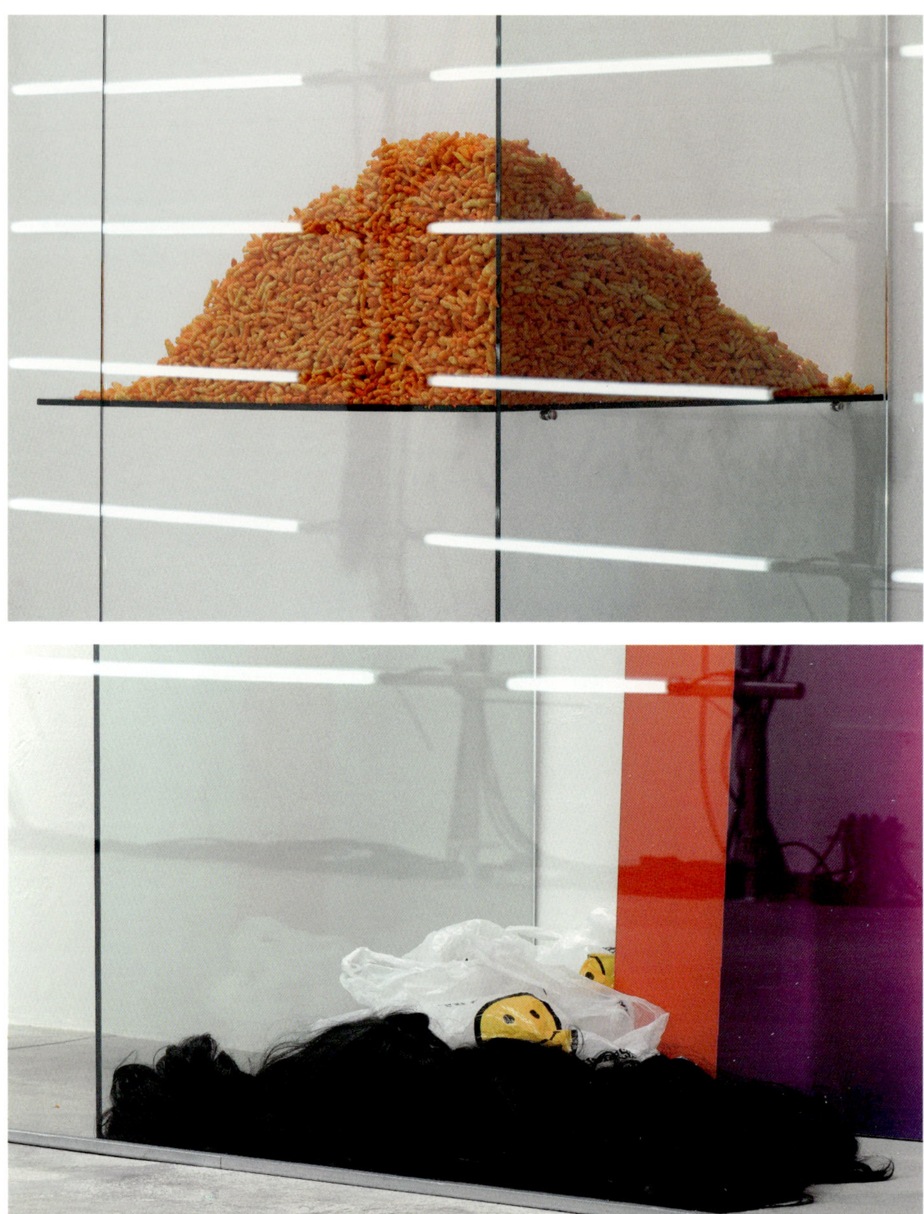

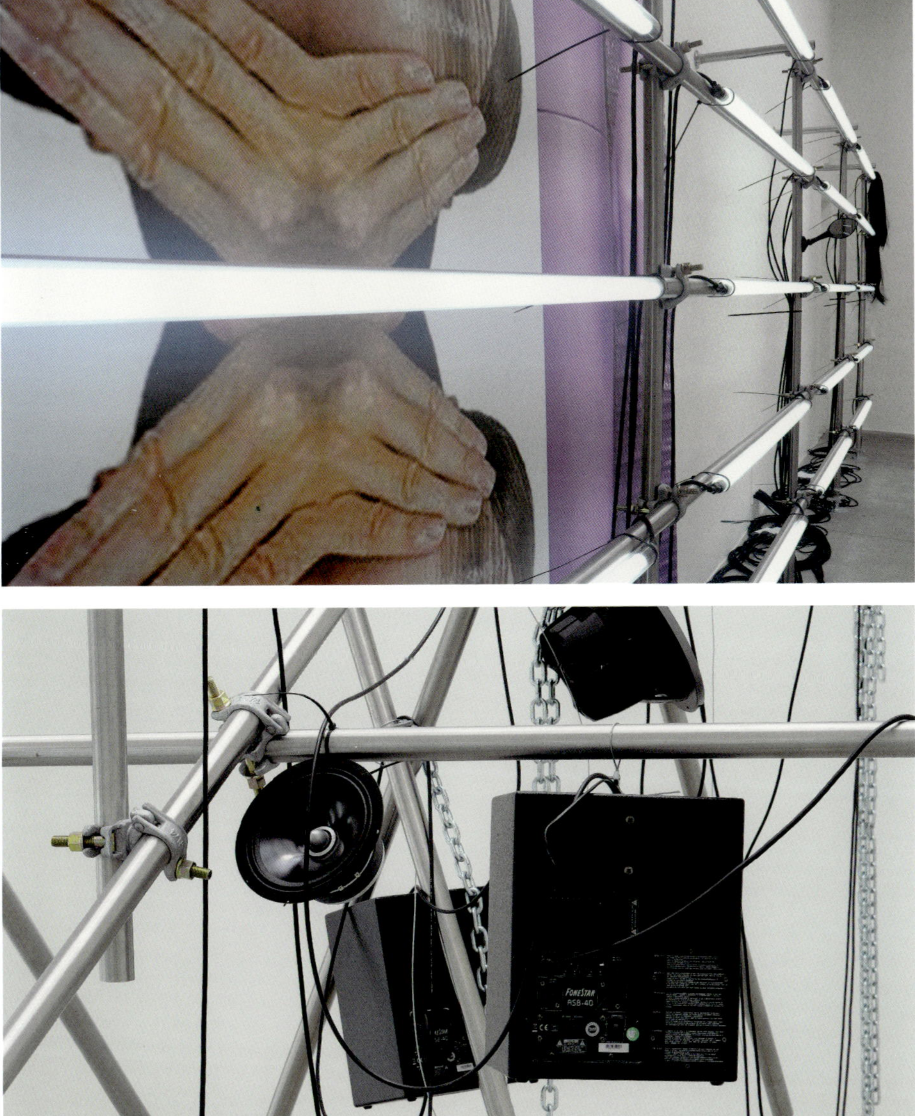

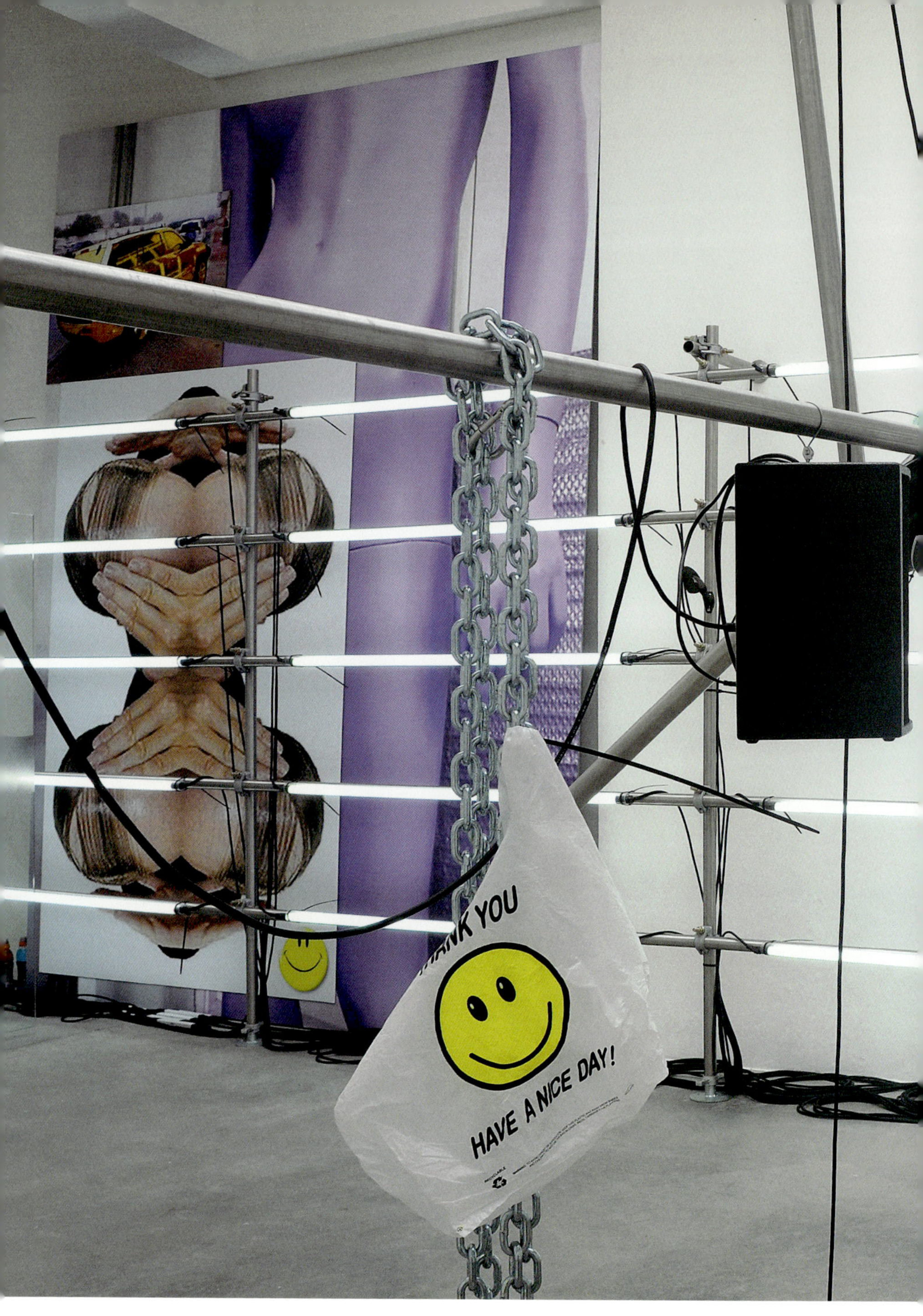
THANK YOU
HAVE A NICE DAY!

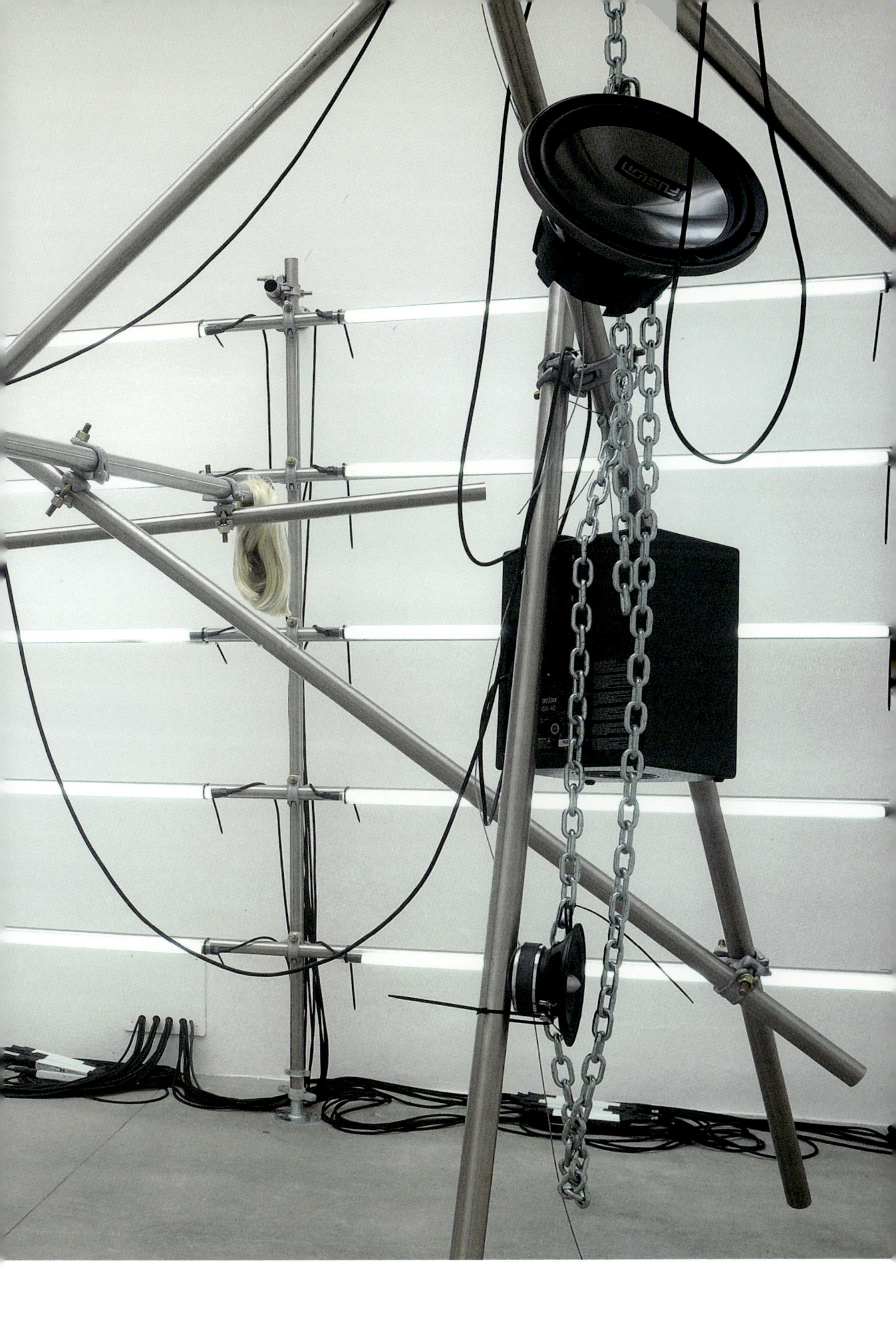

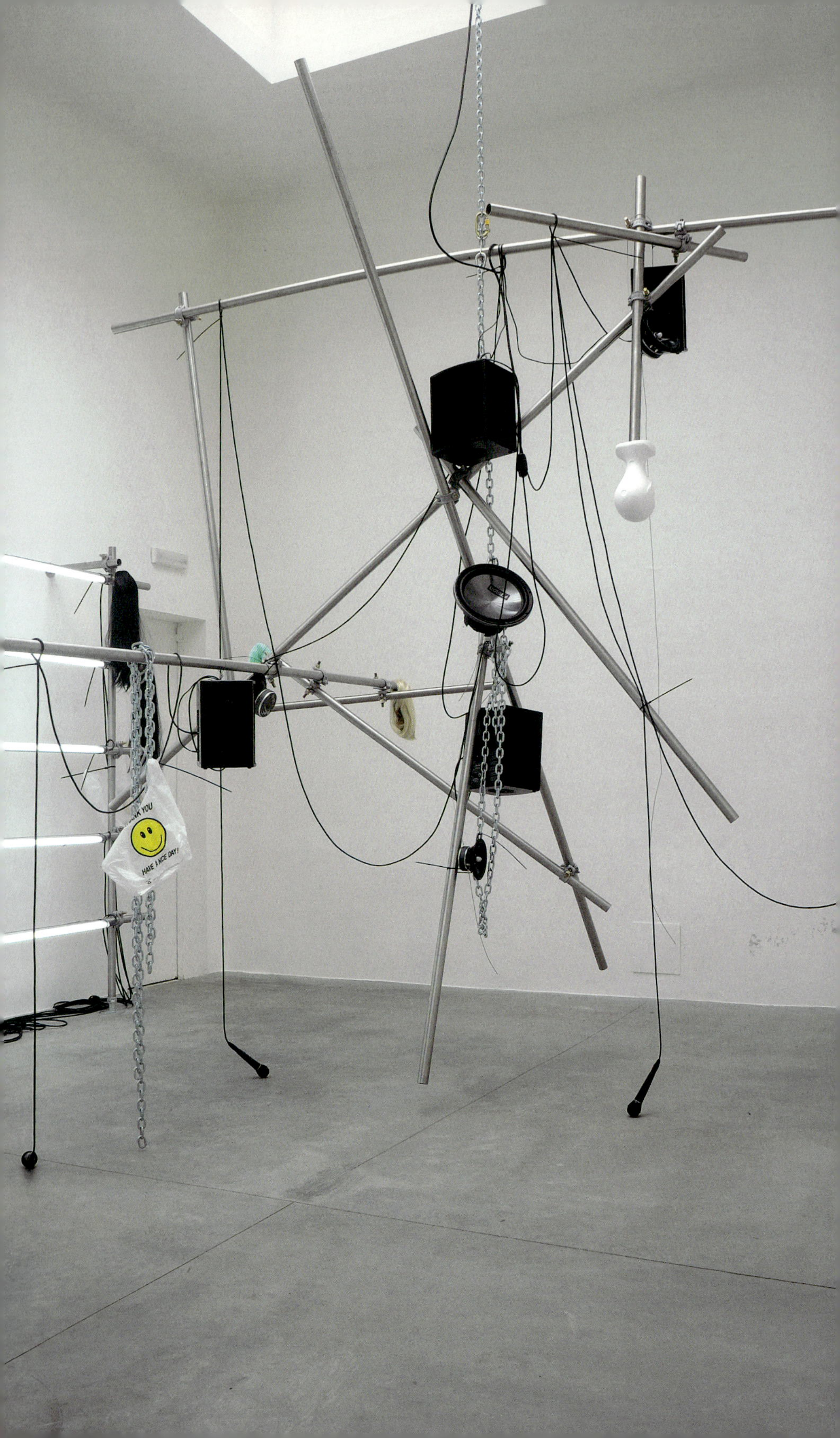

THANK YOU
HAVE A NICE DAY!

Apéndice:
Los Sujetos
y los contextos

Appendix:
The Subjects
and their contexts

Cuatro miradas para una aproximación contextual. Desde la afectividad, la vinculación contextual, la performatividad y el juicio de lo internacional

Con los textos de Manuel Segade, Paloma Checa-Gismero, David Armengol y Blanca de la Torre

163

Four readings for a contextual approach. From affect, contextual ties, performativity and international judgment

With texts by Manuel Segade, Paloma Checa-Gismero, David Armengol and Blanca de la Torre

La historia no se repite, pero rima

Debemos intentar acostumbrarnos a una perspectiva en la que cada acto de lectura, cada práctica interpretativa local, sea comprendida como el privilegiado vehículo a través del que dos modos distintos de producción se confrontan e interrogan entre sí... Si somos capaces de hacer esto... ya no tenderemos a ver el pasado como un objeto inerte y muerto que somos llamados a resucitar, preservar o mantener en nuestra propia libertad de vida; por el contrario, el pasado se convertirá en sí mismo en un agente activo en este proceso y comenzará a presentársenos como una forma de vida radicalmente diferente que se alza para poner en cuestión nuestra forma de vida propia, para legarnos su enjuiciamiento y, a través de nosotros, el de la formación social en la que existimos. En ese punto las dinámicas del tribunal de la historia misma se revierten inesperada y dialécticamente: ya no somos nosotros a quienes corresponde el juicio al pasado, sino que es el pasado mismo... el que nos enjuicia, imponiendo el doloroso conocimiento de lo que no somos, de lo que ya no somos más, de lo que no somos todavía.

Fredric Jameson,
The Ideologies of Theory. The Syntax of History[1]

1.
Trad. del autor. Texto original: «*We must try to accustom ourselves to a perspective in which every act of reading, every local interpretive practice, is grasped as the privileged vehicle through which two distinct modes of production confront and interrogate each other... If we can do this... we will no longer tend to see the past as some inert and dead object which we are called upon to resurrect, or to preserve, or to sustain, in our own living freedom; rather, the past will itself become an active agent in this process and will begin to come before us as a radically different life form which rises up to call our own form of life into question and to pass judgment on us, and through us on the social formation in which we exist. At that point, the very dynamics of the historical tribunal are unexpectedly and dialectically reversed: it is not we who sit in judgment on the past, but rather the past... which judges us, imposing the painful knowledge of what we are not, what we are no longer, what we are not yet.*» Fredric Jameson, *The Ideologies of Theory. The Syntax of History*, University of Minessota Press, Minneapolis, 1988, p. 175.

Manuel Segade

2.
Craig Owens fue una de las grandes voces en la definición de la postmodernidad, editor de *Art in America* y colaborador de *October* y fallecido en 1990 a los cuarenta años por complicaciones del sida. Para la distinción elocutoria tomó como referencia las teorías del lingüista francés Émile Beneviste.

3.
French Theory es el nombre de un corpus de conocimiento emanado de la academia francesa en los años sesenta y setenta y asumido en las universidades anglosajonas desde principios de los setenta. Incluye pensadores como Claude Lévi-Strauss, Gilles Deleuze, Michel Foucault, Félix Guattari, Louis Althusser, Julia Kristeva, Jaques Derrida, Jean-François Lyotard, Jacques Lacan, Jean Baudrillard, Roland Barthes o Hélène Cisoux.

4.
Michel Foucault, *Las palabras y las cosas*, Siglo XXI, México DF, 1998.

El historiador del arte estadounidense Craig Owens,[2] cuando intentaba definir lo que caracterizaba las prácticas artísticas que ocurrían en la postmodernidad, insistía en un proceso, visible ya en Marcel Duchamp, que había comenzado con un desplazamiento en el modo de elocución con consecuencias revolucionarias: la tercera persona a la que se dirigían las producciones culturales del régimen de representación del clasicismo mutó hacia una segunda persona del singular; del registro de la Historia, el arte entraba en el registro del discurso y, desde entonces, ya no se trata más de la voz perspectiva, lógica, distante, indiferenciada y autoritaria, dirigida a un objeto receptor, sino de una exhortación a un sujeto posible, al «tú» del espectador. Owens pertenecía a una generación de teóricos que asumió las evoluciones del pensamiento estructuralista y postestructuralista, la French Theory[3] en Estados Unidos, y que comenzaron a ser influyentes en Europa a mediados de los años ochenta y, en el caso español, una década después con la llegada de sus traducciones. Sus aportaciones fundamentales a la teoría del arte se resumían en un programa crítico con un doble objeto: el autor y la representación. La segunda persona del modo exhortativo abría las puertas precisamente a una autoría blanda y diferida, capaz de absorber diversas filiaciones discursivas y de tomar forma en multiplicidad de medios. En paralelo al momento en que Owens escribe en publicaciones y participa en debates intelectuales a finales de los años ochenta, la teoría comienza a depositarse de forma natural en la producción artística occidental como una red interpretativa, como una viscosidad sin precedentes que desplaza poco a poco el rol de la crítica de arte como agenda del discurso.

Fue la teoría crítica postmoderna quien rompió definitivamente la equivalencia entre realidad y representación. El llamado régimen clásico de representación[4] se basaba en la supresión de toda evidencia del aparato representacional, su autoridad estaba justificada precisamente por el orden racional del mundo mismo del que era espejo, con un valor epistemológico y un grado de verdad asegurados. El legado de la French Theory, en su regreso al continente europeo en los años noventa a través de su traducción anglosajona, es la comprensión de la práctica artística como un ejercicio de representación que no se plantea como un universal abstracto más, sino como un caso, cada vez, particular. Después de los neoexpresionismos de las transvanguardias de los años ochenta, se proscribe el mito del lenguaje primigenio, analógico o romántico, tanto en la visión del artista enunciador como en la producción misma, lo que propicia el regreso a la especificidad del cuerpo que profiere un lenguaje: a una explosión micropolítica.

Como consecuencia de este nuevo modelo y del rescate genealógico de las prácticas conceptuales, el arte europeo se vuelca en lo que hasta entonces era su fuera de campo. La definición formal predominante se escurre entre los dedos de la crítica hasta que el parergon se convierte en el núcleo del trabajo:[5] la problematización del ejercicio de referencialidad desplaza el centro del discurso a los marcos o casillas que propician la lectura de una obra, ya sea la institución, la tradición artística, la legitimación social o su medio de representación.

Los dos grandes tópicos ambientales que definen las respuestas a la cuestión del hacer fueron el impulso alegórico y la teatralidad. La estrategia alegórica sitúa la autoconciencia del acto de lenguaje como centro de toda significación: los textos alegóricos se pliegan sobre sí mismos, abismados, con referencias a otros textos y no a un exterior en lo real.[6] El destino del habla es ser el depósito o archivo de una suerte de serie fragmentaria de textos apilados sin fin, añadiendo texto al texto, como en una biblioteca borgiana ilimitada. Por otro lado, la teatralidad deriva de la necesidad de que las obras ocurran en lo real, no como un régimen de representación mimético, sino como un elemento más que convive con el

5.
Jacques Derrida, *La verdad en pintura*, Paidós, Buenos Aires, 2001. Es este nuevo paradigma el que explica el rechazo frontal a la pintura en la teoría del arte de los años noventa.

6.
La recuperación de la alegoría como figura discursiva fundamental en la postmodernidad se relaciona directamente con la recuperación de la filosofía de Walter Benjamin (sobre todo de su obra *El origen del drama barroco alemán*) por teóricos deconstructivistas de la literatura como Paul de Man. Craig Owens escribió dos textos fundamentales a este respecto: *The Allegorical Impulse: Toward a Theory of Postmodernism*, partes 1 y 2). En España fue José Luis Brea el responsable de su actualización con *Nuevas estrategias alegóricas* (Tecnos, Madrid, 1991). Un resumen de la difusión e interpretaciones de la alegoría en las últimas décadas puede verse en Gale Day, *Dialectical Passions: Negation in Postwar Art Theory*, Columbia University Press, Nueva York, 2011. Como muestra esta propia cita, desde entonces no hay escapatoria para los procedimientos alegóricos ni en la escritura misma sobre arte.

resto de las cosas del mundo.[7] En el caso español, ambas estrategias se convirtieron en norma durante gran parte de los años noventa, para luego ser depositadas, más que en el lenguaje, en el marco teórico o leyenda sobre la producción que permite explicar la carrera de un artista: cada presentación pública, cada trabajo, como un ejercicio performativo, eventual, que viene a añadirse a otro mayor, como si cada producción no fuese sino un subtexto de una textualidad más amplia que es lo que se entiende por trayectoria. Es el cruce de trayectorias lo que permite precisamente identificar los vectores que marcan el ritmo de su Historia.

‡

Una exposición colectiva en un pabellón nacional convierte inevitablemente su selección de artistas participantes en un caso de estudio, en una muestra significativa de una cuestión cronológica y geopolítica, sobre todo para la mirada exótica del público extranjero. De hecho, los artistas Helena Cabello (París, 1963) y Ana Carceller (Madrid, 1964), Francesc Ruiz (Barcelona, 1971) y Pepo Salazar (Vitoria, 1972) han nacido en el arco de una década y han comenzado a exhibir públicamente en la segunda mitad de los años noventa. El comisario de esta edición, Martí Manen (Barcelona, 1976), también pertenece a esa misma marca temporal que podría llamarse generación, así como las artistas que han representado a España en las dos últimas ediciones de esta Bienal: Lara Almarcegui (Zaragoza, 1972) y Dora García (Valladolid, 1965).

Una muestra colectiva propicia la deformación o la obsesión por extrapolar a partir de las prácticas de los artistas un aire de época, por adscribirlos a un grupo concreto que permita dilucidar las razones de su presencia continuada en la escena artística de los últimos años, una especie de pulsión o de interpretación forzada que corre el riesgo de la identificación, de contribuir a la fijación de un canon, de inmovilizar posiciones como en un presente continuo. Pero la hipótesis de la representación generacional y nacional es también un vector de oportunidad para hacer de esa anamorfosis historiográfica un contrarrelato que pueda anticipar una respuesta a partir de la reconstrucción de una discursividad compleja: hacer de ese hecho hipotético un *sentido común* que permita explicar la posición desde la que estos artistas hablan; reconstruir el contexto que les ha dado lugar para entender las contaminaciones que han posibilitado sus opciones; narrar desde una posible interioridad ese campo artístico que inevitablemente señala la manera en que el arte español contemporáneo ha de ser visible a día de hoy. En lo que quiera que tenga que resultar como una diferencia.

Fue en los años noventa cuando la escena artística en el estado español comenzó a dotarse de infraestructuras –intelectuales e institucionales, de formación y de exhibición–, apurando una puesta al día estimulada desde arriba, en vertical, en el mismo momento en que la teoría crítica de la postmodernidad se convertía en la vara de medir de su tradición artística reciente. Los artistas que comenzaban a desarrollar su trabajo en el momento de formación de este nuevo paradigma se empaparon en las estrategias de crítica o de apropiación pero también de mercadotecnia del sistema del arte global de las últimas décadas. En la producción de los años noventa es evidente la confrontación con los procesos de gestación misma de su campo: la proliferación institucional, fruto del complejo de retardo derivado de la dictadura franquista, la introducción de programas de formación en Bellas Artes[8] y la construcción de un mercado del arte profesional, proporcionaba visibilidad a una serie de nuevas prácticas, al tiempo que condenaba las emergencias a un afuera subcultural que tiende a confundirse con la crítica institucional.[9] Como consecuencia, comenzar a desarrollarse como artista en este momento turbulento suponía necesariamente responder a una economía psíquica determinada: sobre los artistas jóvenes o en formación la permeabilidad a la recepción teórica y la distancia entre ella y las prácticas a su disposición generó un alza subjetiva, no solo como distinción dentro de un campo social mayor, sino como un vector de producción. En todo Occidente, las rupturas lingüísticas postmodernas fueron un vehículo utilitario para dar voz a todo lo otro: feminismos, LGBTQs, postcolonialismos y decolonialismos ampliaron el abanico de articulaciones de habla para que la red de posiciones subjetivas legitimara toda diferencia ya no como forma de vida, sino como práctica artística. Ahí se distingue una ventaja militante, ya que si algo ha aportado la inflación del mercado

7.
La discusión sobre la teatralidad en el arte contemporáneo se inicia a través de un texto crítico de Michael Fried («Art and Objecthood», en *Artforum*, n.º 5, junio de 1967) en el que arremetía contra la literalidad teatral del arte minimalista. Su diagnóstico formalista, una vez eliminada la carga moral conservadora contra el arte de su tiempo, es válido todavía hoy para definir el destino de las prácticas artísticas después de los sesenta.

8.
Es importante darse cuenta de que precisamente el conservadurismo de los programas universitarios de formación en Bellas Artes y la escasa presencia de artistas importantes en activo como profesores lleva a un extremo individualismo las propuestas de los artistas, cuando no al exilio en el exterior.

9.
Martí Peran ha escrito en *Diez apuntes para una década (Arte español de los 90)*: «[los] noventa, los años siguientes, representan en primer lugar el momento en que el arte contemporáneo español inicia su disolución por activa (mediante su conversión en mercancía espectacular) y por pasiva (por la obligatoriedad de ensayar formulas y procesos alternativos que, progresivamente, alejan al arte de sus espacios naturales)». http://www.martiperan. net/print.php?id=18>

10.
Esto también lo recuerda
Lars Bang Larsen en
«The Long Nineties»
(*Frieze*, n.º 144, enero-
febrero de 2012).
http://www.frieze.com/
issue/article/the-long-
nineties/

y el interés de las políticas de partido por el arte contemporáneo en el estado español es la certificación del poder de la representación: la conciencia de la utilidad y capacidad de influencia de los productos culturales contemporáneos en la esfera pública. Esto genera una conciencia de pertenencia a una minoría discreta que es a la vez público y actor, muy consciente de cómo los gestos propios contribuyen a la elaboración de la propia escena.

A lo largo de la década de los noventa se producen fenómenos socioculturales que suponen una transformación en las posibilidades de contacto y en la concepción de sus redes y flujos: la confrontación con la dominación cultural estadounidense, la redimensión del centro y la periferia con la revolución tecnológica de internet, los imperativos de la socialización que imponen los nuevos dispositivos de comunicación portátiles, la ampliación discursiva de Occidente con la disolución de las fronteras con el Este europeo, la movilidad de la población del Sur con las guerras civiles que sacudieron África, las consecuencias de la devastación de la plaga del sida... Al mismo tiempo, se produjo la eclosión del neoliberalismo como forma económica relacional y, como Foucault intuyó, este constituía una forma de gobierno eminentemente social.[10]

Las nuevas infraestructuras en el estado español propiciaron un acceso a la cultura contemporánea sin precedentes y la falta de tradición se convirtió a la vez en una necesidad de reinventarla, de conectar con ella. La frialdad conceptual y el profesionalismo contrastaban decididamente a medida que finaliza la década con un arte que generaba lazos afectivos con diferentes consecuencias. Los ejemplos son innumerables, con trabajos como los de Tere Recarens, Carles Congost, Ana Laura Aláez, Joan Morey, Ester Partegàs, Sergio Prego, Itziar Okariz, Azucena Vieites, Xoan Anleo, Salvador Cidrás, Federico Guzmán, Susy Gómez, Marina Núñez... La comprensión de estas prácticas no como discrepancia, sino como parte de la gran tradición de los nuevos comportamientos artísticos ha comenzado a narrarse solo en los últimos años. Con la difusión de la *Affect Theory*, se ha comenzado a reorientar la propia historia del arte conceptual para introducir en ella el afecto:[11] la red que compone el pensamiento estructuralista permite emerger nuevas metodologías artísticas, pero el sistema de pensamiento estructural conlleva efectos colaterales que tejen un espacio emocional. El teórico social Brian Massumi describe el afecto como «aquellos huecos entre las posiciones en una red».[12] Sin afecto ningún sistema ideológico o interpretativo puede existir. En el pensamiento de la *New Left* de los años ochenta y en el marxismo –que hace unos años parecían trasnochados y hoy, en los tiempos de la crisis, vuelven a ser tan relevantes– hay una máxima de Fredric Jameson que incide precisamente ahí: «La historia es lo que duele».[13] Es esta genealogía afectiva y conceptual desde la crítica de la representación la que permite devolver la Historia al arte contemporáneo a partir de narrativas exhortativas sobre las formas de vida: las historias afectivas que transcurren entre los cuerpos. Lo que afecta es lo que vuelve a los individuos partícipes del acontecer de la Historia. Los afectos son un juego dialéctico que se produce a través de formas representacionales, tecnológicas y sociales, cuyas historias se superponen. Y eso es lo que permite, a través del arte, devolver la Historia a la experiencia como acontecimiento. Como escribió Baruch Spinoza: «Nadie, en efecto, ha determinado todavía de lo que un cuerpo es capaz».[14]

Los cuerpos encadenan acontecimientos que hacen de la Historia un presente a reconstruir: no para vivirla, sino para detectarla en su representación, como una imagen ya construida en una memoria que ya no sabemos si es nuestra, pero es compartida. Esa producción de contacto explica la insistencia en la crítica a los procesos identitarios y la apertura a los agenciamientos subjetivos, intermitentes, frágiles y fluidos, es decir, a la disidencia, al inconformismo y a la resistencia. De hecho, ese acontecimiento, el devolver a la Historia la fluidez del cuerpo, al agenciamiento subjetivo, recuerda

11.
Por citar un ejemplo, Eve Meltzer, *Systems We Have Loved: Conceptual Art, Affect, and the Antihumanist Turn*, The University of Chicago Press, Chicago, 2013.

12.
De la introducción de Melissa Gregg y Gregory J. Seigworth, *The Affect Theory Reader*, Duke University Press, Durham, 2010.

13.
«*History is what hurts, it is what refuses desire and sets inexorable limits to individual as well as collective praxis, which its "ruses" turn into grisly and ironic reversals of their overt intention. But this History can be apprehended only through its effects and never directly as some reified force. This is indeed the ultimate sense in which History as ground and untranscendable horizon needs no particular theoretical justification: we may be sure that its alienating necessities will not forget us.*» Fredric Jameson, *The Political Unconscious: Narrative as a Socially Symbolic Act*, Cornell University Press, Nueva York, 1982, p. 102.

14.
La frase de Spinoza se convirtió en un *leitmotiv* del proyecto de crítica de la identidad para Gilles Deleuze, muy presente en sus libros programáticos escritos junto a Félix Guattari, como *El antiedipo* o *Mil mesetas*.

15.
Félix Guattari y Suely
Rolnik, *Micropolítica.
Cartografías del deseo*,
Traficantes de sueños,
Madrid, 2006, p. 62.

16.
Noción prestada de
Stuart Hall.

17.
Arteleku es un centro
de arte contemporáneo
fundado en 1987 donde
la investigación, el taller
y el intercambio se
convirtieron en la forma
de trabajo, sustituyendo
la programación
expositiva convencional
por modalidades de
encuentro y actividad
relacional.

18.
Oleadas o fases de
actualización que
teóricas como Anna
Maria Guasch han
transformado en
sucesivos «giros» (de
género, archivístico,
etnográfico...) o que
José Luis Brea intentó
transformar en forma
de revoluciones
epistemológicas en la
academia, como con
los «estudios visuales».

mucho a la noción de Félix Guattari de la revolución molecular: «La revolución molecular consiste en producir las condiciones no solo de una vida colectiva, sino también de la encarnación de la vida para sí misma, tanto en el campo material, como en el campo subjetivo».[15]

En otros términos, más que una cuestión ideológica, lo que los artistas realizaron en la segunda mitad de los noventa fue definir un sistema central de valores compartido[16] contra la convencionalidad: frente a la simultaneidad del mercado, a la cultura del *famoseo* fabricada por los medios y a las funciones sincronizadoras de las modas desde el poder institucional, los artistas construían al margen de las jerarquías a partir de modelos de participación micropolítica, como ocurrió, por ejemplo, en la referencia fundamental de Arteleku en Donostia.[17] El llamado *Social Turn* en el arte contemporáneo español no ocurrió solamente en cuanto a los temas tratados en la obra de los artistas y en sus exposiciones sino que constituyó un cambio generacional en el modo de producción misma: a la vez que en los campos de la teoría, la crítica y la historia del arte los escritores se esforzaban en equiparar el vocabulario y la gramática con voluntad de actualizarla o simultanearla al nivel del exterior,[18] los artistas abordaron la apertura al diálogo entre prácticas, el desarrollo de metodologías susceptibles de ser compartidas, el roce afectivo en la construcción de escenas locales, la activación de sus audiencias en formas de comunidad y, sobre todo, la conciencia de pertenencia a la precariedad –material y simbólica– de un campo en permanente (re)construcción.

La gran hipótesis de Fredric Jameson en torno a la postmodernidad es que los productos culturales del tardocapitalismo avanzado son síntomas de una superestructura económica dominante que pautan su representación en lo social. En el sistema del arte español la producción artística ha sido y es todavía un subcampo social que escapa a esa lógica por falta, precisamente, de mercado –entendido este en un sentido amplio: economía del arte, coleccionismo, mercado institucional y posibilidades de difusión pública del trabajo–. Esto es lo que, como corolario, ha permitido a esta generación de artistas vincular la visibilidad internacional con ocasionales muestras institucionales nacionales, a adquirir presencia en el mercado interno pero también a no abandonar nunca un contacto social vinculado al tejido de espacios e iniciativas independientes. Esa discontinuidad del afuera es la que explica su lenguaje más allá de la convención, donde lo generacional es una forma de disolución en políticas del tiempo, del afecto y de la Historia. Más que tomar como opción la independencia, son las industrias mismas de la conciencia las que marcan su destierro. Pero lejos de un aislamiento en la torre de marfil, su respuesta generacional ha sido la filiación con lo social, con la presentación del otro. O más bien, abrir paso en cada producción a la tarea de representarnos.

‡

Como ha indicado Martí Peran,[19] pertenecer a una tradición fragmentada por la dictadura permite también desligarse de la obligación de terminar el proyecto de la modernidad, pero también hace más sencilla la tarea de responder críticamente a la generación anterior. La atención al extranjero y la revalidación institucional y crítica del arte conceptual contribuyeron a que los artistas elaborasen de forma personal genealogías promiscuas que dieron lugar a procesos de absorción, tergiversación, apropiacionismo y desplazamiento en una suerte de conceptualismo vernáculo en el que el arte se construye como lo que no es.[20] Contra las ideas de progreso y de evolución, que homogenizan masivamente la Historia, las genealogías propias se construyen como efectos cronopolíticos: más que una inconstancia diacrónica, regida por el gusto, se trata de reconstrucciones.[21]

19.
Martí Peran, *op. cit.*

20.
Un texto muy influyente en este sentido fue «Esculpture in the Expanded Field» (*October*, n.º 8, primavera de 1979, pp. 30-44) de Rosalind E. Krauss. En él, la construcción por negación del campo de la escultura en los setenta surge como necesidad de la presión de pensar la complejidad de las prácticas existentes. Fue traducido al español por primera vez en 1985. También es importante recordar un rasgo lingüístico: en español no existe la afirmación por doble negación.

21.
Quizá es en este mismo sentido que habría que comprender la propuesta comisarial *Los Sujetos* en relación a Salvador Dalí y a reconstruir sus filiaciones con el presente desde su producción «menor».

En palabras de Elisabeth Freeman, el presente es un híbrido que «admite contacto con el material histórico por disposiciones corporales particulares, y esas conexiones pueden generar respuestas corporales, incluso placenteras, que son ellas mismas una forma de comprensión. El cuerpo es un método y la conciencia histórica es algo íntimamente envuelto en sensaciones corporales».[22] Frente al tiempo productivo del capitalismo neoliberal y de la pareja heterosexual reproductiva, el tiempo histórico tradicional teleológico y único, los artistas proponen otras relaciones entre el cuerpo y el tiempo, entre las disidencias que producen los afectos diferenciales, las nuevas presencias sociales y los objetos de consumo y sus protocolos de presentación. Las poses, los gestos empoderados, son manifestaciones cronopolíticas. El tiempo de la racionalidad occidental se abre a un principio de diálogo donde los cuerpos son muchos y donde cada pose es un vector que amplía sus posibilidades de relación. Posar es apropiarse de un gesto de otro, de un gesto anterior, ser mímica por un momento de un cuerpo otro a destiempo. Por eso los gestos de estos artistas son excéntricos con respecto a la cultura mayoritaria, aunque propongan precisamente extensiones hacia la multitud de campos sociales existentes.

Cabello/Carceller han realizado una crítica continuada al régimen del estereotipo en la tradición cultural contemporánea, ahí donde la crítica del lenguaje desde el cuerpo social al cuerpo individual se traduce en posibilidades de construcción de subjetividad. Para Craig Owens precisamente «hacer una pose es lanzar una amenaza».[23] La pose, el gesto apropiado, activa la movilización subjetiva del espectador, y la teoría de la que los cuerpos se invisten deviene la herramienta de ficcionalización de los sujetos, de tal modo que el empoderamiento y la agencia pasan de nuevo en su trabajo del lado del espectador, en un reconocimiento no solo de la perfomatividad elemental de todo género sino de cada sujeción.

En el trabajo de Pepo Salazar se evidencia el subterfugio de la producción cultural bajo el signo del capitalismo último: los mecanismos de absorción y puesta en circulación de significados y significantes subculturales como formas de tendencia en el marco proyectual del producto y de su *display*. A través del uso del fragmento y la cita, recuperando una aparente marginalidad envuelta en las herramientas de la bondad del diseño, su trabajo es una deconstrucción. El propio Derrida explicaba: «Los movimientos de deconstrucción no destruyen las estructuras desde fuera. No son posibles ni efectivos, no tienen fines precisos, excepto cuando habitan esas estructuras».[24] Y es a partir de los indicios de institucionalidad que las estructuras de Salazar se convierten en perversas estrategias de presentación, donde la escultura deviene una máquina voraz capaz de conectar significaciones contradictorias que, como indicios significantes, son mantenidas en suspenso.

Francesc Ruiz se apropia de las formas de presentación y distribución de las subculturas del cómic, problematizando la referencia en sí misma. Tomando sus fuentes de la cultura popular, desvelando lo no leído o pasado por alto, el tabú sexual y sus ocultaciones, enmascaramientos o lenguajes privados, permite un ejercicio paradójico: en el momento en que las distinciones están siendo reemplazadas por la industria de lo artificial como significantes genéricos para toda «diferencia», como una diversidad vacía y pueril, Ruiz diferencia de nuevo, rescatando sus referencias de la planitud de la asimilación. A la nivelación de todas las diferencias sexuales, nacionales y culturales ofrece antídotos promiscuos en forma de relatos que inician en su distribución un nuevo arranque contracultural.

Con respecto a la recesión actual, el artista Paul Chan escribió: «Parece difícil de mencionar, porque es totalmente obvio en verdad, que a pesar de haber cambiado a un nuevo siglo, las cosas no han cambiado. Todavía bailamos, con los mismos ritmos, con el mismo ritmo regresivo: otra guerra de Irak, otro escándalo bancario, otra recesión. Y si es cierto que podemos discernir diferencias entre ahora y entonces, en cómo vivimos o en cómo nos comunicamos entre nosotros, es aún más cierto que esas diferencias ponen énfasis en el relieve de la falta de libertad que continuamos sintiendo en el curso de nuestras propias vidas, por encima y más allá del curso del mundo».[25]

En una frase con frecuencia atribuida a Mark Twain, pero que sus especialistas insisten en que es apócrifa, se dice: «La historia no se repite, pero rima». Ese espíritu de recesión que definía Chan precede a la recesión misma. Cada gesto personal regenera esa coreografía cíclica, pero es en el baile común, en los lazos de significación que se anudan a partir de redes afectivas, donde nos volvemos conscientes de la posibilidad de transformar el curso de la Historia.

22.
Elizabeth Freeman, *Time Binds. Queer Temporalities, Queer Histories*, Duke University Press, Durham y Londres, 2010, p. 96.

23.
Trad. del autor. Craig Owens, *Beyond recognition. Representation, Power and Culture.* University of California Press, Berkeley y Los Ángeles, 1992, p. 198. Owens parafrasea a Dick Hedbidge en esta frase: «*And to strike a pose is to pose a threat*».

24.
Trad. del autor. Texto original: «*The movements of deconstruction do not destroy structures from the outside. They are not possible and effective, nor they take accurate aim, exept by inhabiting those structures*». Jacques Derrida, *Of Grammatology*, trad. de Gayatri Spivak, John Hoskins University Press, Baltimore, 1976, p. 24.

25.
Trad. del autor. Conferencia «The Spirit of Recesion», 2013.

Momentos de autodefinición

Paloma Checa-Gismero

176

Muro de granito gris. Verja oscura. Un poco más al norte, las primeras acacias. Paseo de las Delicias, 143. Madrid, 1990. Abre la muestra *Animales políticos* en el espacio Estrujenbank. Hace mucho tiempo que el espacio no existe, pero entonces, desde la comunidad formada en la exposición por las obras, los artistas y el público, se presentaron alternativas a la monolítica cultura oficial. El folleto/catálogo recordaba la responsabilidad de «legitimar discurso[s] de la realidad que [fueran] autónomos en cada momento de su manifestación». Esta llamada a la autodefinición ya era frecuente. Estrujenbank no fue el primer espacio regentado por pintores que definió su práctica fuera de las clasificaciones tradicionales.

Grandes desastres piden largos esfuerzos para ponerse en pie. Durante el franquismo, la programática rigidez de estado excluyó o persiguió a todo posicionamiento no normativo. Quizá la performatividad de Dalí fuera de los pocos casos celebrados por el régimen: sostenida en las afiliaciones franquistas del artista, exportaba una cara de España menos marrón de lo normal. La barroca operación daliniana denotaba la escatología del régimen. A su muerte, catorce años después de la del dictador, España seguía sumida en la univocidad de las opciones culturales oficiales, aunque fuertes llamadas al cambio hablaban de la transformación del marco estructural estatal. El discurso artístico oficial franquista tragaba agua bendita y recurría a pasados imperiales, a exotizados folclores mediterráneos y a la polivalente abstracción que tan útil había resultado para las batallas ideológicas de otras latitudes. Estas caras, que viajaron también al pabellón de España en Venecia como exposiciones colectivas, se reforzaron dentro del país aislando del exterior un aparato institucional centralista. Además, los pocos museos que había se emplearon en reforzar una identidad nacional triangulada sobre historia, catolicismo y tradiciones locales. Centros como el Museo del Prado en Madrid, el Museu Nacional d'Art de Catalunya o los Museos de Bellas Artes de ciudades como Sevilla, Bilbao y Valencia, ni adquirían ni mostraban producción contemporánea, una función desatendida por las instituciones públicas y relegada a un pobre sistema galerístico afiliado con las nuevas y viejas aristocracias. La autoridad de estos discursos se reforzaba con una visualidad kantiana que orquestaba exposiciones y clausuraba posibilidades diferentes de relación entre obras y público. Distancia y no interferencia entre piezas que solo eran imágenes y público que solo era ojos. Los museos fueron así el gran engranaje estatal para pautar y unificar la producción y recepción de lo simbólico. Entre otros lugares, la ideología franquista se tornaba normativa dentro del aparato museo, desde donde además se castigaba la desviación del canon y la novedad plástica con su exclusión del régimen de lo visible. Los museos nacionales de arte eran contenedores y expositores para una noción de patrimonio cultural sostenida en colecciones de objetos agrupados para hablar de pétrea identidad nacional, victorias compartidas y nostalgias históricas conjuntas. Hasta los años ochenta, en España, este fue el modelo.

Sin embargo, el empleo del sistema arte al servicio del refuerzo del discurso unívoco nacional se relajó con la llegada del excedente: si históricamente ese había sido el rol normativo de la institución artística en España, a partir de los ochenta aparecen prácticas que quiebran esa rígida función performando otras. Muere el dictador, se firman pactos de consenso que prometen estabilidad a cuatro décadas vista. Rápido, se negocia la entrada en las grandes alianzas militares y financieras. Se piden préstamos. Abren galerías. Se relaja la censura. Se inyecta sustancia. Se relaja la represión. Se celebran festivales. Una nueva generación de profesionales del arte formados en discursos de apertura y democracia crece creyendo en la opción de repensar formatos. Entran a dirigir museos a finales de los noventa. Con la posibilidad de forzar de manera progresiva los marcos legales que regulan sexualidad, identidad, género, opción lingüística y modelos familiares, aparece la ilusión de que estos cambios se reflejen también en los modelos institucionales del sistema arte español. La guerra se lucha en otros espacios. Entonces, sí, parece que se pueden explorar otras maneras de ser de la institución museo. Salen las cuentas para desviarse de la norma.

Exposiciones permanentes y temporales, programas de actividades dentro y fuera del museo, modelos de adquisición y circulación de las colecciones: estos son algunos de los modos en los que las instituciones de arte enuncian y performan su versión del rol que ejercen en comunidad. La exploración, entonces, de otros modos de ser institución vino de la mano del cuestionamiento de la rigidez de las funciones tradicionales, casi siempre en la invisibilidad y al margen del reconocimiento oficial. La exposición *Formas computables* se pudo ver en 1969 en el Centro de Cálculo de la Universidad de Madrid, un laboratorio que hospedó ejercicios tempranos de redefinición de las barreras entre centros de investigación científica y producción artística en España. Tres años más tarde, sin embargo, otro reclamo por modos diferentes de pensar las relaciones posibles con el arte evidenció de nuevo la precariedad estructural del sistema arte español. Censura, falta de fondos y desorganización impidieron la celebración de los ambiciosos *Encuentros de Pamplona* de 1972 según los planes iniciales, cortando el compromiso político del evento. Los ochenta estuvieron marcados por la efervescencia de propuestas alternativas desafiantes de las funciones normativas de la institución artística, las del museo, las de la galería, las del festival. Si bien espacios como Espacio P y Poisson Soluble, por ejemplo, o las apariciones de la pareja de artistas URA/ UNZ, fueron breves, salpicaron la escena en una década llena de cambios. Pero, ¿fueron estos solo cambios superficiales o evidenciaron la verdadera reforma de las estructuras que sostenían el sistema arte nacional?

Algunos enunciados tienen la facultad de ejercer lo que pregonan. Otros, no. Aquellos formulados por instituciones del sistema arte repercuten no solo en el dominio de lo simbólico; tienen la capacidad también de llegar a alterar las relaciones entre agentes del sistema. Pese a que el centralismo sigue operando hoy en España como distribuidor de las distintas responsabilidades institucionales, ahora sí hay mayor margen para el reclamo de identidades nuevas para los centros de arte. Por un lado, se preserva la solidez de una imagen nacional elevada a la categoría de clásico mediante el aparato historiográfico del Museo del Prado. Esta se matiza con la revisión desde el presente de la historia imperialista española que realiza el programa crítico postcolonial del Museo Reina Sofía. Por otro lado, sin embargo, se repiensa el rol del museo como interlocutor con las vanguardias europeas y norteamericanas, como centro de barrio o como foro de encuentro de agentes regionales. En el primer grupo destacan espacios como el MACBA o la Fundació Tàpies, ambos en Barcelona, que conectan la creación nacional y catalana con desarrollos teóricos extranjeros, situando su contexto en diálogo crítico con esa parte del canon occidental. En segundo lugar hay espacios como el Centro de Arte Dos de Mayo de Móstoles, el LABoral de Gijón o el Arts Santa Mònica en Barcelona, que en varios momentos se erigen y consolidan como centros comunitarios, al configurar programas para un público local no especializado. Estos centros defienden la epistemología local de los entornos en los que se insertan como marco de partida legítimo para la actividad museística, un gesto que los aparta de cuando en cuando de la normatividad que practican los museos nacionales. En tercer lugar, espacios como el CGAC de Santiago de Compostela o el MUSAC de León se convierten en plaza para el encuentro de agentes artísticos distribuidos en geografías dispersas, recordando la presencia de redes de creación más allá de los grandes núcleos urbanos. En estos espacios la autodeterminación de su función se traduce en la organización y distribución de sus recursos para públicos que ya no son el universal desinteresado del museo nacional, y refinan la calidad de su programación. La performatividad de estas instituciones y su apuesta por situar al objeto arte en redes relacionales diferentes, fractura la rigidez del contenedor ideológico y material kantiano del museo tradicional. La pregunta ahora es qué impacto tiene este giro en las condiciones de viabilidad para las instituciones no oficiales.

Hace cinco años Martí Manen y yo conversábamos sobre la caducidad de los espacios independientes de arte. En Rampa, el espacio que fundé en 2009 en Madrid con otros cuatro artistas, nos negamos a determinar a priori cuál era el modelo y la función de nuestra institución. Ni lugar de exposición, ni taller de artistas, ni residencia, ni galería. Elegimos no hablar de su género ni de los roles del equipo a partir de categorías preexistentes, y confiamos en que la polivalencia del proyecto determinase sus propias relaciones con los demás agentes culturales del entorno. En todo paso del laboratorio al foro público surgen siempre las preguntas por las formas y los nombres. ¿Existen las condiciones estructurales que permitan mantener la naturaleza autodefinitoria y mutante de las instituciones independientes? ¿Son los momentos de institucionalización siempre momentos de normativización? Antes y después de 2009 hubo en España numerosas propuestas alternativas que robaban terreno a la normatividad institucional del sector cultural nacional. Mirando atrás, los noventa habían sido un permanente reclamo por la autodeterminación, ahogada tanto en la escasez de recursos como en infraestructuras demasiado pobres para garantizar la longevidad de muchas iniciativas. Hoy parece que el último desastre llegó demasiado tarde como para destrozarlo todo. Signo de un cambio estructural real es que polimorfismos como los de Cabello/Carceller, Francesc Ruiz, Pepo Salazar, Salvador Dalí y Martí Manen crean contexto hoy en Venecia con nosotros. Dentro de un edificio de ladrillo de portón cuadrado. Escribo esto sentada en una silla de oficina, con la puerta abierta detrás de mí.

David Armengol

182

La Meseta, las Vascongadas y el mar Mediterráneo

Una de las canciones que más me gustan de Belle & Sebastian es *Sleep the Clock Around*, de su tercer álbum –*The Boy with the Arab Strap*– editado en 1998. Una canción pop, sin más, pero que sintetiza y exhibe el sonido del grupo escocés. Una canción que es muchas cosas a la vez: unos músicos (Stuart Murdoch, Sarah Martin, Stevie Jackson, Isobel Campbell y demás componentes de la banda a finales del siglo xx), un contexto (el pop británico de los noventa) y un lugar (Glasgow). Además, *Sleep the Clock Around* no es solo Belle & Sebastian, sino que también es Teenage Fanclub, The Pastels, Arab Strap o, incluso, Mogwai. En definitiva, *Sleep the Clock Around* es una simple canción pop que, por extensión, es también un tiempo y un lugar.

Esta canción me viene a la mente al pensar en *Los Sujetos*. La escucho y pienso en Cabello/Carceller, Francesc Ruiz, Pepo Salazar, Salvador Dalí y Martí Manen. La escucho y pienso en su propuesta para el pabellón español de la 56ª edición de la Biennale di Venezia. ¿Por qué no empezar a escribir desde la carga emocional y contextual de una canción?, ¿por qué no distanciarse del peso simbólico e ideológico de los pabellones nacionales de una bienal de arte?, ¿por qué no situar el punto de partida en algunos de los enfoques principales de la propuesta de Manen? Lo sensual, lo empático, lo flexible.

Sleep the Clock Around no tiene nada que ver con el arte contemporáneo, es una canción pop que habla de incertidumbre e inconformismo juvenil, generacional; pero a su vez es un registro que ofrece un tono inicial y un ritmo de lectura. Una salida de discurso y un acceso a los contenidos de este texto: los vínculos de pertenencia contextual que se derivan de la práctica artística. Una pertenencia de raíz telúrica que no depende de un gesto representacional –aunque sea inevitable en el escenario deslocalizado de un pabellón nacional– sino más bien de aquel intangible que une ciertas manifestaciones artísticas a los lugares y contextos donde estas surgen y se proyectan.

En este sentido, lo telúrico deviene un aspecto de pertenencia sensible, simbólica, un posible campo de acción. Lo telúrico alejado de lo ideológico, simplemente entendido como la supuesta influencia de un lugar sobre sus habitantes. Lo telúrico como un sistema particular de abordar lo contextual en el arte, y evidenciar así aquellos elementos de localidad que se expanden y crecen hasta operar en la globalidad. Una sensación, una intuición, un mensaje entre líneas, algo que percibes con claridad pero que comprendes con dificultad. Lo telúrico como un registro que abre múltiples capas de complicidad emocional, por correspondencia personal y por reconocimiento colectivo.

¿Puede el trabajo de un artista significar y exhibir su territorio de actuación? ¿Puede la práctica artística evidenciar y definir ciertos lugares (o viceversa)? Y, en caso afirmativo, ¿dicha conexión telúrica depende del artista o de aquellos que recibimos su obra? Es decir, ¿*Sleep the Clock Around* sería Glasgow por voluntad propia de Belle & Sebastian?, ¿o esta adscripción dependería del imaginario simbólico de sus oyentes?, ¿oyentes escoceses que se identifican con la canción o foráneos que identificamos dicho sonido con Escocia? *Sleep the Clock Around* y *Los Sujetos*. Una canción de Belle & Sebastian y una exposición para el pabellón español de la Biennale di Venezia. La pertenencia a contextos específicos como relato para el arte contemporáneo, entendiendo dichos contextos al margen de geografías estancas y a través de actitudes vinculadas a lugares concretos. Al fin y al cabo, la pertenencia contextual –y su exhibición– es la base del esquema artístico y político de la Biennale di Venezia.

Los Sujetos pone en escena una situación potente y compleja: entender el pabellón español en clave de presente inmediato a través de un mensaje fuerte, unos agentes activos y un contexto particular. El mensaje: una multiplicidad de lecturas sobre la noción de identidad; los agentes: tres artistas, un referente y un comisario;

el contexto: una posible visión del arte contemporáneo desde el Estado español. Un guion basado en la condición de artista –«los sujetos»–, pero que ensaya un tipo de pabellón diseñado y sustentado a través de una idea de comunidad. Una exposición de arte contemporáneo que, por extensión, es también un tiempo y un lugar. Un presente que revisa el peso del pasado mediante una perspectiva de futuro y una suma de escenarios susceptibles de sintetizar esa significación.

La propuesta de Martí Manen pone en juego tres escenarios fundamentales. Tres contextos interconectados a nivel nacional e internacional que proponen una posibilidad discursiva basada en lo colectivo. Cabello/Carceller, Pepo Salazar y Francesc Ruiz. Madrid, Vitoria y Barcelona. La meseta, las vascongadas y el mar Mediterráneo. Y además, el sujeto Dalí, el ultralocalismo y la repercusión mundial. Un compendio de actitudes y escenas paralelas que dibujan una manera de entender la práctica artística hoy en España. Y a partir de dichos sujetos y contextos, vehicular las diversas actitudes, primero entre ellas, después entre otras. *Los Sujetos* sostiene una idea de pabellón múltiple, capacitado para abarcar voces diversas, sumar afinidades y potenciar así una aproximación directa, performativa y vivencial al arte contemporáneo.

Un inicio de recorrido nos sitúa, a través de Cabello/Carceller, en Madrid. Capital del panorama artístico español en mayúsculas (el mercado del arte, el peso institucional, los ministerios) y en minúsculas (una de las escenas de arte emergente más sólidas de nuestro país y un contexto fértil en lo independiente). Un marco de actuación específico donde la práctica artística de Cabello/Carceller genera conexiones con otras propuestas vinculadas a posiciones divergentes en cuanto a sexualidad y género mediante la construcción de narrativas ajenas a las convenciones sociales dominantes. Un práctica política que paradójicamente podría enlazar con otros artistas como Dora García (en el uso de la performance colaborativa y el relato ficticio), pero también con perfiles más alejados, o incluso opuestos, como Santiago Sierra, Fernando Sánchez Castillo, Colectivo Democracia, Basurama, Colectivo Daños Colaterales o Todo por la praxis (TXP). Un ejercicio de resistencia política y de toma de consciencia sobre la funcionalidad social del arte que tiene en el contexto madrileño uno de sus ámbitos de acción más relevantes. Quizá el contexto de denuncia más directo y visceral –quizá también el más efectivo– que existe en el panorama del arte contemporáneo en España. Lo reivindicativo y la puesta en crisis de la cultura oficial a modo de atributo de ciertas prácticas artísticas relacionadas con Madrid y su amplia área de influencia.

A través de la obra de Pepo Salazar, otro foco de atención lo encontramos en el País Vasco. Un contexto particular que dibuja unas constantes identitarias muy arraigadas al lugar. Un peso escultórico y una intensidad discursiva sensibles a la incorporación de elementos propios –la cultura popular, la lengua o la historia del arte vasco–, especialmente marcados por la abstracción y la materia. Un tipo de práctica heredada en gran medida de la reflexión espacial de Jorge Oteiza y la revisión conceptual que en los ochenta iniciaron artistas como Txomin Badiola, Ángel Bados, Juan Luis Moraza, Marisa Luisa Fernández o Pello Irazu. Unas constantes formales e intelectuales que en la obra de Salazar se amplían a través del análisis de movimientos contra-culturales derivados del *punk* y el *rock* radical, y a base de un uso particular de la escritura y el sonido en sus instalaciones; algo que enlaza con sus investigaciones en el ámbito de la música electrónica y experimental. Una radicalidad genuina que abre múltiples nexos con otros artistas del contexto vasco. Las instalaciones de Ibon Aranberri, Asier Mendizabal o Iñaki Garmendia, los vínculos con lo musical en la obra de Begoña Muñoz, la construcción escenográfica de Maider López o Carlos Irijalba, los grafismos de Jon Mikel Euba, Abigail Lazkoz o Azucena Vieites, o incluso la performatividad de Esther Ferrer. Por motivos diversos, existe una belleza tensa en todos ellos, y quizá esto, con esa contundencia, no podríamos encontrarlo en otros lugares.

A continuación, la obra de Francesc Ruiz configura un tercer escenario para *Los Sujetos*: Barcelona y el contexto catalán. Una escena de fuerte predominio conceptual donde el proceso y la temporalidad específica del trabajo en arte juegan un papel determinante, dando lugar en muchas ocasiones –y quizá más que en otros contextos– a prácticas de raíz performativa o propuestas que dependen más del tiempo que del espacio. Una condición procesual que también define el dibujo expandido de Ruiz, sensible a los tiempos de producción y distribución del cómic y a su consumo dentro de la cultura popular. Un dibujo expandido que supone un referente para otros artistas de generaciones más jóvenes –pienso, por ejemplo, en Martín Vitaliti, Ana García-Pineda o Antoni Hervàs– y que a su vez genera vínculos directos con otros artistas que utilizan el tiempo como herramienta principal: Ignasi Aballí, Joan Morey, Tere Recarens, Antonio Ortega, David Bestué, Núria Güell, Martí Anson o Luz Broto. Además, las temáticas de género e identidad que caracterizan sus narrativas visuales y textuales suponen otro punto de encuentro particular que conecta su obra con artistas como Julia Montilla, Jaume Ferrete o El Palomar (R. Marcos Mota y Mariokissme). Y si, aún a riesgo de generalizar, decíamos que el contexto madrileño podía ser el lugar para la reivindicación y el vasco para la tensión, quizá el catalán sea el lugar para la expectación.

Inevitablemente, *Los Sujetos* incorpora un último contexto de actuación; aquel que se desprende de Dalí, el referente transversal de todo el proyecto. Una dosis especial –una suerte de *bonus track*– de telurismo en estado puro. Un imaginario particular, daliniano aunque intentemos resistirnos a ello, que se expande y se comprime para abarcar todo aquello que propaga el sujeto Dalí. El nordeste de Cataluña como un territorio fascinante, más o menos mitificado, más o menos fingido, que parece definir la identidad particular de algunos de sus creadores. Pienso por ejemplo en las películas de Albert Serra o en otros artistas territorial o simbólicamente unidos a dicha geografía, como Jordi Mitjà, Enric Farrés o, si ampliamos el radio de acción, Rafel G. Bianchi, Job Ramos o Carles Congost. Y en esta línea, no puedo dejar de pensar tampoco en Àlex Gifreu, diseñador de esta publicación. Y así, entre divagaciones e intuiciones sobre contextos de pertenencia ligados a *Los Sujetos*, tomo consciencia del callejón sin salida en el que me encuentro. Pienso en nuevas conexiones entre *Los Sujetos* y otros artistas y contextos de ámbito nacional, y se abren infinidad de posibilidades. Cabello/Carceller me lleva a Esther Ferrer, a María Ruido, a Cristina Lucas, a Pepe Espaliú, a Núria Güell; Pepo Salazar a Joan Morey, a Juan López; Francesc Ruiz a Abigail Lazkoz, a Rogelio López Cuenca, a Cabello/Carceller. ¿Pero existe realmente este tipo de telurismo en arte? Quizá un pabellón nacional en Venecia es un buen contexto para preguntárnoslo. Vuelvo a escuchar *Sleep the Clock Around* de Belle & Sebastian.

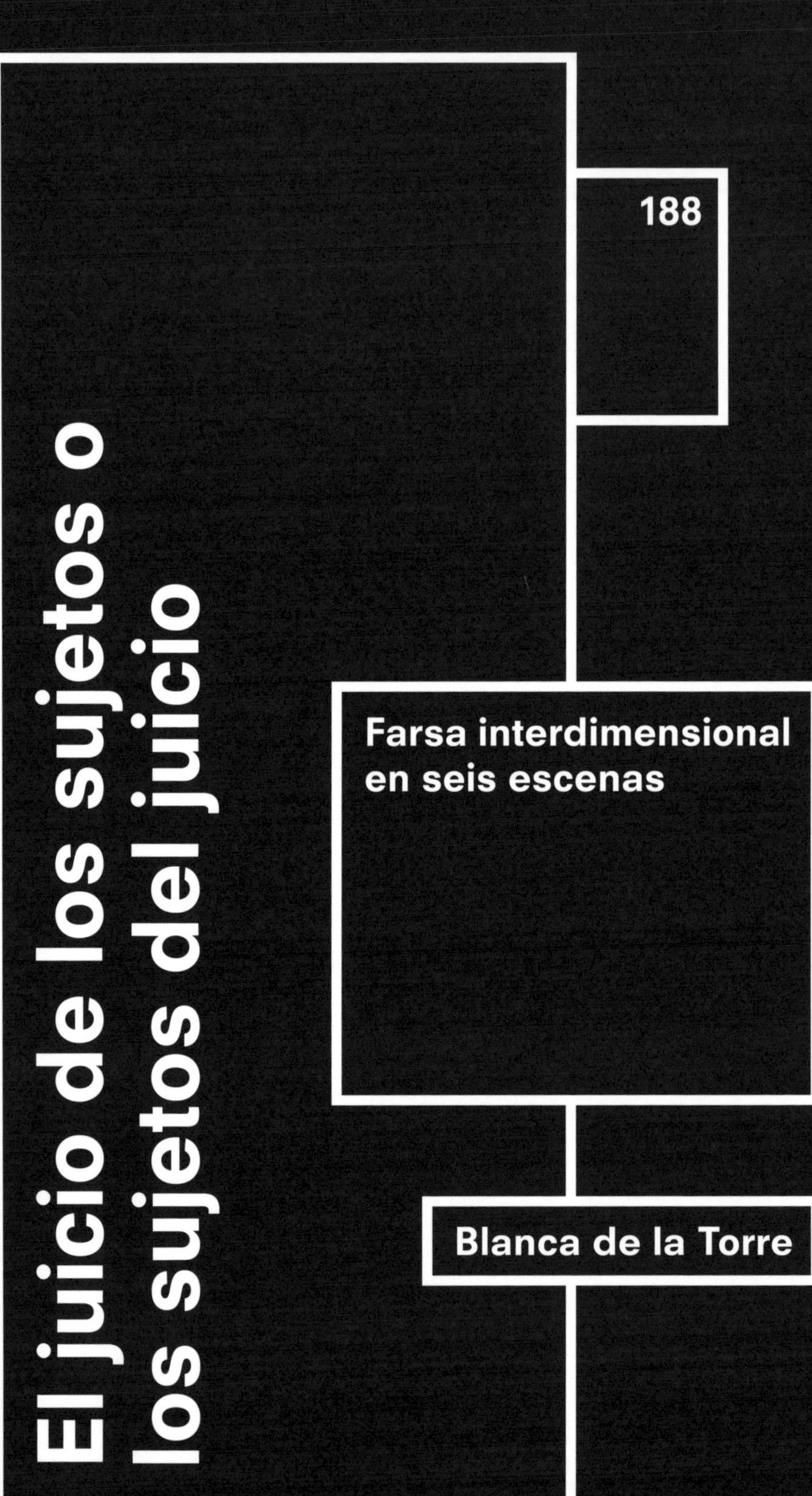

188

El juicio de los sujetos o los sujetos del juicio

Farsa interdimensional en seis escenas

Blanca de la Torre

PERSONAJES

Los artistas
Helena Cabello y Ana Carceller (Cabello/Carceller)
Francesc Ruiz
Pepo Salazar

El comisario
Martí Manen

Dalí
El juez
El fiscal
Los testigos
El público

EL RECINTO

Pabellón español en los Giardini. Un sitio sensual, donde predominan rojo y rosa, con múltiples pantallas. La acción se desarrolla en el espacio central del edificio, aunque en el fondo y en los laterales se adivinan rincones poco iluminados en los que se advierte actividad constante.

Toda una serie de personajes se distribuyen en la sala en lo que parece ser un juicio bastante peculiar, un tanto improvisado. Debajo de una luz cenital parpadeante, el juez sobre un estrado. El fiscal de pie al lado de una mesa. Los artistas y el comisario se encuentran en el sofá de los acusados, con forma de labios gigantes. Es mullido, pero un tanto avejentado; el grupo está posado sobre él con desparpajo.

El público está sentado sobre alfombras rojas. En un vistazo rápido, parece un grupo común de personas, pero después de una observación detenida, se advierte un conjunto muy heterogéneo compuesto por rostros que se antojan familiares, aunque las luces bajas impiden ver quién compone el grupo realmente. Se les nota inquietos y susurrantes.

DALÍ deambula libremente por el espacio entrando y saliendo de manera caprichosa; aparece y desaparece del espacio principal sin quedar muy claro hacia dónde se dirige mientras no es visible.

Los testigos esperan ordenadamente en línea en los laterales del pabellón, aunque parecen impacientes.

ESCENA I

JUEZ: *(con voz atronadora)* ¡Silencio! *(se dirige al grupo en el sofá)* Se les acusa de irrverentes, de apropiación estratégica, de promover un trabajo de líneas poco ortodoxas, retorcidas e inesperadas, de jugar con la contradicción, con las identidades múltiples, de mezclar momentos y tipologías, de ser incapaces de seguir normas al uso, de incomodidad e ironía, de jugar con la ficción... y la lista no acaba aquí. Vaya, vaya, parece que a todos ustedes les gusta bailar sobre la cuerda floja...

PÚBLICO:

(Desde la alfombra roja chillando o comentando en voz alta)

– ¡Y de utilizar la cultura popular y las suburbanas!
– Y los movimientos políticos...
– ¡Y a todos les gusta el *fake* y la pura mascarada!
– ¡Panda de iconoclastas!

JUEZ: Con todas estas notas en común, se les acusa de compartir un lenguaje internacional. ¿Eso existe?

DALÍ: *(sale sorpresivamente de detrás del estrado)* Pero sin duda con miradas que escuchan actitudes del arte contemporáneo en España.

FISCAL: *(carraspeando ligeramente)* Permítame abrevar en esto, su señoría. Yo creo que aunque es evidente que los acusados presentan señas de identidad individual muy claras en su trayectoria, existen ciertos hilos comunes, determinados códigos que desde el lado iconográfico forman parte de lo que podría ser un imaginario global, así como un tipo de actitud y de aproximación intersectorial a los medios que podrían ser suficientes para hablar de una suerte de «lenguaje internacional»...

(Murmullos en el público)

JUEZ: ¡Silencio en la sala!

PÚBLICO:

(CHUS MARTÍNEZ es una de las figuras en la alfombra; ahora es posible distinguir algunos de los rostros. A su lado se encuentra ENRIQUE VILA-MATAS)

CHUS MARTÍNEZ: Yo creo que para hablar de esos modos de producción y de las relaciones de exterioridad que se están tejiendo, se debería tener en cuenta el concepto de No-concepto también.

ENRIQUE VILA-MATAS: *(girándose para interpelar a CHUS)* ¿Usted ya había estado en un juicio así?

MARTÍNEZ: Una vez me tocó ser fiscal de uno con Vasif, pero eso era un juicio serio.

JUEZ: *(desgañitándose)* ¡Orden! Que entre el primer testigo.

(Entra LUDWIG WITTGENSTEIN desde un lateral; vacila un poco mientras se ajusta a la luz intensa y mira hacia los acusados con gesto de extrañamiento)

JUEZ: ¿Y? ¿Qué tiene usted qué decir al respecto?

LUDWIG WITTGENSTEIN: ¿Lenguaje internacional? Ja, los límites del lenguaje significan los límites del mundo.

(Irrumpe NOAM CHOMSKY)

NOAM CHOMSKY: No, no. Yo creo evidentemente en las gramáticas innatas. Está claro que a este asunto se le podría aplicar la idea de la «Gramática universal», es decir, esos principios, reglas y condiciones que comparten todas las lenguas, pero aplicado al arte. Los principios de la gramática universal son complejos, abstractos y restrictivos, y pueden emplearse para elaborar explicaciones fundadas de una gran cantidad de fenómenos. El arte también dispone de su propia gramática universal.

(HAKIM BEY asoma desde detrás)

HAKIM BEY: De innato nada. El lenguaje puede superar la representación y la mediación, no porque sea innato, sino porque es caos. Además el lenguaje puede superar al lenguaje: puede crear libertad desde la confusión y decadencia de la tiranía semántica.

(Entra AD REINHARDT con un banquillo en la mano. Se instala en medio del recinto y comienza a hacer dibujos del juicio)

FISCAL: Por ejemplo, ¿esa obsesión de todos por el texto y el lenguaje?

PÚBLICO:

JEAN-LUC GODARD: Adiós al lenguaje...

CHOMSKY: Señor fiscal, el texto siempre se lo han tomado todos de manera muy seria. Para empezar a algunos de ellos les dio por la novela, como a Martí Manen con *Contarlo todo sin saber cómo*.

PÚBLICO:

AYN RAND: Sí, ya... Esa era una novela que era una exposición... o una exposición que también era novela. O algo así.

ALBERT CAMUS: *(confundido)* ¿¿¿Cómo???

MINA LOY: Las novelas y publicaciones de todos ellos nos desvelan sus imaginarios. También Pepo Salazar con *La fiesta de los metales*, que está aquí en *display* en el pabellón. *(señala a la sala derecha)*

PÚBLICO:

AUTECHRE: *(a coro)* Y dale con los metales...

(DALÍ entra montando a horcajadas sobre un joven semidesnudo)

DALÍ: Yo también publiqué una novela magistral: *Hidden Faces*.

FISCAL: Que también fue censurada por su carga de homosexualidad y erotismo, algo que comparten algunos de los acusados...

PÚBLICO:

MARIO MIELI: Sensualidad...

DALÍ: *(grandilocuente)* Pero participé en muchas publicaciones y periódicos como *El surrealismo al servicio de la revolución*.

PÚBLICO:

(TRISTAN TZARA y LUIS BUÑUEL están sentados uno al lado del otro)

TRISTAN TZARA: *(a media voz inclinándose hacia BUÑUEL)* ¿Ese no es el periódico del que le expulsamos?

(DALÍ voltea con recelo y prosigue)

DALÍ: A mí lo que me parece bastante interesante es ese jugueteo de todos con los medios de comunicación.

PÚBLICO:

ANTONI MUNTADAS: *Media Landscape*, Eugenio, *Media Landscape*.

DALÍ: Pues eso, lo de crear un personaje dual, dentro y fuera de los medios. Tiene algo de genial...

PÚBLICO:

(CARLA LONZI escupe al escuchar la palabra genio)

FISCAL: Los tres son acusados de coquetear con el texto, de instrumentalizarlo y cuestionar el poder de la narrativa.

(Los testigos han deshecho su formación y deambulan por el recinto principal sin aparente dirección. Entran y salen aleatoriamente; a partir de este punto intervienen de vez en cuando en la acción central)

J. G. BALLARD: ¿La experimentación con el texto cuenta entonces como lenguaje internacional? Pepo Salazar utiliza errores lingüísticos y juegos de palabras. Su trabajo es más bien intraducible, creo que busca una deliberada incomunicabilidad.

JUDITH BUTLER: A mí, Cabello/Carceller me «bailaron un texto ante el público», le dieron forma física, consiguieron transformarlo en música. Estuvo bien, la coreografía no tenía música, porque para ellas el texto es su música.

PÚBLICO:

JOHN CAGE: Maravilloso… música sin música…

FÉLIX GONZÁLEZ-TORRES: Interpelan al texto…

CAGE: Ya sé… y Pepo Salazar también hace un ruido… ese ruido que adquiere el papel de expresión directa, sin estetizaciones ni intelectualizaciones baratas.

MICHELANGELO ANTONIONI: *(se encoge de hombros)* De mí también se apropiaron, pero como yo en ese caso ya me había inspirado en Cortázar…

GODARD: Solo podemos transformar un conocimiento previo y no crear algo nuevo, aquí las obras de todos generan discursos jugando con la intertextualidad. Francesc Ruiz también utiliza el lenguaje desde un punto totalmente diferente; logotipos que son onomatopeyas, grafitis incomprensibles. Las palabras se deforman y malinterpretan.

(WITTGENSTEIN carraspea para intentar recobrar la atención de los demás)

WITTGENSTEIN: El lenguaje es utilizado con total libertad por todos. No nos damos cuenta de la prodigiosa diversidad de juegos de lenguaje cotidianos porque el revestimiento exterior de nuestro lenguaje hace que parezca todo igual.

BALLARD: *(ligeramente hastiado)* ¿Esto también tiene que ver con lo del lenguaje internacional?

MERCE CUNNINGHAM: Al igual que con el tema de la performance.

(DALÍ, ahora sin esclavo, mira descaradamente a los tres artistas por encima del hombro)

TESTIGO PERFORMER: A mí, Cabello/Carceller me tuvieron encerrada en el museo ARTIUM, cosificada, catalogada y clasificada.

FISCAL: ¿Y qué hacías todo el tiempo ahí?

TESTIGO PERFORMER: Leer y reflexionar en voz alta sobre algunas paradojas que rodean a la práctica artística contemporánea.

(WALTER BENJAMIN se tumba sin cuidado en el sofá de los acusados haciéndose un espacio entre ellos mientras estos le miran perplejos)

WALTER BENJAMIN: En cualquier caso está claro que todos ellos mantienen lenguajes bastante personales y con discursos autónomos, difícilmente encasillables.

PÚBLICO:

BERTOLT BRECHT: Porque no me fío de él somos amigos… o somos amigos porque no me fío de él.

CHARLES CHAPLIN: *(gesticulando visiblemente)* El verdadero significado de las cosas se encuentra al tratar de decir las mismas cosas con otras palabras.

FISCAL: *(inquisitivo y un poco hastiado)* ¿Por qué hay por aquí tanto mundo del cine circulando?

PÚBLICO:

(ALFRED HITCHCOCK abraza amistosamente a DALÍ mientras observa el espacio)

ALFRED HITCHCOCK: La escenografía que me hiciste para la película *Recuerda* encajaría perfectamente en este espacio.

(El FISCAL se nota cada vez más impaciente con las múltiples interrupciones)

FISCAL: *(seco)* Se les acusa también de situacionismo, de uso indebido de las derivas y recorridos psicogeográficos.

GUY DEBORD: Es la única manera de luchar contra el capitalismo transformador de todo en simples mercancías en un mundo donde los individuos son relegados a simples espectadores de sus propias vidas prefabricadas y convertidas en un espectáculo previamente programado.

PÚBLICO:

SANTIAGO SIERRA: Exacto, estamos todos instrumentalizados y ya me harté de decirlo en este mismo pabellón.

PIER PAOLO PASOLINI: Ya no es posible oponer los «cuerpos inocentes» a la masificación cultural y comercial, a la trivialización de toda realidad por la sencilla razón de que la industria cultural se ha apoderado de los cuerpos, del sexo, del eros, y los ha inyectado en los circuitos del consumo.

FISCAL: Yo en estos artistas oigo mucho hablar de revolución.

DEBORD: No sé hasta qué punto el arte puede llegar a ser el motor de una revolución, pero en cualquier caso considero que estos artistas tienen claro que no debemos abandonar ese enfoque crítico y ofrecer posibilidades alternas que permitan ver otros mundos posibles.

PÚBLICO:

ANDRÉ BRETON: *(enfático)* Lo que deberíamos hacer es pasar de todo e ir a nuestra bola.

TZARA: Hatajo de bastardos...

BRETON: La vida se basa en el libre ejercicio del pensamiento así se resuelven los problemas principales.

TZARA: No tengo confianza en la justicia, incluso si es una justicia hecha por Dadá.

BRETON: *(meditabundo)* Ummm, hay dos necesidades que para mí deben fundirse en una sola. La de Rimbaud de «cambiemos la vida» y la de Marx de «transformemos el mundo».

JUEZ: A ver, llamemos entonces a Marx...

(Aparece GROUCHO MARX)

FISCAL: ¡Usted no era! *(apoyándose desesperado en una mano y echando un trago)* Bueno, aprovecharemos la coyuntura para acusarles de ironía y sentido del humor.

GROUCHO MARX: Francesc Ruiz incluso se atrevió a realizar una instalación titulada *The Funhouse*.

PÚBLICO:

LEWIS CARROLL: Tenía espejos... y en el interior toda una locura de personajes en catarsis colectiva que pretendían ser reflejo del espectador.

SAMUEL BECKETT: *(irónico)* Maravilloso, glorioso.

ANTONIN ARTAUD: Todos ellos tienen un talante bastante ácido, unos más sutil que otros...

PÚBLICO:

FRANZ KAFKA: Mi sentido del humor no se entendió nunca.

BECKETT: Eso fue por problemas de traducción, Franz, el mío tampoco se entendió jamás y aún no se porqué.

HARMONY KORINE: Respecto a lo de la incomodidad y la ironía, yo no creo que sean antitéticas, veo muy compatible el sentido del humor ahí. De hecho, mis películas también pueden ser incómodas, deben serlo, pero al mismo tiempo luego salen unas monjas volando...

CHAPLIN: La vida ha dejado de ser un chiste para mí; no le veo la gracia.

(Silencio prolongado. DALÍ entra en un caballo blanco y ejecuta una suerte ecuestre. Todos se miran entre sí sin atinar a decir nada mientras bajan las luces de manera muy gradual)

ESCENA II

(El pabellón español de nuevo. Los personajes se mantienen, pero el ánimo ha cambiado. Cansados, continúan la discusión)

JUEZ: Que se levante el comisario.

(MARTÍ MANEN se levanta distraídamente)

FISCAL: A Martí Manen, además de las acusaciones generales, se le imputan otras por presentar trabajos próximos a la comprensión de los media como narrativas rotas, trabajos que interpelan directamente y que son partícipes de un sistema basado en la sensualidad. También de establecer nuevas líneas temporales y conexiones subjetivas... cuando no directamente impropias.

DALÍ: *(interrumpe airado)* Martí Manen no es un comisario al uso, utiliza la exposición como medio y en esta ocasión es la primera vez que un trío de artistas vivos se presenta en este juicio... Perdón, quise decir en esta Bienal.

PÚBLICO:

GODOT: ¿Cómo se sale de una exposición? ¿Y cómo se hace una exposición sin exposición? No estoy entendiendo nada.

BRECHT: Si la gente quiere ver solo las cosas que pueden entender, no tendrían que ir al teatro: tendrían que ir al baño.

FISCAL: Se le acusa también de mezclar pasado y presente. De hecho ya una de las propias premisas es analizar a Dalí desde el presente, en sus propias palabras: «entender a Dalí como bisagra».

PÚBLICO:

(DALÍ, ahora entre el público y con un oso hormiguero en el regazo, da un respingo desde su asiento)

DALÍ: ¿Yo? ¿Qué tengo que ver yo con todo esto?

BRECHT: *(puntualiza)* Aporta una lectura intersectorial de Dalí desde el presente a partir del trabajo de los tres artistas. No solamente hay que perder el miedo a las nuevas ideas, sino que hay que atreverse a revisitar algo para que todo cambie.

GODOT: Yo creo que la idea es contar todo aunque no se sepa cómo.

CAGE: No sé por qué la gente tiene miedo a las ideas nuevas, yo tengo miedo a las viejas...

(MANEN hace ademán de comenzar a hablar, pero repara en que uno de los proyectores de fondo ha dejado de funcionar repentinamente. Ignorando al FISCAL, se dirige hacia el aparato sin decir nada. Comienza a golpearlo y a quitar los cables frenéticamente. Después de unos segundos, se escucha un chasquido y se apagan totalmente las luces)

ESCENA III

(El pabellón ahora se encuentra repleto de trabajadores. En el fondo colocan luces de emergencia en distintos puntos del recinto y cruzan la escena erráticamente en búsqueda del cortocircuito)

JUEZ: *(con desgana)* Que se levanten las acusadas.

(CABELLO/CARCELLER se levantan limpiándose las migas de una bamba de nata de la boca)

FISCAL: En su caso, además de lo comentado anteriormente, esos desajustes y contradicciones se dan especialmente en las estructuras narrativas y performativas que utilizan para trazar un discurso de resignificación post-identitaria.

DALÍ: Hay que tener en cuenta que estas chicas trabajan en equipo, con lo cual ya tienen un intercambio teórico constante, no es como yo, que me lo tenía que comer solo... Menos mal que tenía a Gala, entre otros...

FISCAL: Y, ¿eso de «asaltar la teoría»?

JUDITH BUTLER: Se refieren a «asaltar la teoría» en un sentido que tiene más relación con la necesidad de forzar la entrada en ella de elementos ausentes. La teoría apaciblemente establecida sobre una base segura y firme es tomada al asalto, se tambalea desde la reflexión y el disenso.

GILLES DELEUZE: Una teoría es exactamente como una caja de herramientas. Ninguna relación con el significante... Es preciso que sirva, que funcione. Y no para uno mismo. Si no hay personas para utilizarla, comenzando por el teórico mismo, que deja entonces de ser teórico, es que no vale nada o que el momento no llegó aún. No se vuelve sobre una teoría, se hacen otras.

PÚBLICO:

FÉLIX GUATTARI: *(se incorpora enérgicamente)* Yo iba a decir lo mismo.

(GUATTARI se sienta)

BUTLER: Aunque este señor de aquí, Dalí, sirva para ese puente con el tema de los discursos identitarios, tengamos en cuenta que en su época era una línea bastante desacreditada o casi inexistente, y se hacía necesario mirar hacia la teoría feminista anglosajona, como hicieron Cabello/Carceller. Pero estos modelos no se traducían fácilmente, se sentían bastante lejanos y no conectaban bien con el entorno. Por eso, desde hace tiempo han asimilado otras referencias.

FISCAL: Para colmo no se conforman con seguir en cierta línea de crítica institucional, sino que se empeñan en darle un giro y restituir el archivo.

PÚBLICO:

MANUEL BORJA-VILLEL: Eso, eso, el archivo.

JOSEPH BEUYS: Estas chicas no solamente hablan de las paradojas del archivo, sino también de las problemáticas de cómo coleccionarlo como es debido. Parece que los museos no se enteran.

PÚBLICO:

(BORJA-VILLEL interpela de manera enfática a BEUYS)

BORJA-VILLEL: ¡Protesto!

JUEZ: Denegada. El público no puede protestar, señor.

BEUYS: Me refiero a esa obsesión por fetichizar los restos, las huellas. Yo estoy harto de que mis performances estén en museos de todo el mundo totalmente objetualizadas.

PÚBLICO:

(Comentando cada vez más entre ellos)

TINO SEHGAL: Eso es porque no habéis sabido cómo hacerlo...

MARINA ABRAMOVIĆ: Eso digo yo.

SEHGAL: *(girándose ofendido hacia ella)*: Claro, mira quién fue a hablar...

JUEZ: *(enérgico)* ¡Silencio!

FISCAL: Reconocen su insistencia en hablar sobre la subversión de la identidad del sujeto sometido por la heteronormatividad patriarcal. Ahora estamos en el escenario del delito. ¿Acaso no han utilizado este mismo espacio para desarrollar una suerte de teatro para abordar lo *queer*?

AMANDA LEAR: Dalí y yo teníamos una relación compleja. Consumamos un matrimonio espiritual. Cuando Gala escapaba con alguno de sus amantes, y en una época tan difícil como el franquismo, a Dalí no le avergonzaba aparecer conmigo en la prensa *(remarca con gesto de entrecomillado con los dedos)* «a pesar de ser otra persona».

PÚBLICO:

(KORINE sentado ahora al lado de WERNER HERZOG)

KORINE: Por cierto, en mi película de las monjas volando también había un punto bastante *queer* con los *impersonators (voltea a ver a HERZOG con mirada de cómplice)*. Tú estabas buenísimo de sacerdote.

(HERZOG sonríe orgulloso)

JAMES DEAN: Yo también estaba bastante bien, Harmony, aunque muy secundario. ¿Sigo siendo un modelo de construcción de la masculinidad o es Hollywood?

(KORINE y HERZOG le miran sin mucho interés y se encogen de hombros)

GONZÁLEZ-TORRES: Es importante entender en las acusadas esa concepción de lo público y lo privado y de la distribución de los espacios.

DALÍ: *(con el sombrero de pan puesto)* Por cierto, ¿sabían ustedes que Gala me requería permiso por escrito para entrar en casa?

(Todos los personajes en escena irrumpen en una carcajada sonora de varios minutos; las risas se tornan en una sinfonía cacofónica mientras bajan gradualmente las luces)

ESCENA IV

JUEZ: ¡Que se levante Francesc Ruiz!

(FRANCESC RUIZ se incorpora y mira alrededor)

FISCAL: En su caso concreto el apropiacionismo se centra especialmente en los medios de comunicación y sus sistemas de distribución, a los cuales somete a una manipulación en la representación de ciertos aparatos sociales que nos desvelan numerosas capas en la construcción de la colectividad urbana.

(Algunas personas del público están leyendo cómics)

WILLIAM BURROUGHS: El acusado presenta dos de sus conocidos quioscos que ha ido realizando en diversas partes del mundo. *Edicola Mundo* lo presenta como lugar laberíntico, en el que estos se convierten en arquitecturas de la información ya obsoletas, se hiperbolizan y extrañan hacia la evocación; cápsulas en el tiempo como sincronías históricas interpretables, espacios de especialización y recorridos para conocedores previo a internet. Me recuerda mi concepto de «interzonas», con esos territorios intersticiales con un sinfín de referencias y desplazamientos temporales, que crean una multiplicidad de historias. A pesar del caos aparente de las interzonas, en realidad guardan un orden perfectamente articulado y pensado, solo que con múltiples direcciones. En realidad creo que no solo los quioscos de Francesc Ruiz se relacionan con esta idea, sino que todo el proyecto de Martí Manen encajaría aquí.

MARIO MIELI: Y refleja este sistema social esquizoide... y junto con el quiosco, hará otro proyecto donde nos encontramos con el *fumetto* erótico italiano y toda la carga delirante y sexual de esas publicaciones de los años sesenta, setenta y ochenta.

FISCAL: ¿Presenta el quiosco como punto de encuentro sexual de códigos ocultos?

GUS VAN SANT: Claro que sí, al tiempo que insiste en esa idea de lenguaje internacional *(frunce el ceño)*. ¿No iba de eso la cosa? El conjunto mezcla actualidad, especialización múltiple, pulsión sexual y lo local en relación a lo global.

MIELI: ¿Y acaso la sensualidad y el erotismo no son un lenguaje internacional? No sabía que esta Bienal tuviera que estar hecha para el *homo normalis*.

PÚBLICO:

(ROBERT CRUMB sentado con KORINE)

ROBERT CRUMB: ¿Este no es ese que hacía lo del cómic expandido?

KORINE: Sí. Pero, ¿dónde dan esos cómics?

CRUMB: Se reparten por entregas por los jardines estos.

RENZO BARBIERI: Yo creo que a Francesc Ruiz lo que le interesa es lo clandestino y lo prohibido, esas capas invisibles de la sociedad.

PÚBLICO:

HANS ULRICH OBRIST: Esto está durando demasiado, con una entrevista de cinco minutos era más que suficiente.

DORA GARCÍA: Pues yo creo que esto debería hacerse todos los días durante todo el desarrollo de la Bienal, o más incluso...

GONZÁLEZ-TORRES: O cada semana una cosa diferente...

(Se bajan las luces y los que tienen los cómics sacan los móviles para seguir leyendo)

ESCENA V

JUEZ: Que se levante Pepo Salazar.

(PEPO SALAZAR, aguantando la risa, deja la bolsa de patatas o snacks que comía y se la pasa a AUGUSTE RODIN, que está sentado a su lado)

FISCAL: ¿Por qué continúa repensando el replanteamiento del objeto y la relación con lo material?

(SALAZAR se apresta a responder, pero le interrumpe BRUCE NAUMAN)

BRUCE NAUMAN: Porque vaya manía con la búsqueda de la novedad en el arte. Qué necesidad más boba. Salazar sorprende con simbologías a descubrir, metal combinado con sonido y elementos de la sociedad de la imagen.

(Muchas personas en la sala están comiendo Cheetos, con lo que se percibe un ligero olor a queso)

BALLARD: Tenemos que entender su producción artística como una amalgama de procesos... y entender en su trabajo conceptos como los de pérdida, desaprovechamiento de activos.

PÚBLICO:

KLAUS BIESENBACH: *(haciéndose un selfie)* ¿Qué quiere decir?

PAUL LAFARGUE: Se refiere al tiempo, el capital económico y simbólico, la idea de «profesionalidad», la de producto o la de posesión material, la de inactividad, del derecho a la pereza.

JACQUES RANCIÈRE: Nos olvidamos del papel del espectador.

DEBORD: En absoluto, habría que terminar por fin con esa separación entre artífices y espectadores, con lo que la división entre artista y espectador debería desaparecer.

BURROUGHS: Pues yo insisto en lo de las interzonas, esos recorridos complejos, diálogos entre objetos, entre momentos dentro de ese complejo ecosistema.

PÚBLICO:

OCTAVIO ZAYA: En cualquier caso, estas ideas o conexiones están siempre realizadas en diferentes frecuencias y utilizando diversas técnicas de fragmentación y amalgama.

SIERRA: Que lo que están es todos instrumentalizados...

MIKE KELLEY: *(con los labios naranja por los Cheetos)* A mí me parece de puta madre esa actitud *punk* mezclada con elementos minimal.

LESTER BANGS: Lo disfuncional.

(DALÍ sale de la sala lateral izquierda con una peluca puesta, de pelo largo. La cepilla pausadamente)

PÚBLICO:

MARCEL DUCHAMP: Yo mejor me callo ahora que ya está más que comprobado que el urinario no era mío.

MAN RAY: Enroque.

(Se bajan las luces y suena una música de fondo, difícil de describir)

ESCENA VI

(Ya no queda clara la distinción entre testigos y público. Están todos juntos con apariencia bastante ebria y hablan sin ningún orden mientras beben champán, alguno de ellos en un zapato)

JUEZ: Pasemos al eterno caso del problema de la no-internacionalización del arte español. Que se levanten los cuatro acusados.

(Los artistas y el comisario terminan de un trago el chupito con el que estaban brindando)

FISCAL: ¿Reconocen todos ustedes haber estado en exposiciones en lugares como Nueva York, París, Berlín, Buenos Aires, en Italia, los países del Este, o incluso ciudades de Asia, entre otros muchos lugares?

(GODOT se coloca al centro del recinto. Por su posición y actitud, aparenta haber asumido el papel de la defensa)

GODOT: Protesto, señoría; la pregunta es tendenciosa. El hecho de que mis representados tengan una trayectoria internacional y hayan exhibido en numerosos lugares, no habla de las dificultades de llegar hasta allí. En todos los casos ha sido un camino difícil, una tarea ardua, de buscavidas, de llamar a muchas puertas hasta el hartazgo *(voltea hacia los acusados buscando consenso)*. En muchas ocasiones, el apoyo institucional que han tenido es escaso, ninguno o cuando menos, insuficiente... asumiendo sus propios riesgos.

CHARLES FOURIER: Y sin padrinos, que ya sabemos, señoría, que en este mundo tener padrinos abre muchas puertas.

FISCAL: Y ni que decir tiene, Dalí, que vivió en Nueva York, París y sigue siendo uno de los artistas más internacionales que ha tenido España.

(DALÍ, del brazo de LEAR, hace un gesto afirmativo mientras se retuerce el bigote y toquetea su bastón dorado)

ANTONI TÀPIES: Hubo un tiempo en que había una obsesión por construir una especie de escuela nacional, un llamado «arte español», homogéneo, para establecer una diferenciación del entorno europeo pero al tiempo formar parte de él, un poco similar a lo que intentan hacer con la «marca España».

PASOLINI: Lo que está pasando aquí es un genocidio cultural. El verdadero fascismo es el que la emprende con los valores, con las almas, con los lenguajes, con los gestos, con los cuerpos del pueblo. Es el que conduce, sin verdugos ni ejecuciones de masas, a la supresión de amplias porciones de la sociedad misma.

GEORGES DIDI-HUBERMAN: Pier Paolo, las luciérnagas han desaparecido, y eso quiere decir que, como tú mismo decías, la cultura, hasta hace unos años una práctica de resistencia, se ha convertido en un instrumento de la barbarie totalitaria...

FISCAL: ¿Usted no considera culpables a los artistas?

ARTHUR RIMBAUD: Los artistas no tienen la culpa de nada. Son artistas y eso no es su culpa. Yo me he reconocido poeta. Esto no es de ningún modo mi culpa. Es falso decir «yo pienso». Se debe decir «se me piensa».

FOURIER: Está claro que hay problemas estructurales críticos, tales como la falta de medios de producción, becas y ayudas... Y lo poco que hay supone cantidades irrisorias. Por no hablar de una legislación absolutamente desfavorable.

WALTER GROPIUS: El problema es de base, en la educación artística. Mira cómo está la Academia. Además, hay un gran vacío entre esta y el tejido artístico; son muy pocos agentes los que establecen puentes.

(Los acusados siguen atentamente los comentarios, girándose exageradamente para seguir a cada interlocutor; mientras tanto, comen ávidamente Cheetos. Parecen ajenos al hecho de que no se les ha permitido intervenir hasta este momento)

BRECHT: La mayor parte de los organismos o instituciones que realizan exposiciones de artistas españoles en el extranjero tienen una excusa política, el apoyo al arte español nunca es el primer objetivo. Parecen el que llevaba el ladrillo consigo para mostrar al mundo cómo era su casa.

HARALD SZEEMANN: No hay tejido, no se ha promocionado a los artistas de modo comprometido y serio, ni se han consolidado las redes que algunos intentamos abrir en su momento. ¿De qué sirven los dinerales que se han gastado en algunas exposiciones si no se utilizan para establecer unos buenos cimientos?

PASOLINI: *(con hipo)* El lenguaje de las cosas ha cambiado. El espíritu popular ha desaparecido.

ESTHER FERRER: *(con una col en la cabeza)* A veces también parece que hasta que no has hecho cosas fuera, aquí no te prestan ninguna atención. Bueno, a veces ni eso.

(SIERRA carraspea; PABLO PICASSO y JOAN MIRÓ se pasan un papel en el que están haciendo un cadáver exquisito)

JORGE OTEIZA: Yo gané el premio de la Bienal de São Paulo en 1957 y tampoco me sirvió de tanto, sino más bien de cansarme más de todo y centrarme más en el pensamiento teórico, seguir por un camino más silencioso…

EDUARDO CHILLIDA: *(girándose hacia él con la mano en la boca en gesto de burla)* ¡Venga ya!

TÀPIES: Por eso, desde hace años el país está sufriendo un éxodo masivo de artistas. Se dan cuenta de que para tener una carrera internacional tienen que salir, sacarse las castañas del fuego ellos mismos, a costa de, en muchas ocasiones, tener que vivir en unas circunstancias nada fáciles. Si seguimos así ¿qué va a pasar con esta última –o las últimas– generaciones de artistas? Corremos el riesgo de que empiecen a aflorar muchos vacíos, unas grietas que no van a ser nada fáciles de tapar si no se ponen medidas a tiempo.

FISCAL: *(con la corbata torcida, bastante desaliñado y trabándosele la lengua)* Ustedes les prepararon bien el camino con Dau al Set. Fueron capaces de continuar con un surrealismo interrumpido y promover una renovación artística y cultural que tuvo mucho éxito internacional.

GRUPO EL PASO y **GRUPO CRÓNICA**: *(interrumpiendo su brindis, en coro)* Eh, ¡y nosotros también!

JUEZ: *(golpeando con el martillo en la cabeza de DALÍ)* ¡Silencio en la gala! *(se carcajea él solo)*

JOAN BROSSA: *(titubea)* Ummm, yo creo que tiene mucho que ver con las endogamias. Por mucho código de buenas prácticas que nos empeñemos todos en llevar por delante ya sabemos después que los verdaderos códigos deontológicos se los saltan a la torera.

BEY: *(derramando una botella de bourbon sobre sus zapatos)* También podrían entenderse más bien como «grupos de afinidad».

GODOT: ¿No será también que siempre son los mismos nombres?

TIMOTHY LEARY: Y el enquistamiento institucional. En los últimos años ha habido un desamparo generalizado que responde a una disfunción estructural del sistema.

TÀPIES: *(con un sombrero hecho con papel de cómic en la cabeza)* Y bastante provincianismo, unido al individualismo y la búsqueda de intereses privados. No pensamos en colectivo, a nadie le interesa hacer el trabajo sucio, es más fácil ser diplomático y asegurar el lugar.

MARTHA ROSLER: Y por no decir de la precariedad; estoy harta de escuchar eso del capital simbólico. ¡A mí los activos simbólicos no me dan de comer!

DALÍ: *(firmando con una pluma en la espalda de un joven)* Yo me construí a mí mismo y logré unas normas sociales propias, así que ellos también pueden hacerlo.

FERRER: *(se quita la col de la cabeza y la pone sobre la de BECKETT)* Yo creo que España no ha encontrado aún su lugar en el arte contemporáneo. Nunca estaremos «de moda». Hay temporadas en que se ponen de moda los chinos, los brasileños, los de Oriente Próximo. Pero, ¿cuándo estaremos de moda los españoles o los países PIGS?

BECKETT: *(sin inmutarse con la col)* Yo escuché una vez que el arte tampoco sale de España porque a muchos les apuñalan antes de intentar cruzar los Pirineos.

FISCAL: *(con la corbata en la cabeza, arrastrando las palabras)* ¿No les parece que no es más que ánimo de protesta y no se presta la suficiente atención a los agentes que sí están actuando? Pongamos, como ejemplo, al comisario, que ni tan siquiera vive en España y ha realizado más proyectos fuera incluso que dentro del mapa español...

HENRI LEFEBVRE: *(señalando con un puntero sobre un mapa de escuela)* ¡Protesto! ¡El mapa no es el territorio! Los mapas no solo han operado como representaciones, sino como artefactos útiles para imaginar otros espacios, o para pensar en lo que supuestamente no existe o está fuera del mapa.

JUEZ: *(atropelladamente)* Delegada... relegada... renegada... *(ofuscado al no atinar a la pronunciación correcta)* ¡Derengada la propuesta!

FOURIER: ¡Yo veo en todos los trabajos de estos la palabra revolución, pero no veo que se haga nada!

(FOURIER se mueve enérgico y pierde la peluca, la misma que llevaba puesta DALÍ anteriormente)

BRECHT: Las revoluciones se producen en los callejones sin salida.

PASOLINI: Yo siento nostalgia de las gentes pobres y verdaderas que se batían para derribar al patrón, pero sin pretender ocupar su puesto.

(Le caen varias bolas de papel de cómic a la cabeza)

CHOMSKY: Lo que es necesario es romper las formas de las relaciones de poder establecidas para buscar una redefinición de todo. Una redefinición de los nombres y los sistemas... Si logramos un cambio en la estructura del arte contemporáneo podremos reformular nuestra posición.

BRECHT: Cuando la hipocresía comienza a ser de muy mala calidad, es hora de comenzar a decir la verdad.

ALFRED JARRY: Y de aplicar un poco de patafísica a todo esto.

GODARD: *(se levanta efusivo empuñando un tubo de neón)* Más bien hay que destruir la idea de la cultura. La cultura es una coartada del imperialismo. Hay un Ministerio de Guerra. Hay un Ministerio de Cultura. Por lo tanto, ¡la cultura es la Guerra!

FISCAL: *(hace una pajarita con un billete de 50 euros)* Tiene que ver con la crisis económica…

BRECHT: Las crisis lo único que hacen es evidenciar lo endémico, sacar a la luz procedimientos y actitudes muy arraigadas.

FISCAL: *(pellizcando a BRECHT en la mejilla)* Entonces reconocemos la endogamia y ciertos *lobbies* de poder, ¿¿¿eh???

BRECHT: Cuando el delito se multiplica, nadie quiere verlo.

DALÍ: *(comiéndose el sombrero de pan)* No se muerde la mano que te da de comer.

BROSSA: *(arrancando violentamente el pan a DALÍ)* ¡Sí se muerde! Y si necesitas que otra mano te dé de comer, ¡te compras comida congelada hasta que aprendas a cocinar!

FOURIER: Hacen falta cambios más radicales.

BRETON: Hay que volver a cero.

FOURIER: Y asumir la responsabilidad; posicionarse.

CONSTANT: *(levantando la voz y sujetando un cucurucho de papel de cómic a modo de altavoz)* Yo creo que hay que abandonar todo esto e irnos todos a New Babylon.

DEBORD: A ti te pasa lo que a la mayoría aquí: sois todos demasiado artistas y muy poco políticos.

ISIDORE ISOU: Lo que hay que hacer es buscar estrategias de visibilidad alternativas que se constituyan como espacios de resistencia.

FISCAL: *(descorchando otra botella de champán)* ¿Llevamos décadas cometiendo los mismos errores?

(El corcho le da en la cabeza a CHOMSKY)

NAUMAN: Yo creo que no se trata simplemente de cohesión del sector, sino de un problema sistémico. Sería como intentar plantar un bosque enterrando hojas sueltas en lugar de plantando raíces o semillas. El problema es la raíz, que no existe, solo existen los brotes verdes, pero queda mucho más vistoso, se pueden ver más los «esfuerzos» en un terreno que ya presenta hojas verdes –efecto– que uno donde se hayan enterrado unas semillas –facto–.

FISCAL: *(sirviendo el champán)* ¿Qué proponen entonces?

CHOMSKY: No creo que nadie tenga la fórmula exacta de un prototipo de gestión que encarne el ideal. Hay que ir experimentando, acertando y equivocándose, pero hay ciertos principios razonables que creo que todos tenemos bastante claros y lo que importa es tratar de avanzar en la dirección de esos principios.

FERNAND PELLOUTIER: ¿Por qué el sistema del arte no puede consistir en una organización libre, limitada solo por las necesidades de la producción y el consumo, despojada ya de toda institución política?

LOY: *(abrazando al juez)* Todo esto, señoría, tiene además unas consecuencias muy preocupantes, no solamente la de los vacíos mencionados, sino la de la eterna cuestión de quién escribe la historia y quién escribe la cultura.

CHOMSKY: Cada faceta de la cultura lleva implícita una expresión de las formas de vivir que se consideran «aceptables» y de los valores «adecuados» que debemos tener. Y todo eso es adoctrinamiento.

BECKETT: Otro de los grandes problemas, sí: quién construye la historia y quién construye la cultura. Muchas instituciones suelen tener un importante papel del que no siempre son conscientes, manipulando la historia y decidiendo quién debe o no pasar a formar parte de sus anales, que generalmente suelen ser aquellos que han estado de su lado.

BRECHT: *(tumbado en el sofá de labios, ahora lleno de manchones, con los pies hacia arriba)* Igual ha llegado el momento de que las conversaciones de bar pasen a los textos y viceversa, que tampoco vendría mal.

(Se hace ahora evidente que todos los otros personajes fueron abandonando la escena paulatinamente. El pabellón se encuentra ahora ruinoso después de su paso caótico, con las instalaciones a medio desmontar)

DALÍ: Por cierto, ¿a qué hora cierran este chiringuito?

(Telón)

History never repeats itself, but it rhymes

Manuel Segade

We must try to accustom ourselves to a perspective in which every act of reading, every local interpretive practice, is grasped as the privileged vehicle through which two distinct modes of production confront and interrogate each other... If we can do this... we will no longer tend to see the past as some inert and dead object which we are called upon to resurrect, or to preserve, or to sustain, in our own living freedom; rather, the past will itself become an active agent in this process and will begin to come before us as a radically different life form which rises up to call our own form of life into question and to pass judgment on us, and through us on the social formation in which we exist. At that point, the very dynamics of the historical tribunal are unexpectedly and dialectically reversed: it is not we who sit in judgment on the past, but rather the past... which judges us, imposing the painful knowledge of what we are not, what we are no longer, what we are not yet.

Fredric Jameson,
The Ideologies of Theory. The Syntax of History[1]

In his efforts to define the characteristics of postmodern art practice, U.S. art historian Craig Owens[2] pointed to a process already visible in Marcel Duchamp that began with a shift in the mode of expression and has since had revolutionary consequences. The third-person towards whom the cultural production of classicism's regime of representation had been directed has shifted to the second-person singular. Rather than a register of History, art has become a register of discourse. Rather than voicing perspective or logic to a receiving object in a distant and authoritarian manner, it exhorts a possible subject, the "you" that has become the spectator. Owens belonged to a generation of theorists that took up the revolutions of structuralist and post-structuralist thought—what came to be known as *French Theory*[3] in the United States. Influential in Europe by the mid-1980s, these

1.
Fredric Jameson, *The Ideologies of Theory. The Syntax of History*, University of Minessota. Press, Minneapolis, 1988, p.175.

2.
Craig Owens was one of the great voices defining postmodernity. Editor of *Art in America* and collaborator with *October*, he died at the age of 40 in 1990 as a result of complications from AIDS. He drew this differentiation with regard to elocution from the theories of French linguist Émile Beneviste.

3.
The term *French Theory* refers to a body of knowledge produced by the French Academy in the 1960s and 1970s and adopted by English-language universities in the early 1970s. It includes the work of Claude Lévi-Strauss, Gilles Deleuze, Michel Foucault, Félix Guattari, Louis Althusser, Julia Kristeva, Jaques Derrida, Jean-François Lyotard, Jacques Lacan, Jean Baudrillard, Roland Barthes and Hélène Cisoux.

4.
Michel Foucault,
Las palabras y las cosas
[*The Order of Things*],
Siglo XXI, Mexico DF,
1998.

5.
Jacques Derrida,
La verdad en pintura
[*The Truth in Painting*],
Paidós, Buenos
Aires, 2001. This new
paradigm explains the
outright rejection of
painting by art theory
in the 1990s.

revolutions took root in Spain a decade later with the arrival of translations of key texts. Their fundamental contribution to art theory could be summarized as a critical program directed at a double object: the author and representation itself. Such second-person exhortation opened the door to a soft, delayed authorship capable of absorbing diverse discursive affiliations and taking shape in a multiplicity of media. While Owens was writing in publications and participating in intellectual debates towards the end of the 1980s, theory naturally began to gain weight in Western artistic production as an interpretative network, with an unprecedented viscosity that gradually displaced art criticism's role as the agenda within its discourse.

It was postmodern critical theory that definitively dissolved the equivalence between reality and representation. The so-called Classical regime of representation[4] was based on the suppression of any sign of the representational apparatus. Its authority was justified precisely by the rational order of the very world it mirrored, assuring its epistemological value and the validity of its truth. Since its return to the European continent in the 1990s in English translations, the legacy of French Theory provides an understanding of artistic praxis as an exercise in representation that is not conceived as just one more universal abstract, but instead as a particular one in each case. Following the neo-expressionisms of the 1980s transavantgarde, the myth of a primordial, universal or romantic language was banished from both the viewpoint of the productive artist and from art production itself. This led to a return to the specificity of the body as its own language: a micro-political explosion.

As a consequence of this new model and of the genealogical recovery of lost conceptual practices, European art turned its attention to subject matter that had previously been outside its field. The formal definitions that had been dominant slipped through critics' fingers until the parergon became the work's central element.[5] The problems inherent in exercising referentiality shifted the center of discourse towards those frameworks or categories that facilitate a work's reading: the institution or artistic tradition within which it exists, its social legitimization and the means of representation it utilizes.

The two major themes that defined responses to the question of making were the allegorical impulse and theatricality. The allegorical strategy places the self-awareness present in the act of language at the center of all meaning: allegorical texts fold onto themselves, over-whelmed with references to other texts rather than to something external, based in objective reality.[6] Speech's fate is to become the recipient or archive of a sort of fragmentary series of texts that pile up unendingly, layered one upon another as if in a limitless library *à la* Jorge Luis Borges. On the other hand, theatricality derives from the need for works to occur in the real world—not as a mimetic regime of representation, but rather as one more element that coexists with all other worldly things.[7] In the case of Spain, both strategies became the norm for much of the 1990s and later found a place, not so much in language as in the theoretical framework or mythology around production that makes it possible to explain an artist's creative path: each public exhibition, each artwork, is added in an iterative, performative exercise to another, larger one, as if each production was merely a paragraph in one vast text that comprises an artist's career. It is precisely the crossover of careers, or creative trajectories, which allows us to identify the vectors marking the rhythm of History.

‡

A collective exhibition in a national pavilion inevitably turns the selection of participating artists into a case study, posing chronological and geopolitical questions—especially to the

6.
Postmodernity's recovery of allegory as a fundamental discursive figure is directly related to the recovery of the philosophy of Walter Benjamin (especially his work, *The Origin of German Baroque Drama*) by theorists of literary deconstruction such as Paul de Man. Craig Owens wrote two fundamental texts in this regard: *The Allegorical Impulse: Toward a Theory of Postmodernism*, parts 1 and 2). It was updated in Spain by José Luis Brea in his *Nuevas estrategias alegóricas* (Tecnos, Madrid, 1991). A summary of the spread and interpretation of allegory in recent decades appears in Gale Day, *Dialectical Passions: Negation in Postwar Art Theory*, Columbia University Press, New York, 2011. As this quote shows, there is no escaping allegorical procedure even when writing about art.

7.
Discussion of theatricality in contemporary art began with a critical text by Michael Fried ("Art and Objecthood", in *Artforum*, no. 5, June 1967) in which he attacked the theatrical literality of minimalist art. Once one eliminates the conservative moral attack against the art of his time, his formalist diagnosis is still valid today as a means of defining the direction of the artistic practices following the 1960s.

exotic gaze of a foreign public. In fact, artists Helena Cabello (Paris, 1963) and Ana Carceller (Madrid, 1964), Francesc Ruiz (Barcelona, 1971) and Pepo Salazar (Vitoria, 1972) were all born within the space of a single decade and began to show their work in public during the second half of the 1990s. The curator of the present edition, Martí Manen (Barcelona, 1976), belongs to the same time period, a period which could be said to comprise a generation, as do the artists that represented Spain in the two previous editions of this Biennale: Lara Almarcegui (Zaragoza, 1972) and Dora García (Valladolid, 1965).

A group show can cause a distortion, an obsession with characterizing an epoch on the basis of its artists' practice, assigning them to a supposedly concrete group that helps determine the reason for their continued presence on the art scene in recent years. This kind of compulsion, or forced interpretation, runs the risk of contributing to the establishment of a canon, immobilizing artistic positions in a kind of continuous present. But the hypothesis of generational or national representation provides an opportunity to convert this historical distortion into a counter-narrative. This would suggest a different reading by reconstructing a complex discourse: turning hypothetical statements into *common sense* in order to explain the position from which these artists speak —reconstructing the context that allowed them to understand the multiple influences that have made their work possible and explaining an artistic landscape that shows how contemporary Spanish art must be viewed today, in terms of what it seeks to bring into being as profound and tangible difference.

In the 1990s, the art scene in the Spanish state began to acquire infrastructures —both intellectual and institutional, for teaching and exhibiting—hastily catching up with other nations under pressure from above, at the very moment that postmodern critical theory was becoming the benchmark for evaluating its recent artistic tradition. The artists who began their careers when this new paradigm was taking shape rapidly absorbed its critical and appropriative strategies as well as the marketing techniques that have characterized the global art system in recent decades. Artworks from the 1990s clearly demonstrate their confrontation with the art scene's processes of gestation: the proliferation of institutions in response to the feeling of backwardness associated with the Franco years, the introduction of Fine Arts training programs[8] and the construction of a professional art market brought visibility to a series of new practices, while simultaneously banishing emerging trends to a state of subcultural outsider-status often confused with institutional criticism.[9] Consequently, beginning an artistic career at this turbulent moment necessarily included responding to a powerful economy of the psyche. Openness to theoretical reception and the distance between it and the practices available to young or emerging artists led to a certain subjectivity, not only as a distinguishing factor in the larger social field, but also as a vector of production. Throughout the West, postmodern language proved useful as a vehicle for giving voice to the *other*: feminism, LGBTQ, post-colonialism and de-colonialism broadened the spectrum of what could be articulated so that the network of subjective positions could legitimize all difference, not just as lifestyle, but equally as artistic practice. In this, a combative advantage is made obvious. For if market inflation and party politics' interest in contemporary art in Spain have made any contribution at all, it has been to underwrite the power of representation, by recognizing the usefulness and persuasiveness of contemporary cultural products in the public sphere. This has generated an awareness among art practitioners of belonging to a discrete minority that is both spectator and performer, cognizant of how its gestures contribute to the construction of the scene itself.

The 1990s were characterized by socio-cultural phenomena that transformed the possibilities of contact and the idea of networks and flow. Those phenomena included confrontation with the cultural domination of the United States, reimagining what constitutes the center and the periphery through the technological revolution of the Internet, the imperatives of socialization imposed by new portable communications devices, the broadening of the West's discourse following the disappearance of barriers separating it from Eastern Europe, the mobility of Southern peoples due to the civil wars that ravaged Africa, the consequences of the devastating AIDS epidemic, and so

8.
It is important to recognize that the very conservatism of Fine Arts' curriculum and the lack of important artists among its professors led to an extreme individualism in artists' proposals, not to mention their exile abroad.

9.
In *Diez apuntes para una década (Arte español de los 90)*, Martí Peran wrote: "[the] nineties, the following years, represented, first, the moment when contemporary Spanish art began its active (by becoming merchandise with which to speculate) and passive (through the obligation of testing alternative formulas and processes that progressively distanced it from its natural spaces) dissolution."
http://www.martiperan.net/print.php?id=18

10.
This is also mentioned by Lars Bang Larsen in "The Long Nineties" (*Frieze*, no. 144, January-February 2012). http://www.frieze.com/issue/article/the-long-nineties/

11.
For example, Eve Meltzer, *Systems We Have Loved: Conceptual Art, Affect, and the Antihumanist Turn*, The University of Chicago Press, Chicago, 2013.

12.
From the introduction by Melissa Gregg and Gregory J. Seigworth, *The Affect Theory Reader*, Duke University Press, Durham, 2010.

13.
"History is what hurts, it is what refuses desire and sets inexorable limits to individual as well as collective praxis, which its 'ruses' turn into grisly and ironic reversals of their overt intention. But this History can be apprehended only through its effects and never directly as some reified force. This is indeed the ultimate sense in which History as ground and untranscendable horizon needs no particular theoretical justification: we may be sure that its alienating necessities will not forget us." Fredric Jameson, *The Political Unconscious: Narrative as a Socially Symbolic Act*, Cornell University Press, New York, 1982, p. 102.

on. At the same time, neo-liberalism was burgeoning as a dominant economic model and, as Foucault had predicted, it constituted an eminently social form of government.[10]

The Spanish state's new infrastructures offered unprecedented access to contemporary culture; at the same time the lack of tradition gave rise to a need to reinvent and connect with it. Towards the end of the decade, conceptual coolness and professionalism contrasted markedly with art that generated affective ties, with varying consequences. Innumerable examples may be found in the work of Tere Recarens, Carles Congost, Ana Laura Aláez, Joan Morey, Ester Partegàs, Sergio Prego, Itziar Okariz, Azucena Vieites, Xoan Anleo, Salvador Cidrás, Federico Guzmán, Susy Gómez, Marina Núñez and others. The understanding of these practices as part of the grand tradition of new artistic behavior, rather than as divergent from it, has only recently begun to be narrated. With the spread of *Affect Theory*, the history of conceptual art has been reoriented to accommodate affect.[11] The network erected by structuralist thought allows the emergence of new artistic methodologies, but the system of structural thinking has collateral effects that weave an emotional space. Social theorist Brian Massumi describes affect as "those spaces between the positions in a network."[12] No ideological or interpretative system can exist without affect. *New-Left* thought from the 1980s and Marxism—both seemed out of date just a few years ago, but the present crisis has renewed their relevance—espouse a maxim by Fredric Jameson that speaks directly to this question: "History is what hurts."[13] The affective and conceptual genealogy of the criticism of representation is what makes it possible to bring history back into contemporary art through exhortative narratives about lifestyles: affective stories that occur among bodies. Affect is what makes up individuals' part in history's flow of events. Affects are a dialectical play produced through representational, technological and social forms whose stories overlap. And that is what makes it possible, through art, to bring history back within lived experience as an event. As Baruch Spinoza wrote: "No one has yet determined what a body can do."[14]

Bodies connect events that make history a present to be reconstructed, not so much to be lived as to be discovered through its representation, like an image that has already been constructed in a memory we are no longer sure is ours but that we share. This creation of contact explains the critics' insistence on identitary processes and openness to subjective, intermittent, fragile and fluid agencies: that is, to dissidence, nonconformity and resistance. In fact, this event—the returning of the fluidity of the body and of subjective agency to history—strongly recalls Felix Guattarl's notion of the molecular revolution: "The molecular revolution consists of producing the conditions, not only for collective life, but also for the incarnation of life for itself, both in the material and subjective fields."[15]

In other words, rather than merely posing an ideological question, what artists did in the second half of the 1990s was to define a central system of shared values[16] against the conventional: in the face of the market's simultaneity, the culture of fame fabricated by the media and the institution's power to synchronize styles, artists worked outside the hierarchies, using models of micropolitical participation. Such was the case, for example, with Arteleku, in Donostia.[17] The so-called *Social Turn* in contemporary Spanish art did not only manifest itself in the subject matter appearing in artists' work and exhibitions, it constituted a generational transformation of their very mode of production. While writers addressing art's theory, history and criticism struggled to adapt their vocabulary and grammar to match or equal international practice,[18] artists engaged in a dialog among practices, through the development of methodologies that could be shared. These included affective contact in the

14.
Spinoza's phrase became a *leitmotiv* for the Gilles Deleuze's critique of identity and is very present in his programmatic books written in collaboration with Félix Guattari, such as *L'Anti Oedipe* and *Mille Plateaux*.

15.
Félix Guattari y Suely Rolnik, *Micropolítica. Cartografías del deseo*, Traficantes de sueños, Madrid, 2006, p. 62.

16.
A concept borrowed from Stuart Hall.

17.
Arteleku is a contemporary art center founded in 1987 where research, studio and exchange became a manner of working, replacing the conventional programming of exhibitions with encounters and relational activities.

18.
Waves or phases of updating that theorists such as Anna Maria Guasch have characterized as successive "turns" (related to genre, archives, ethnography, and so on). José Luis Brea attempted to transform them into epistemological revolutions in academia, for example: "visual studies."

19.
Martí Peran, *op. cit.*

construction of local scenes, the activation of audiences to form communities and, most importantly an awareness of the material and the symbolic precariousness of a field under permanent (re)construction.

Fredric Jameson's great hypothesis about postmodernity is that the cultural products of advanced late capitalism are symptoms of a dominant economic superstructure, shaping its representation in the social sphere. In the Spanish art system artistic production has been and remains a social sub-field that escapes this logic, because it lacks a market—and here, we mean 'market' in its broadest sense, an art economy, including collecting, an institutional market and the possibility of drawing public attention to artworks. As a result, the present generation of artists have been able to link international visibility to occasional exhibitions organized by national institutions, thus making themselves known on the domestic scene without ever abandoning the social contact provided by independent spaces and initiatives. This separateness from what goes on abroad explains why their language transcends convention, within which belonging to a generation implies eventual dissolution in the politics of time, affect and history. Yet rather than opting for independence, they mark their banishment through the industries of awareness. Far from any ivory-tower isolation, their response as a generation has been an affiliation with the social and with the representation of the other—paving the way in each of their works for the task of representing us.

‡

As Martí Peran has pointed out,[19] belonging to a tradition fragmented by Franco's dictatorship frees one from the obligation of finishing modernity's project. Moreover, it simplifies the task of critically responding to the previous generation. Attention to what was happening outside Spain, as well as institutional recognition and criticism of conceptual art, helped artists elaborate personal, promiscuous genealogies that sparked processes of absorption, distortion, appropriation and displacement—a sort of vernacular conceptualism in which art is constructed as something it is not.[20] In contrast with the tropes of progress and evolution, which serve as massive homogenizing agents in history, personal genealogies are constructed as chronopolitical effects. These are reconstructions, then, rather than diachronic inconsistencies governed by taste.[21]

In the words of Elisabeth Freeman, the present isa hybrid which "admits that contact with historical materials can be precipitated by particular bodily dispositions, and that these connections may elicit bodily response, even pleasurable ones, that are themselves a form of understanding. It sees the body as a method and historical consciousness as something intimately involved with corporeal sensations."[22] In contrast to the productive time of neoliberal capitalism, the reproductive heterosexual couple and the traditional teleological concept of historical time, previously regarded as unassailable, artists propose other relations between the body and time, and, among the dissent produced by differential affects, new social presences and consumer products with their own protocols of presentation. Poses and empowered gestures are chronopolitical manifestations. The West's rational time opens up to a preliminary dialog in which the bodies are many and each pose is a vector that expands their relational possibilities. To pose is to appropriate someone else's previous gesture, to momentarily mimic another body at another time. That is why these artists' gestures are eccentric with regard to majority culture, even though what they propose is precisely the expansion of a multitude of preexisting social fields.

Cabello/Carceller have continually criticized the regime of stereotypes that exists in traditional contemporary

20.
A very influential text in this sense was Rosalind E. Krauss's "Sculpture in the Expanded Field" (*October*, no. 8, Spring 1979, pp. 30-44). There, construction by negating the field of sculpture in the 1970s arises as a need from the pressure to consider the complexity of existing practices. This text was first translated into Spanish in 1985. We must also consider a linguistic point: in Spanish, the double negative cannot be used to produce an affirmative.

21.
This may be the way to understand the curatorial proposal *The Subjects*, with regard to Salvador Dalí, and to reconstruct his ties to our time on the basis of his "lesser" production.

22.
Elizabeth Freeman, *Time Binds. Queer Temporalities, Queer Histories*, Duke University Press, Durham and London, 2010, p. 96.

23.
Craig Owens,
*Beyond recognition.
Representation, Power
and Culture.* University
of California Press,
Berkeley and Los
Angeles, 1992, p. 198.
Owens paraprases
Dick Hebdidge in this
sentence.

24.
Jacques Derrida,
Of Grammatology,
translated by Gayatri
Spivak, Johns Hopkins
University Press,
Baltimore, 1976,
p. 24.

culture, in which the social body's critique of the individual body's language constitutes possibilities for constructing subjectivity. For Craig Owens, "to strike a pose is to pose a threat."[23] The pose, the appropriated gesture, activates the viewer's subjective mobilization while the theory that bodies become involved turns into the tool for fictionalizing subjects. That is so much the case that the tasks of empowerment and agency again become the viewer's job, highlighting the elemental performative nature both of all gender and of each subjection.

The work of Pepo Salazar reveals the subterfuge of cultural production under the latest model of capitalism: the mechanism of absorption and circulation of subcultural signifiers and "signifieds" as types of trends in the framework of a project's projection and display. Using fragments and quotes, recovering an apparent marginality enveloped in techniques of first-rate design, his work is one of deconstruction. As Derrida himself explained: The movements of deconstruction do not destroy structures from the outside. They are not possible and effective, nor do they take accurate aim, except by inhabiting those structures."[24] And beginning with these signs of institutionalization, Salazar's structures turn into perverse strategies of presentation in which sculpture becomes a voracious machine, capable of connecting contradictory meanings that are held in suspense like signifying signs.

Francesc Ruiz appropriates the forms of presentation and distribution of the subculture of comics, addressing the question of reference itself. Drawing on popular culture, revealing the unread or unnoticed, sexual taboos and their concealment, masking and private languages: these strategies permit a paradoxical exercise. At a moment when the industry of the artificial is replacing distinctions as generic signifiers of all "difference" with an empty and puerile diversity, Ruiz draws his distinctions anew, rescuing his references from the flatness of assimilation. Faced with the leveling of all sexual, national and cultural difference, he crafts promiscuous antidotes in the form of narratives whose distribution launches a new countercultural onslaught.

Regarding the current recession, artist Paul Chan wrote: "It seems difficult to mention because, in fact, it is totally obvious, that despite having entered a new century, things have not changed. We are still dancing to the same tune, the same regressive rhythm: another war in Iraq, another banking scandal, another recession. And while it is true that we can discern differences between then and now, in how we live or in how we communicate with each other, it is even truer that these differences underline the lack of freedom we continue to experience over the course of our own lives, above and beyond the world's course."[25]

Mark Twain is frequently quoted as observing "History never repeats itself, but it does rhyme," although specialists tell us he never actually made this statement. The spirit of recession defined by Chan precedes the recession itself. Each personal gesture regenerates this cyclical choreography but it is in the shared dance, in the ties of meaning that are bound through the basis of affective networks, that we become aware of the possibility of transforming the course of history.

25.
Lecture "The Spirit of Recession", 2013.

Moments of self definition

Paloma Checa-Gismero

A wall of gray granite. A dark fence. A bit farther north, the first acacias. Paseo de las Delicias number 143, Madrid, 1990. The show *Animales políticos* (*Political Animals*) opens at Estrujenbank. It has been years since this particular art space existed but at the time, the community formed by the exhibition's works, the artists and the public, represented an alternative to monolithic official culture. The leaflet-style catalog produced for the show demanded the right to "legitimize discours(es) of reality [that would be] autonomous at each moment of their manifestation." This call for self-definition was already widespread. Estrujenbank was not the first space run by painters that defined its practice outside traditional classifications.

Major disasters require major recovery efforts. Under Franco the state's programmatic rigidity excluded or persecuted any non-conformist artistic position. Dalí's performativity was one of the few cases actually celebrated by the regime. Reliant on his Franquist affiliation, his work projected an image of Spain that was less bleak than normal. The baroque, Daliesque methodology he employed somehow spoke to the regime's eschatology. When Dalí died, fourteen years after the death of dictator, the country was still immersed in an inflexible official culture, although loud calls advocating a transformation of the state's structural framework were being heard. The Franco regime's official artistic discourse sipped holy water and dreamed of past empires, exoticized Mediterranean folklore and glorified the multifaceted abstraction that had proved so useful in ideological battles in other places. Officially sanctioned artists passed through Spain's pavilion in Venice as part of collective exhibitions and gained strength on the domestic front through a centralist institutional apparatus isolated from the international scene. Moreover, the few museums that existed were used to reinforce a national identity that revolved around history, Catholicism, and local tradition. Centers such as Madrid's Museo del Prado, the Museu Nacional d'Art de Catalunya or fine-art museums in cities such as Seville, Bilbao and Valencia neither acquired nor exhibited contemporary art. Ignored by public institutions, the function of collecting and displaying such works was relegated to an impoverished gallery system affiliated to both the new and old aristocracy. The authority of official discourse was reinforced with a Kantian visual code that arranged exhibitions and blocked any other possible relations between artworks and the public, maintaining distance and noninterference between individual works that were merely images and a public that only existed as eyes. Thus museums functioned as the state's principal mechanism for setting aesthetic guidelines and unifying the production and the reception of the symbolic. Franquist ideology became the norm within the museum world, and punished visual novelty or deviation from the canon with exclusion from the regime of the visible. The nation's art museums were containers and showcases for a concept of cultural heritage based on collections of objects grouped to evoke an unchanging national identity, derived from shared victories and a collective historical nostalgia. That was the model in Spanish cultural life until the 1980s.

The role of the art system in reinforcing a unitary national discourse eventually shifted when circumstances changed. While it had historically been the norm for artistic institutions in Spain the 1980s saw them begin to enact others. The dictator died and consensual agreements were signed offering the promise of 40 years of stability. Entry into major international military and financial alliances was rapidly negotiated, loans were requested and art galleries opened. Censorship was relaxed, capital was injected and repression softened. Festivals were held and a new generation of art professionals, educated in a climate of openness and democracy, grew up believing in their ability to rethink formats. By the late 1990s, this generation became museum directors. The possibility of progressively challenging the legal frameworks that regulated sexuality, identity, gender, linguistic choice, and family models was accompanied by the hopes that these changes could also be reflected in the Spanish art system's institutional models. The war began was fought on other fronts. It finally seemed possible to explore other ways of being for cultural institutions. Deviation from the norm was now a viable option.

Permanent and temporary exhibitions, activities inside and outside the museum, models of acquisition and the circulation of museum collections—these are all ways in which art institutions enunciate and enact their versions of the role they play in a community. Here, the exploration of other ways of being an institution was accompanied by a questioning of the rigidity of its traditional functions, almost always invisible to or outside of official recognition. The exhibition *Formas computables* (Computable Forms) was held in 1969 at the University of Madrid's Calculus Center, a laboratory that hosted early efforts to redefine the barriers between Spain's sites of scientific research and its art centers. But three years later, another call for different ways of conceiving possible relations with the arts highlighted the continuing structural fragility of the Spanish art system. In 1972 censorship, lack of funds, and disorganization undermined the celebration of the ambitious *Encuentros de Pamplona* (The Pamplona Encounters), cutting the event's planned political commitment. The 1980s were marked by an effervescence of alternative proposals that challenged the normal functions of art institutions, museums, galleries and festivals. While spaces like Espacio P and Poisson Soluble, or the artist duo URA/ UNZ, for example, were short lived, they left their mark on the art scene in a decade filled with change. But were those changes only superficial or did they mark a true reform of the structures that sustained the national art system?

Some statements are able to enact their predicates. Others are not. Those formulated by the art system's institutions not only affect the domain of the symbolic; they also have the capacity to alter relations among agents in the system.

Despite the fact that centralism continues to dictate the distribution of institutional responsibilities in Spain, there is now more room for the defense of new identities for its art centers. On one hand, the historiographic apparatus of the Museo del Prado insures the solidity of a national image elevated to the category of classic, although this is nuanced by the Museo Reina Sofía's program of postcolonial criticism, revising Spanish imperial history from the perspective of the present. On the other, however, new thought is being given to the museum's role as a participant in the dialog with European and North American avant-gardes, as a neighborhood center, and as a meeting place for regional agents. The first group includes spaces such as MACBA or the Fundació Tàpies, both in Barcelona, connecting national and Catalan creation with foreign theoretical developments in the context of critical dialog with that part of the Western canon. The second category refers to spaces such as the Centro de Arte Dos de Mayo in Móstoles, LABoral in Gijón, and Arts Santa Mònica in Barcelona, which at different moments consolidated their role as community centers by configuring programs for local, unspecialized publics. Those centers defend the local epistemologies of their surroundings as legitimate frameworks for museum activities, which sometimes distances them from the guidelines followed by national museums. The third group is exemplified by spaces such as Santiago's CGAC or the MUSAC in León, which have become meeting places for artistic agents scattered throughout different geographical areas, and they highlight the presence of creative networks outside Spain's major urban centers. In those spaces, defining their own functions involves organizing and distributing their resources for a public that is not the disinterested general public of national museums, and this allows them to refine the quality of their programming. The performativity of these institutions and their decision to place the art object in different relational networks shatters the traditional museum's rigidity as ideological container and Kantian material. The question now is what impact this change will have on the viability of non-official institutions.

Five years ago, Martí Manen and I were chatting about the lifespan of independent art spaces. In Rampa, the space I funded in Madrid in 2009 with four other artists, we refused to fix our institutional model and manner of functioning in advance. It was neither an exhibition space nor an artists' workshop, neither a residence nor a gallery. We chose not to discuss its genre or the roles our team would play on the basis of preexisting categories and we trusted the project's multifaceted nature to determine its own relations with the cultural agents around us. Any passage from laboratory to public forum sparks questions about forms and names. Do structural conditions exist for maintaining the self-defining and protean nature of independent institutions? Are institutionalizing moments always standardizing moments? Before and after 2009 there were numerous alternative proposals in Spain that encroached on the terrain of the national cultural sector's institutional normativity. Looking back, we can view the 1990s as being characterized by a permanent call for self-determination, stifled by scarcity of resources and infrastructures too poor to guarantee the longevity of many initiatives. Today it appears as if the latest disaster arrived too late to destroy everything. The fact that polymorphisms like those of Cabello/Carceller, Francesc Ruiz, Pepo Salazar, Salvador Dalí and Martí Manen are creating a context for us in Venice today, inside a brick building with a square gate, is a sign of true structural change. I write this seated in an office chair, the door open behind me.

David Armengol

The Plateau, the Basque Country[1] and the Mediterranean

One of my favorite songs by Belle & Sebastian is *Sleep the Clock Around* from their third album *The Boy with the Arab Strap,* which came out in 1998. An unpretentious pop song, it nonetheless captures the Scottish group's essential sound. It is a combination of several things at once: a particular group of musicians (Stuart Murdoch, Sarah Martin, Stevie Jackson, Isobel Campbell and the other members of the band toward the end of the 20th century), a context (1990s British pop) and a place (Glasgow). What is more, *Sleep the Clock Around* is not just Belle & Sebastian, it also contains those other Scottish groups Teenage Fanclub, The Pastels, Arab Strap and even Mogwai. To sum up then, while *Sleep the Clock Around* might be a straightforward pop song it is also, by extension, a time, a context and a place.

This is the song that comes to mind as I reflect on *The Subjects.* I listen to it and think about Cabello/Carceller, Francesc Ruiz, Pepo Salazar, Salvador Dalí and Martí Manen. As I listen I think about their proposal for the Spanish pavilion at the 56th edition of Biennale di Venezia. Why not start writing about their art through the emotional charge and context provided by a song? Why not distance oneself from the symbolic and ideological weight of the national pavilions in an art biennale? Why not take one of the main foci of Manen's proposal, the sensual, the empathetic, the flexible, as the starting point for a response?

Sleep the Clock Around has nothing to do with contemporary art. It is a pop song that talks about youth, about generational uncertainty and nonconformity. At the same time, it is a recording that offers an initial tone and a rhythmic reading. An exit from discourse and access to the contents of this text: a relevant link to a context that derives from artistic practice. This is a telluric relevance, a rooted belonging that does not depend on a representational gesture—although that may be inevitable in the delocalized setting of a national pavilion—but rather on those intangible elements that link

1.
Trans. note: In the original Spanish, the author uses the word "Vascongadas," a term applied to the Basque Country during the Franco Dictatorship and redolent of his regime, rather than the more common "Pais Vasco" or the more politically aware "Euskadi".

certain artistic manifestations to the places and contexts where they arise and are brought before the public.

In that sense, the telluric can be understood simply as the supposed influence of a place on its inhabitants, an observable, symbolic aspect of a possible field of action, rooted in and of the earth but distanced from the ideological. It offers a particular means of approaching the contextual in art, bringing out those elements of local specificity that expand and grow until they operate globally. A sensation, an intuition, a message between the lines, something clearly perceptible but not easily grasped. A register that channels multiple layers of emotional complicity through personal correspondence and collective recognition.

Can artistic practice reveal and define certain places (or vice versa)? Can an artist's work signify and exhibit his field of action? If so, does that rooted connection depend on the artist, or on those of us who make up his or her audience? In other words, can *Sleep the Clock Around* stand in for Glasgow because Belle & Sebastian choose that it should do so? Or does that attribution depend on the symbolic imagery shared by those that hear it, whether they be Scottish listeners who identify with the song, or foreigners who identify its sound with Scotland? *Sleep the Clock Around* and *The Subjects*—a song by Belle & Sebastian and an exhibition for the Spanish pavilion at Biennale di Venezia: each belonging to specific contexts within the narrative of contemporary art, when those contexts are understood not in terms of inflexible geographies, but rather through attitudes linked to concrete places. After all, contextual belonging—and its exhibition—is the basis of Biennale di Venezia's artistic and political framework.

The Subjects sets up a potent and complex situation. The key to the Spanish Pavilion is the combination of a powerful message, active agents and a particular context. The message involves multiple readings of the notion of identity; the agents are three artists, one reference and a curator; and the context is one possible view of contemporary art originating in the Spanish state. Our reading is based on a concept of artists —as "the subjects"—that nevertheless takes place in a pavilion designed and sustained by an idea of community. An exhibition of contemporary art that, by extension, is also a time and a place inhabits a present that reconsiders the weight of the past through a view of the future, as well as a series of scenarios capable of encapsulating that meaning.

Martí Manen's proposal brings three fundamental scenarios into play, three contexts interconnected at national and international level that suggest a discursive possibility based on the collective.

Cabello/Carceller, Pepo Salazar and Francesc Ruiz; Madrid, Vitoria and Barcelona; the Plateau, the Basque country and the Mediterranean Sea.

By adding the subjects of Dalí, ultra-localism and worldwide repercussions to the Pavilion, Manen arrives at a compendium of attitudes and parallel scenes that provide a methodology for understanding artistic practice in Spain today. The 'subjects' chosen, as well as their contexts, are used to convey certain attitudes, both towards each other and towards others. *The Subjects* explores the idea of a multi-layered pavilion, capable of hosting diverse voices and combining different affinities to create a direct, performative and lived experience of contemporary art.

Our journey could begin with Cabello/Carceller in Madrid. The city is Spain's art capital both on the macro scale (through the presence of the art market, of institutions and the Ministries) and on the micro (as home to one of the most solid emerging art scenes in the country and a fertile context for independent work). In this specific field of action, Cabello/Carceller's work generates connections with other proposals linked to divergent approaches to sexuality and gender through the construction of a narrative outside dominant social conventions. Paradoxically, this political aspect of their work could be seen as linking them to artists such as Dora García (through the use of collaborative performance and fictitious narratives), but also to more distant, or even opposing, artistic standpoints held by artists such as Santiago Sierra, Fernando Sánchez Castillo, Colectivo Democracia, Basurama, Colectivo Daños Colaterales or Todo por la praxis (TXP). Madrid is one of the most vital settings for this kind of artistic and political resistance and the raising of awareness of art's social function. It may be the most direct and visceral context for critique in Spain's contemporary art scene, and possibly the most effective as well. Advocacy and the questioning of official culture are attributes of artistic practices related to Madrid and its vast area of influence.

Pepo Salazar's work focuses our attention on the Basque Country, a context characterized by a sense of identity deeply rooted in the territory: a sculptural presence and a discursive intensity sensitive to the inclusion of its own elements —popular culture, language and the history of Basque art—and characterized particularly by abstraction and connection to materials. This approach owes much to Jorge Oteiza's thinking and the conceptual revision launched in the 1980s by artists such as Txomin Badiola, Ángel Bados, Juan Luis Moraza, Marisa Luisa Fernández and Pello Irazu. These formal and intellectual strands are strengthened in Salazar's work through his analysis of counter-cultural movements stemming from punk and radical rock, as well as through a particular use of writing and sound in his installations that ties into his research in the areas of electronic and experimental music. His genuine radicalism creates links with the work of numerous other artists in the Basque context. The installations of Ibon Aranberri, Asier Mendizabal and Iñaki Garmendia, the musical aspects of Begoña Muñoz's works, stage sets by Maider López and Carlos Irijalba, the graphics of Jon Mikel Euba, Abigail Lazkoz or Azucena Vieites and even the performances of Esther Ferrer. For various reasons the work of all these artists has a tense beauty that might not be found to exist so powerfully in another location.

The work of Francesc Ruiz configures a third stage for *The Subjects*: Barcelona and the Catalan context. This is a predominately conceptual scene where process and the specific temporality of art play a determining role, often leading to something which may occur more here than elsewhere: art practices based on performance and proposals that depend more on time than on space. This process-based approach also defines Ruiz's expanded drawing, which is sensitive to the time scale necessary for producing and distributing a comic and for its consumption within popular culture. This expanded drawing has become a reference for younger artists—Martín Vitaliti, Ana García-Pineda and Antoni Hervàs, for example—while simultaneously generating direct links with other artists who use time as their main tool: Ignasi Aballí, Joan Morey, Tere Recarens, Antonio Ortega, David Bestué, Núria Güell, Martí Anson and Luz Broto. Moreover, the subjects of gender and identity that appear in his visual and text-based narratives constitute another particular connection between his work and that of artists such as Julia Montilla, Jaume Ferrete and El Palomar (R. Marcos Mota y Mariokissme). At the risk of making an oversimplified generalization, perhaps it could be said that if Madrid sets the scene for advocacy and the Basque Country is the home of tension in art, then Catalonia generates expectation.

Inevitably *The Subjects* includes a final field of action—the one surrounding Dalí, who is a reference point throughout the project: a special dose—a sort of bonus track—of undiluted tellurism, and the source of a particular imagery that is

Daliesque even when we try to resist it, expanding and contracting to encompass everything that Dalí chooses as a subject. Northeastern Catalonia becomes a fascinating, more-or-less mythical, more-or-less imaginary territory that seems to define the identities of some of its creators. I am thinking, for example, of Albert Serra, or indeed of other artists that either come from or are symbolically linked to this region of Spain, such as Jordi Mitjà, Enric Farrés and, if we expand the radius a bit, Rafel G. Bianchi, Job Ramos and Carles Congost. In this context I cannot help being reminded as well of Àlex Gifreu, who designed this publication. And thus, amidst all these divagations and intuitions about contexts of belonging that are linked to *The Subjects,* I realize what a corner I have painted myself into. When I think about other artists and contexts on the national scene, a host of possibilities arise. Cabello/Carceller leads me to Esther Ferrer, María Ruido, Cristina Lucas, Pepe Espaliú and Núria Güell; Pepo Salazar evokes Joan Morey and Juan López; Francesc Ruiz recalls Abigail Lazkoz, Rogelio López Cuenca or Cabello/Carceller and so on. But does this telluric element, this rootedness to place, really exist in art? Perhaps a national pavilion in Venice is a good place to find out. I'm going to listen to Belle & Sebastian's *Sleep the Clock Around* again.

The judgment of subjects or the subjects of judgment

An interdimensional farce in six scenes

Blanca de la Torre

CHARACTERS

The artists
Helena Cabello and Ana Carceller (Cabello/Carceller)
Francesc Ruiz
Pepo Salazar

The curator
Martí Manen

Dalí
The judge
The district attorney
The witnesses
The public

THE SETTING

The Spanish pavilion at I Giardini. A sensual place, predominately red and pink, the interior of which is divided by multiple screens. The action takes place in the building's central space although constant activity is visible in dimly lit areas at the back and to the sides.

A series of personages are distributed around the room engaged in what appears to be a somewhat peculiar, improvised trial. The judge is in position at his bench beneath a blinking overhead light. The district attorney stands beside a table. The artists and the curator sit confidently on the defendants' sofa, which is shaped like a pair of giant lips. It is soft but rather worn.

The public is seated on red carpets. At first glance they look like an ordinary group of people, but closer inspection reveals them to possess an extremely varied range of faces that at the same time are somehow familiar, although the low lighting makes it impossible to see exactly who they are. They seem uneasy and are whispering among themselves.

DALÍ walks freely around the space, entering and exiting in a capricious manner: he appears and disappears from the main space but it is not clear where he goes when he is not visible.

The witnesses wait in an orderly line at the sides of the pavilion, but they appear impatient.

SCENE I

JUDGE (*in a thunderous voice*): Silence! (*he turns to the group on the sofa*) You are accused of irreverence, calculated appropriation, of fastering art work that moves along unorthodox, twisted and unexpected lines, playing with contradiction and multiple identities, of mixing moments and typologies, of incapacity to follow standard norms, of discomfort and irony and of playing with fiction... and that is not all. My, my! It seems that you all enjoy taking risks...

> **PUBLIC** (*jeering and commenting loudly*)
>
> — Also of drawing on popular and suburban cultures!
>
> — And political movements...
>
> — And you all enjoy fakes and masquerades!
>
> — You're a bunch of iconoclasts!

JUDGE: In addition to having all these characteristics in common, you are accused of sharing an international language. Does such a thing exist?

DALÍ (*coming unexpectedly out from behind the bench*): But undoubtedly they have kept their eyes on attitudes toward contemporary art in Spain.

DISTRICT ATTORNEY (*gently clearing his throat*): Allow me to sum things up, your honor. I believe that while the defendants' careers clearly have their own identifying traits, they share certain aspects, certain codes that, from an iconographic standpoint, belong to what could be called global imagery, an intersectoral approach to media that may indeed be enough to justify the idea of some sort of an "international language..."

(*Public murmuring*)

JUDGE: Silence in the courtroom!

> **PUBLIC**
>
> (*CHUS MARTÍNEZ is one of the figures on the carpet. Some of the faces are now identifiable. Alongside her we see ENRIQUE VILA-MATAS*)
>
> **CHUS MARTÍNEZ**: I believe that in order to discuss those modes of production and the relations being established abroad, it is necessary to consider the Non-concept concept as well.
>
> **ENRIQUE VILA-MATAS** (*turning questioningly towards CHUS*): Have you been in a trial like this before?
>
> **MARTÍNEZ**: Once I was the district attorney for a trial with Vasif, but that was a serious trial.

JUDGE *(shouts)*: Order in the court! Bring in the first witness.

(LUDWIG WITTGENSTEIN enters from the side. He wavers a little as he adjusts to the intense light and looks towards the defendants with a surprised expression)

JUDGE: Well, what do you have to say about all this?

LUDWIG WITTGENSTEIN: An international language? Ha, the limits of language mean the limits of the world.

(NOAM CHOMSKY breaks in)

NOAM CHOMSKY: No, no. Evidently, I believe in innate grammars. We could clearly apply the idea of "Universal Grammar" to this idea. In other words, those principles, rules and conditions shared by all languages but applied specifically to art. The principles of Universal grammar are complex, abstract and restrictive and they can be used to generate explanations of a plethora of phenomena. Art also has its own Universal grammar.

(HAKIM BEY leans forward from the back)

HAKIMBEY: There is nothing innate about it at all. Language can surpass representation and reflection, not because it is innate, but rather because it is chaos. Moreover, language can surpass language. It can create freedom from the confusion and decadence of semantic tyranny.

(Enter AD REINHARDT carrying a stool. He sits on it in the middle of the space and begins making drawings of the trial)

DISTRICT ATTORNEY: For example, this obsession they all have with text and language?

PUBLIC

JEAN-LUC GODARD: Adieu to language...

CHOMSKY: Mr. District Attorney, they have always taken text very seriously. For instance, some of them have even dabbled with novel, as Martí Manen did with *Telling It All Without Knowing How.*

PUBLIC

AYN RAND: Sure, sure... That novel was an exhibition... or was it an exhibition that was also a novel? Something along those lines...

ALBERT CAMUS *(confusedly)* What???

MINA LOY: All of their novels and publications reveal their imagery to us. And the same goes for Pepo Salazar, with *The Feast of Metals,* which is on display here at the pavilion *(points to the room on the right).*

AUTECHRE *(in chorus)*: Enough with the metals already...

(Enter DALÍ riding piggy-back on a semi-naked young man)

DALÍ: I published a masterful novel, too: *Hidden Faces.*

DISTRICT ATTORNEY: Which was also censored for its homosexual content and eroticism, just as the work of some of the defendants has been...

PUBLIC

MARIO MIELI: Sensuality...

DALÍ *(grandiloquently)*: But I contributed to many publications and periodicals, including *Surrealism At the Service of the Revolution.*

PUBLIC

(TRISTAN TZARA and LUIS BUÑUEL are seated alongside each other)

TRISTAN TZARA *(speaking softly and leaning towards BUÑUEL)*: Isn't that the magazine we threw him out of?

(DALÍ spins around warily, then continues)

DALÍ: What I find rather interesting is how all of them play around with mass media.

PUBLIC

ANTONI MUNTADAS: *Media Landscape,* Eugenio, *Media Landscape.*

DALÍ: Whatever. To create a dual personality, inside and outside the media, is somehow a work of genius...

PUBLIC

(CARLA LONZI spits when she hears the word "genius")

DISTRICT ATTORNEY: All three are accused of flirting with text, exploiting it and questioning the power of narrative.

(The group of witnesses has broken up and they are wandering around the main area with no apparent sense of direction. They enter and exit haphazardly and from here on they participate in the central action from time to time)

J. G. BALLARD: So experimentation with text counts as international language? Pepo Salazar uses linguistic errors and plays on words. His work tends toward the untranslatable and I think he deliberately aspires to non-communication.

JUDITH BUTLER: Cabello/Carceller "danced one of my texts in public," they gave it a physical shape and managed to transform it into music. It was good. The choreography didn't have any music because, for them, the text was its own music.

PUBLIC

JOHN CAGE: Marvelous... music without music...

FÉLIX GONZÁLEZ-TORRES: They interpellate the text...

CAGE: I know... and Pepo Salazar also makes noise... noise that takes on the role of direct expression, without any cheap aestheticizing or intellectualizing.

MICHELANGELO ANTONIONI *(shrugging his shoulders)*: They appropriated my stuff, too, but since I was already drawing on Cortázar...

GODARD: We can only transform previous knowledge, not create something new. Here everyone's work generates discourse by playing with intertextuality. Francesc Ruiz also uses language from a totally different direction: logotypes that are onomatopoeic and incomprehensible graffiti. The words are deformed and misinterpreted.

(WITTGENSTEIN clears his throat in an attempt to regain the others' attention)

WITTGENSTEIN: Language is used with total freedom by everyone. We do not realize the prodigious diversity in the play of everyday language because our language's outer appearance makes everything seem the same.

BALLARD *(somewhat wearily)*: Does that have to do with the international language stuff, too?

MERCE CUNNINGHAM: Yes, and with the subject of performance.

(DALÍ, now without his slave, looks brazenly over his shoulder at the three artists)

PERFORMER WITNESS: Cabello/Carceller had me once locked into the ARTIUM museum: reified, cataloged and classified.

DISTRICT ATTORNEY: And what were you doing all that time?

PERFORMER WITNESS: Reading and reflecting out loud about some paradoxes that surround contemporary artistic practice.

(WALTER BENJAMIN flops on the defendants' sofa, making a space for himself while the others look on in confusion)

WALTER BENJAMIN: At any rate, it is clear that they all maintain their own personal languages with autonomous discourses that are not easily pigeonholed.

PUBLIC

BERTOLT BRECHT: We are friends because I do not trust him... or I do not trust him because we are friends.

CHARLES CHAPLIN *(visibly gesticulating)*: The true meaning of things lies in attempting to say the same things with other words.

DISTRICT ATTORNEY *(inquisitive and somewhat weary)*: Why are so many film people hanging around here?

PUBLIC

(ALFRED HITCHCOCK embraces DALÍ in a friendly way while observing the space)

ALFRED HITCHCOCK: The sets you made for my film, *Spellbound,* would work perfectly in this space.

(THE DISTRICT ATTORNEY is clearly growing tired of so many interruptions)

DISTRICT ATTORNEY *(dryly)*: You are also accused of situationism, an undue use of *dérives* and psychogeographical outings.

GUY DEBORD: That is the only way to fight capitalism, which transforms everything into commodities in a world where individuals are relegated to mere spectators of their own prefabricated lives, lives which have been turned into a previously programmed spectacle.

PUBLIC

SANTIAGO SIERRA: Exactly. We are all being used and I have grown sick of repeating so in this very pavilion.

PIER PAOLO PASOLINI: It is no longer possible to draw a distinction between "innocent bodies" and cultural and commercial overcrowding or the trivialization of all reality, because the cultural industry has taken over all bodies, sex and eroticism, injecting them into consumerism.

DISTRICT ATTORNEY: I perceive a lot of talk about revolution within these artists.

DEBORD: I'm not sure to what extent art can really drive a revolution, but at any rate I believe these artists understand we must not abandon this critical approach, instead continuing to offer alternatives that make other possible worlds visible.

PUBLIC

ANDRÉ BRETON *(emphatically)*: What we should do is ignore it all and do our own thing.

TZARA: Pack of bastards…

BRETON: Life is based on the free exercise of thought: that is how main problems are solved.

TZARA: I do not trust justice, even if it's a justice dictated by DADA.

BRETON *(reflexively)*: Hmm, for me, there are two needs that must merge into just one: Rimbaud's "let us change our lives," and Marx's "let us change the world."

JUDGE: In that case, let's hear from Marx…

(GROUCHO MARX appears)

DISTRICT ATTORNEY: No, not you! *(annoyed, leaning on one hand as he drinks from a cocktail glass)* Alright, let's take advantage of the situation to accuse them of irony and the possession of a sense of humor.

GROUCHO MARX: Francesc Ruiz even dared to make an installation called *The Funhouse.*

PUBLIC

LEWIS CARROLL: It had mirrors… and inside there was a wild group of people in the throes of a collective catharsis that was supposed to reflect the viewer.

SAMUEL BECKETT *(ironically)*: Marvelous, glorious.

ANTONIN ARTAUD: They all have rather acid dispositions, though some are more subtle than others…

PUBLIC

FRANZ KAFKA: No one understood my sense of humor.

BECKETT: That was a translation problem, Franz. They didn't understand mine either, and I still don't know why.

HARMONY KORINE: I don't think discomfort and irony are antithetical, a sense of humor would seem to be very compatible with them. In fact my films can also be uncomfortable for the viewer, they should be, but at the same time flying nuns appear…

CHAPLIN: Life no longer strikes me as a joke; I don't see the humor in it.

(Prolonged silence. DALÍ enters on a white horse and performs a riding trick. The others look speechlessly at each other while the lights gradually fade)

SCENE II

(The Spanish pavilion again. The characters are the same, but the mood has changed. With some fatigue, the discussion continues)

JUDGE: Let the curator rise.

(MARTÍ MANEN rises distractedly)

DISTRICT ATTORNEY: In addition to the general accusations faced by all the defendants, Martí Manen is individually charged with presenting works partially understood by the media as broken narratives, works that directly question yet pertain to a system based on sensuality. And also of establishing new timelines and connections that are subjective... if not actually improper.

DALÍ *(interrupting angrily)*: Martí Manen is not just any curator. He uses the exhibition itself as a medium and this is the first time that a trio of living artists is to be presented at this trial... Excuse me, I meant to say at this Biennale.

PUBLIC

GODOT: How do you exit an exhibition? And how do you make an exhibition without an exhibition? I'm not following this at all.

BRECHT: If people only want to see things they can understand, they shouldn't go to the theater. They should go to the toilet.

DISTRICT ATTORNEY: He is also accused of mixing past and present. In fact, one of his premises is to analyze Dalí from the perspective of the present—as he puts it: "to understand Dalí as a bridge".

PUBLIC

(DALÍ, now among the public with an anteater on his lap, jumps up)

DALÍ: Me? What do I have to do with all this?

BRECHT *(pontificating)*: He offers an intersectoral reading of Dalí from the present on the basis of the three artists' work. Not only must one lose one's fear of new ideas, one must dare to revisit something so that everything can change.

GODOT: I believe the idea is to tell everything even when one doesn't know how.

CAGE: I don't know why people are afraid of new ideas. It's the old ones that scare me...

(MARTÍ MANEN is about to speak when he notices that one of the projectors at the back of the room has suddenly stopped working. Ignoring the DISTRICT ATTORNEY, he approaches the projector without saying anything. He begins to pound on it and frantically unplug its cables. After a few seconds, a loud crack is heard and all the lights go out)

SCENE III

(The pavilion is now full of workers hanging emergency lights in different parts of the background and crossing the stage erratically in search of the short circuit)

JUDGE *(unenthusiastically)*: May the defendants rise.

(CABELLO/CARCELLER rise, wiping creampuff crumbs from their mouths)

DISTRICT ATTORNEY: In their case, in addition to what has already been mentioned, certain misalignments and contradictions appear, especially in the narrative and performative structures they use to unfold a narrative of post-identity resignification.

DALÍ: You must keep in mind that these girls work as a team, so they are engaged in a constant exchange of theories—not like me, I had to do it all alone... It's a good thing I had Gala, among others...

DISTRICT ATTORNEY: What's all this about "assaulting theory?"

JUDITH BUTLER: Their reference to "assaulting theory" is more about the need to force theory to include elements that have so far been left out. Theories established complacently on a safe and solid basis are overtaken through an assault and hover somewhere between reflection and dissent.

GILLES DELEUZE: A theory is exactly like a toolbox. It bears no relation to the signifier... It only has to work, to function, and not for the one who originated it. If there is no one to use it—beginning with the theorist himself, who then stops being a theorist—either it is useless or its moment has not yet arrived. You don't return to a theory, you make new ones.

PUBLIC

FÉLIX GUATTARI *(rising energetically)*: I was just about to say the same thing.

(GUATTARI sits down)

BUTLER: While this man here, Dalí, serves as a bridge for identity discourse, we should keep in mind that in his time this was a somewhat discredited and almost nonexistent line of thought and it was therefore necessary to look for support towards Anglo-Saxon feminist theory, as Cabello/Carceller did. But these models do not translate easily from one field to another, they seemed distant and didn't connect well with this setting. That is why they have long since assimilated other references.

DISTRICT ATTORNEY: To make matters worse, they are not satisfied by following one particular line of institutional criticism. Instead, they insist on shifting it and reinstituting the archive.

PUBLIC

MANUEL BORJA-VILLEL: Yes, yes, the archive.

JOSEPH BEUYS: These girls not only talk about the paradox of the archive, they also discuss the difficulties inherent in properly collecting them. Apparently the museums are not catching on.

PUBLIC

(BORJA-VILLEL directs an emphatic, questioning look at BEUYS)

BORJA-VILLEL: I protest!

JUDGE: Denied. The public cannot protest, sir.

BEUYS: I am referring to the obsession with fetishizing remains or traces. I am sick of seeing my performances systematically objectified in museums all over the world.

PUBLIC

(Commenting more and more among themselves)

TINO SEHGAL: That is because you haven't understood the proper process...

MARINA ABRAMOVIĆ: That's what I say.

SEHGAL *(aggrieved, turning towards her)*: Sure! Look who's talking...

JUDGE *(energetically)*: Silence!

DISTRICT ATTORNEY: The challenges they face are recognized through their insistent talk of subverting the identity of the subject subjugated by patriarchal hetero-normativity. Now we are at the crime scene. Didn't they use this same space to develop a sort of theater to address *queerness?*

AMANDA LEAR: Dalí and I have a complex relationship. We consummated a spiritual marriage. At those times when Gala would run away with one of her lovers, during a period as difficult as the Franco era, Dalí was not ashamed to appear with me in the press *(making quotation marks with her fingers)* "despite being another person."

PUBLIC

(KORINE is now sitting next to WERNER HERZOG)

KORINE: By the way, in my film featuring the flying nuns there was also a rather *queer* point made through the presence of *impersonators (she turns to face HERZOG with a look of complicity)*. You were very good as a priest.

(HERZOG smiles proudly)

JAMES DEAN: I was pretty good myself, Harmony, although I played a very secondary role. Am I still a model for the construction of masculinity, and is Hollywood?

(KORINE and HERZOG look at him without much interest and shrug their shoulders)

GONZÁLEZ-TORRES: It is important to understand the defendants' concept of what is public and what private and the distribution of those spaces.

DALÍ *(wearing his bread hat)*: By the way, did you know that Gala asked me to deliver a written request to enter the house?

(All of the characters on stage burst into loud laughter that lasts several minutes. The laughter turns into a cacophonic symphony as the lights gradually fade)

SCENE IV

JUDGE: Let Francesc Ruiz rise!

(FRANCESC RUIZ rises and looks around)

DISTRICT ATTORNEY: In the specific case of Ruiz, his appropriations are particularly focused on the mass media and their distribution systems, which he manipulates to represent certain social apparatuses that reveal numerous layers in the construction of urban collectivity.

(Some members of the public are reading comics)

WILLIAM BURROUGHS: In the exhibition the defendant presents two of the well-known newsstands he has been making in various parts of the world. *Edicola Mundo* is a labyrinthine space in which the newsstands become an obsolete architecture of information, exaggerated, surprising and evocative, time capsules in the form of impenetrable historical synchronies, spaces of specialization and paths for those in the know before the Internet. It reminds me of my concept of "interzones," those interstitial territories filled with references and time shifts that create a multiplicity of stories. Despite the chaotic appearance of the interzones, they really follow a perfectly articulated and thought-out order, but with multiple directions. Actually I believe that not only Francesc Ruiz's newsstands, but all of Martí Manen's project would fit there.

MARIO MIELI: And he reflects this schizoid social system... Moreover, along with the newsstand, he will carry out another project where viewers encounter the erotic Italian *fumetto* (comics) and all of the delirious, sexual weight possessed by those publications from the 1960s, '70s and '80s.

DISTRICT ATTORNEY: Does he present the newsstand as a sexual meeting point with hidden codes?

GUS VAN SANT: Of course. And at the same time, he insists on that idea of the existence of an international language *(frowning)*. Isn't that what this was all about? Overall, his work mixes current affairs, multiple specializations, sex drives and the local in relation to the global.

MIELI: But aren't sensuality and eroticism an international language? I didn't know that this Biennale had to be made for *homo normalis*.

> **PUBLIC**
>
> *(ROBERT CRUMB sits beside KORINE)*
>
> **ROBERT CRUMB**: Isn't he the guy who made the thing about expanded comics?
>
> **KORINE**: Yes, but where can one find the comics?
>
> **CRUMB**: They are distributed in installments around these gardens.

RENZO BARBIERI: I think that what interests Francesc Ruiz are those invisible layers of society, the clandestine and the prohibited.

> **PUBLIC**
>
> **HANS ULRICH OBRIST**: This is lasting too long. A five-minute interview would have been more than enough.
>
> **DORA GARCÍA**: Well I think this should be done every day of the Biennale, or even more frequently...
>
> **GONZÁLEZ-TORRES**: Or perhaps there should be something different each week...

(The lights dim and those with comics take out their cell-phones to continue reading)

SCENE V

JUDGE: Let Pepo Salazar rise.

(PEPO SALAZAR, struggling to contain his laughter, hands his bag of potato chips or snacks to AUGUSTE RODIN, who sits beside him)

DISTRICT ATTORNEY: Why do you continue to rethink the reconsideration of the object and its relation to materiality?

(PEPO SALAZAR is about to answer when BRUCE NAUMAN interrupts)

BRUCE NAUMAN: Because he's had enough of art's obsession with newness. What an idiotic need! Salazar surprises us with symbols yet to be discovered, metal combined with sound and elements of the society of the image.

(Many people in the room are eating Cheetos, so there is a slight smell of cheese)

BALLARD: We must understand his art production as an amalgam of processes... and understand the presence in his work of concepts such as loss and the waste of assets.

PUBLIC

KLAUS BIESENBACH *(taking a selfie)*: What does he mean?

PAUL LAFARGUE: He's referring to time, economic and symbolic capital, the idea of "professionalism," product and material possession, inactivity and the right to laziness.

JACQUES RANCIÈRE: We are forgetting the role of the spectator.

DEBORD: Not at all. It's high time we put an end to the separation between artifice and spectators. The division between artist and viewer should disappear.

BURROUGHS: Well I insist on those interzones, those complex itineraries, dialogs among objects and among moments within that complex ecosystem.

PUBLIC

OCTAVIO ZAYA: At any rate, these ideas and connections are always carried out in different frequencies, using diverse techniques of fragmentation and amalgamation.

SIERRA: Again, everyone is just being exploited...

MIKE KELLEY *(his lips orange from the Cheetos)*: I think that punk attitude mixed with minimalist elements is really cool.

LESTER BANGS: And the dysfunctional.

(DALÍ comes out of the room to the left wearing a long wig, which he slowly brushes)

PUBLIC

MARCEL DUCHAMP: I'd better shut up, now that it's been proven the urinal wasn't mine.

MAN RAY: Castled.

(The lights dim and indescribable music sounds in the background)

SCENE VI

(There is no longer any clear distinction between witnesses and public. They are all together and look quite drunk. They are speaking without any clear apparent while they drink champagne, some from a shoe)

JUDGE: Now we come to the case of the eternal problem of the non-internationalization of Spanish art. May the four defendants rise.

(The artists and the curator gulp down the drinks with which they had been toasting)

DISTRICT ATTORNEY: Do all of you admit having participated in exhibitions in places like New York, Paris, Berlin, Buenos Aires, Italy, Eastern Europe and even cities in Asia, among many other locations?

(GODOT moves to the center of the space. His position and posture indicate he has taken on the role of defense attorney)

GODOT: I protest, your honor. The question is tendentious. The mere fact that my clients have an international career and have exhibited in numerous places does not reflect the difficulties they faced in attaining that level. In all their cases it has been a difficult journey, an arduous task for these go-getters, knocking on doors to the point of exhaustion *(he turns to the defendants for agreement)*. On many occasions the institutional support they have received has been paltry, either totally absent or insufficient at the least... so they have taken their own risks.

CHARLES FOURIER: And they have acted without 'godfathers' when, as we very well know, your honor, being backed by such figures can open many doors in this world.

DISTRICT ATTORNEY: Not to mention Dalí, who lived in New York and Paris and continues to be one of the most international artists Spain has ever had.

(DALÍ, arm-in-arm with LEAR, signals his assent while twisting his mustache and fiddling with his gilded cane)

ANTONI TÀPIES: At one time, there was a determination to construct a sort of national school, a so-called "Spanish art" that would be consistent but differentiated from the European context while still a part of it—sort of similar to what they are now trying to do with the "Marca España."

PASOLINI: What is happening here is cultural genocide. True fascism attacks values, souls, languages and gestures, that is, the people's bodies. This kind of fascism doesn't need henchmen or mass executions to eliminate vast portions of society itself.

GEORGES DIDI-HUBERMAN: Pier Paolo, the fireflies have disappeared, and that means that, as you yourself put it, culture, which was a form of resistance until just a few years ago, has turned into an instrument of totalitarian barbarity…

DISTRICT ATTORNEY: You do not consider the artists guilty?

ARTHUR RIMBAUD: The artists are not to blame for anything. They are artists, and that is not their fault. I have admitted to being a poet, and that is certainly not my fault. It is false to say "I think." We should say, "I am thought."

FOURIER: Clearly they face critical structural problems, including a lack of means of production, scholarships and grants, not to mention their derisory amounts… What little support there is adds up to absolutely unfavorable legislation.

WALTER GROPIUS: The problem lies at the very foundation, in how art is taught. Look at the Academy. There is a huge gap between it and the arts community, and very few agents able or willing to bridge it.

(The defendants are closely following the commentary, turning exaggeratedly to follow each speaker. Meanwhile, they are gobbling the Cheetos. They do not seem to notice that they have still not been allowed to take part)

BRECHT: Most of the organizations or institutions that stage exhibitions of Spanish artists abroad have a political motive; supporting Spanish art is never their primary objective. They are like that guy carrying a brick around to show the world what his house was like.

HARALD SZEEMANN: There is no sense of community. The artists have not been promoted in a committed, serious way, and the networks some of us tried to establish at one time have never taken root. What good is the fortune spent on certain exhibitions if it is not used to lay sturdy foundations?

PASOLINI *(hiccupping)*: The language of things has changed. The spirit of the people has disappeared.

ESTHER FERRER *(wearing a cabbage on her head)*: Sometimes it seems like you have to have done things abroad before they will take you seriously here. And sometimes even then they don't.

(SIERRA clears his throat; PABLO PICASSO and JOAN MIRÓ pass a paper between themselves on which they are drawing an exquisite corpse)

JORGE OTEIZA: I won the Sao Paulo Biennale's prize in 1957 and it didn't do much for me, except to make me more tired of everything and to turn my attention towards theoretical reflection, to follow a more silent path…

EDUARDO CHILLIDA (*turning towards him with his hand on his mouth in a jeering expression*): Oh, please!

TÀPIES: That is why this country has been going through an artist exodus for years. They realize that is the only way they can have an international career. They have to take matters into their own hands, even though it often involves living in unfavorable circumstances. If we continue this way what will happen with the latest generation, or generations, of artists? A lot of gaps are going to appear: fissures that are not going to be at all easy to repair unless we do something soon.

DISTRICT ATTORNEY (*looking rather disheveled, with his tie out of place, and speaking with some difficulty*): You paved the way rather well with Dau al Set. You were able to continue with an interrupted surrealism, promoting an artistic and cultural renewal that had considerable international success.

GRUPO EL PASO and **GRUPO CRÓNICA** (*interrupting their toast to chime in together*): Hey, so did we!

JUDGE (*hammering DALÍ's head with his mallet*): Silence in the courtroom! (*he giggles all by himself*)

JOAN BROSSA (*haltingly*): Hmm, I believe this has a lot to do with inbreeding. No matter how many codes of proper behavior we insist on drafting, we already know that the essential deontological codes are constantly being ignored.

BEY (*spilling a bottle of bourbon on his shoes*): They could also be understood as "affinity groups."

GODOT: Wouldn't that also be that the same names pop up all the time?

TIMOTHY LEARY: Not to mention precariousness. In recent years, there has been a generalized uneasiness that responds to a structurally dysfunctional system.

TÀPIES (*wearing a hat made from comic-book pages*): As well as a lot of provincialism, individualism and self-interest. We are not thinking as a group and no one wants to do the dirty work—it's easier to be diplomatic and ensure one's place at the table.

MARTHA ROSLER: Not to mention the precariousness. I'm tired of hearing about symbolic capital. You can't eat symbolic assets!

DALÍ (*signing a young man's back with a pen*): I made myself and I attained my own social norms, so they can do the same.

FERRER (*removing the cabbage and placing it on BECKETT's head*): I think that Spain has not yet found its place in contemporary art. We will never be "en vogue." Sometimes the Chinese are en vogue, sometimes the Brazilians or artists from the Middle East. But when are the Spaniards going to be fashionable? Or the PIIGS countries?

BECKETT (*unfazed by the cabbage*): I once heard that Spanish art doesn't make it outside Spain because so many Spanish artists are stabbed in the back before they can cross the Pyrenees.

DISTRICT ATTORNEY *(wearing his tie on his head and slurring his words)*: Don't you think they just want to complain while not enough attention is paid to the agents that *are* doing things? Take, for example, this curator, who doesn't even live in Spain and has carried out projects all over the map, more so than in Spain...

HENRI LEFEBVRE *(marking a spot on a school map with a pointer)*: I protest! The map is not the territory! Maps operate not just as representations of space but also as useful artifacts for imagining other spaces, or for thinking about things that supposedly don't exist or are off the map.

JUDGE *(hurriedly)*: Proposal decried... deride... decide... *(confused at not being able to pronounce the proper word)* Proposal defied!

FOURIER: I find the word "revolution" in all the defendants' works, yet it doesn't seem as though anything is really being done!

(FOURIER moves energetically and loses his wig, which is the same one that DALÍ was wearing earlier)

BRECHT: Revolutions happen in dead-end streets.

PASOLINI: I feel nostalgia for the poor, true people who fought to overthrow the boss without seeking to take his place.

(Several balls of comic paper are thrown at his head)

CHOMSKY: What is needed is a break down of the structure of established power relations in order to seek a redefinition of everything. A redefinition of names and systems... If we achieve a change in the structure of contemporary art we will be able to reformulate our position.

BRECHT: When hypocrisy begins to be of very poor quality it's time to start speaking the truth.

ALFRED JARRY: And time to apply some pataphysics to it all.

GODARD *(rising effusively and brandishing a neon tube)*: Instead, we should destroy the idea of culture. Culture is imperialism's alibi. There is a Ministry of War and a Ministry of Culture. Therefore, culture is the same as war!

DISTRICT ATTORNEY *(making a bowtie out of a 50-Euro bill)*: This has something to do with the economic crisis...

BRECHT: All crises do is bring out what is endemic, revealing deeply rooted procedures and attitudes.

DISTRICT ATTORNEY *(pinching BRECHT's cheek)*: Then let's recognize the influence of inbreeding and of certain lobbies, eh?

BRECHT: When crime multiplies, no one wants to see it.

DALÍ (*eating his bread hat*): You don't bite the hand that feeds you.

BROSSA (*violently jerking the bread out of DALÍ's hand*): Yes you do bite it! And if you need another hand to feed you, then you buy frozen food until you learn to cook!

FOURIER: More radical changes are needed.

BRETON: We have to return to zero.

FOURIER: And shoulder the responsibility. Take a stand.

CONSTANT (*raising his voice and holding a comic-paper cone like a megaphone*): I believe we have to abandon all this and move to New Babylon.

DEBORD: You have the same problem as everyone else here: you've all got too much of the artist in you and not enough of the politician.

ISIDORE ISOU: What we have to do is look for alternative strategies of visibility that can be constituted as spaces of resistance.

DISTRICT ATTORNEY (*opening another bottle of champagne*): Have we been making the same mistakes for decades?

(The champagne cork strikes CHOMSKY in the head)

NAUMAN: I don't think this is just a question of cohesion between different sectors, it's a systemic problem. It is like trying to plant a forest by burying loose leaves rather than by planting seeds. The problem is the root, which doesn't exist. All that exists are green sprouts, which are much more appealing to the eye. It's much easier to see the "effort" in an area that already has green sprouts—effect—than in one where seeds have been buried—fact.

DISTRICT ATTORNEY (*serving the champagne*): Then what do you propose?

CHOMSKY: I don't think anyone has the exact formula for an ideal management prototype. We have to experiment, through trial and error, but there are certain reasonable principles that I think we all grasp pretty well, and what matters is to try and move towards those principles.

FERNAND PELLOUTIER: Why can't the art system consist of a free organization, limited only by the needs of production and consumption, free of any political institution?

MINA LOY (*embracing the judge*): All of this, your honor, has some very worrying consequences: not only the gaps mentioned before, but also the eternal question our situation gives rise to, of who writes history and who writes culture.

CHOMSKY: Every facet of culture implies an expression of the "acceptable" lifestyles and "adequate" values we must have. It's all indoctrination.

BECKETT: Yes, that's another of the major problems. Who constructs and who constructs Culture? Many institutions play an important role without really being conscious of it, manipulating the story and deciding who should or should not be included. They generally include those who have been on their side.

BRECHT *(reclining on the lips sofa, which is now covered in stains, with his feet up)*: Perhaps the time has come for bar chatter to be turned into texts, and vice versa, which wouldn't be bad, either.

(It now becomes clear that the other characters have all been gradually leaving the stage. The pavilion is in a ruinous state as a result of their chaotic presence, with the installations within it partially dismantled)

DALÍ: By the way, when is this joint shutting down?

(Final curtain)

Exposición
Exhibition
Los Sujetos
The Subjects

Artistas
Artists
Cabello/Carceller
Francesc Ruiz
Pepo Salazar
+ Salvador Dalí

Comisario
Curator
Martí Manen

**Coordinación
Pabellón Español**
*Spanish Pavilion
Managers*
Alejandro Romero
Álvaro Callejo
Estrella Serrano

Coordinación AC/E
Coordination AC/E
Diana Jiménez

Montaje expositivo
Exhibition Design
Kers Costruzioni

Equipos audiovisuales
Audiovisual Equipment
Creamos Technology

Producción entrevistas
Interviews Production
Job Ramos
Raquel Machtus

Transporte
Transport
CLM Logistics

Prensa y comunicación
Press and communication
Renzo Comunicación

Producción gráfica
Graphic Production
Large Format by Trimline S.r.l

Catálogo
Catalogue

Edita
Publishers
Acción Cultural Española, AC/E
AECID
TURNER

Director de la edición
Editor
Martí Manen

Coordinación general
General Coordination
TURNER

Coordinación AC/E
Coordination AC/E
Raquel Mesa

Textos
Texts
David Armengol
Paloma Checa-Gismero
Martí Manen
Manuel Segade
Blanca de la Torre

Diseñador
Designer
www.bisdixit.com

Traducciones
Translations
Wade Matthews

Copyediting
James Attlee

Fotógrafo
Photographer
Claudio Franzini

Fotomecánica
Color Separation
Artes Gráficas Palermo

Impresión
Printing
Artes Gráficas Palermo

Encuadernación
Binding
Ramos

ISBN AC/E
978-84-15272-67-0

ISBN TURNER
978-84-16142-71-2

NIPO AECID
502-15-027-0

Depósito Legal
M-12025-2015

AGRADECIMIENTOS
ACKNOWLEDGEMENTS

Agencia EFE
Montse Aguer
Laura Arnáiz
Mercedes Aznar
Cristina Bernáldez
Luli Bao
Jack Bond
Manuel Borja-Villel
Daniel Castillejo
Esther Doblas
Javier Duero
Editorial Cru
Yolanda Egoskozabal
El Palomar
Embajada de España en Estocolmo
Filmoteca Española
Fundació Gala-Salvador Dalí
Galería Elba Benítez
Galeria Estrany-de la Mota
Galería Joan Prats
García Galería
Mar García Albert
Harry Ransom Center. The University of Texas at Austin
Iaspis
Karibú
Amanda Lear
Lena Malm
Ignacio Molina González
Johan Pousette
Real Academia de España en Roma
Reelin'In The Years Productions LLC
Sergi Ruiz
Salón
Antonio Simionato
Vicente Todolí
José Pedro Torrubia
Upstream Gallery
David Vela